艾森豪威尔

大器晚成

解力夫 著

世界知识出版社

Da Qi Wan Cheng

图书在版编目（CIP）数据

大器晚成 艾森豪威尔／解力夫著. —北京：
世界知识出版社，2005.2
（插图本二战国际风云人物）
ISBN 7 –5012 –2397 –1

Ⅰ.大… Ⅱ.解… Ⅲ.艾森豪威尔，D. D.
（1890～1969）—传记 Ⅳ. K837. 127 =5

中国版本图书馆 CIP 数据核字（2004）第 096310 号

责任编辑	张光勤 白维国
封面设计	点睛工作室
责任出版	林 琦 唐 萍 赵 玥
责任校对	赵 华

书 名	大器晚成 艾森豪威尔 Daqi Wancheng Aisenhaoweier

出版发行	世界知识出版社
地址邮编	北京市东城区干面胡同 51 号（100010）
电 话	（010）65265904（编辑部） （010）65265923（营销部）
网 址	www. wap1934. com
经 销	新华书店
排 版	世界知识出版社电脑科排版
印 刷	北京市京科印刷有限公司
开本规格	787×960 毫米 1/16 15 印张
字 数	328 千字（含图）
版次印次	2005 年 3 月第一版 2005 年 3 月第一次印刷
定 价	28.00 元

序

第二次世界大战是人类历史上迄今为止规模最大的一场战争。在这场战争中，以法西斯轴心为一方，反法西斯同盟为另一方，双方投入的兵力兵器之多、战场波及范围之广、作战样式之新、造成的浩劫之大、产生的影响之深远都是前所未有的。60年来，物换星移，事过境迁，但第二次世界大战仍以其恢宏的气势、丰富的底蕴，吸引着中外众多的军事家、历史学家去探究和著述。由国际问题专家和军事史学工作者编撰、世界知识出版社出版的插图本"二战国际风云人物"丛书就是这方面的又一新作。

插图本"二战国际风云人物"包括斯大林、罗斯福、丘吉尔、戴高乐、艾森豪威尔、希特勒、墨索里尼、东条英机、巴顿、朱可夫、麦克阿瑟、蒙哥马利、戈林、隆美尔、山本五十六等15个敌对双方的重要人物。

这之中，有具有伟大的政治远见和惊人魄力的同盟国家的首脑。他们政治信仰不同，人生经历各异，但在反对法西斯侵略、保卫国家独立的总目标下，他们结成了统一战线，为争取反法西斯战争的胜利，做出了卓越的贡献。人们不会忘记，当德国法西斯的军队以"闪电战"征服了波兰和北欧，几十万英法联军从敦克尔刻大撤退，大半个欧洲处于法西斯铁蹄蹂躏之下，是斯大林在国家存亡的生死关头，率领苏联军民与德国法西斯展开了一场空前绝后的殊死较量，最终力挽狂澜，战胜了德国法西斯，挽救了国家。人们不会忘记，是罗斯福勇敢地冲破了美国孤立主义的束缚，以"租借法案"的形式有力地支援了英、苏等国的反法西斯战争。是他在"珍珠港事件"后，毅然决然地向德、日、意法西斯宣战。是他以半身不遂的病残之躯，不远万里，和盟国首脑多次会晤，为打败法西斯费尽心血。人们不会忘记，在张伯伦的绥靖政策遭到彻底失败之后，丘吉尔"临危受命"，他那铿锵有力的施政演说，似乎仍在我们的耳畔震响："你们问：我们的目的是什么？我可以用一个词来答复：胜利，不惜一切代价去争取胜利！"丘吉尔领导下的英国成为反法西斯战争的重要力量。

该套丛书也选择了对人类犯下滔天罪行的罪大恶极的法西斯恶魔。它告诉我们第二次世界大战元凶希特勒、墨索里尼和东条英机是怎样施展阴谋诡计登上权力最高峰，是如何扩军备战，丧心病狂地挑起世界大战，给世界人民带来深重的灾难，又是怎样不可避免地一步步走向灭亡。

该套丛书还挑选了敌对双方的军事将帅作为传主。在这场正义与邪恶、进步与反动的大厮杀和大搏斗中，站在前列披坚执锐、角力斗智的是同盟国异彩纷呈的众多将帅。他们刻苦学习，艰苦磨炼，或决胜于千里之外，或运筹于帷幄之中，导演了一幕幕威武雄壮的历史活剧，使残酷的战争闪烁出人类智慧与勇气的火花。苏联元帅朱可夫多谋善断、勇略过人，具有钢铁般的意志和组织实施坦克机械化大兵团作战的杰出才能。美国五星上将麦克阿瑟战时荣任太平洋西南战区总司令，指挥所部美国陆海空军，实行"蛙跳战术"，从澳大利亚经菲律宾一直打到日本本土。受命于危难之际的蒙哥马利是一位"阵地战大师"，善于稳扎稳打，终于把德意联军赶出北非。巴顿作为坦克进攻的行家里手，以超常规的进攻速度在欧洲平原上迅猛推进，创造了惊人的战绩，成为一名"热血豪胆"的名将……

丛书还包括了德日法西斯国家的将领。他们都是发动法西斯侵略战争的罪犯，但他们在军事领域的作为，仍有值得后人借鉴研究之处。山本五十六是日本海军航空兵的缔造者，在偷袭珍珠港时首次把航母编队投入实战，一举开创了世界海战史上的航空打击时代。希特勒的心腹爱将隆美尔，在指挥德军精锐坦克部队激战北非时，以少胜多，一度进抵阿拉曼、兵临开罗城，撼动了英国在北非防线的中枢神经，成为名噪一时的"沙漠之狐"……但是，这些将领的才能非但没有造福人类，反而在反对人类和平的战争中使自己成为千古罪人，最终摆脱不了失败的命运。

需要指出的是，在第二次世界大战中，中国作为世界反法西斯战争的主要战场之一，为反法西斯战争的最后胜利做出了重要的贡献。以毛泽东同志为代表的中国共产党人，领导八路军、新四军和广大人民群众，在抗击日本法西斯的侵略中，谱写了一首首壮丽的历史凯歌。在长达八年的浴血奋战中，涌现出许多可歌可泣的英雄人物和闻名于世的军事将帅。由于这套丛书主要介绍的是国际风云人物，故未列入。

当今世界，和平与发展仍是时代的主题，求和平、谋合作、促发展既是世界人民的普遍愿望，也是社会发展的必然趋势。但另一方面，我们也应看到，霸权主义、强权政治依然存在，传统与非传统安全问题交织在一起，局部战争和武装冲突此起彼伏，天下并不太平。他山之石，可以攻玉。一切热爱和平、关心祖国安全、立志从戎保卫祖国的热血青年，若读读这套丛书，都将从中获得益处。

中国人民解放军副总参谋长、上将　熊光楷

二〇〇五年一月

目录
CONTENTS

第一章

1

Dwight D. Eisenhower

德国人的
后裔

第1章

德国人的后裔

德怀特·艾森豪威尔，生于美国开拓疆界结束之时，死于人类漫步月球之日。当他 1890 年 10 月 14 日在一间狭小的木板房呱呱落地时，他的父母正在美国西部得克萨斯州过着艰难的贫困生活。

艾森豪威尔的祖先是德国移民，他们原先居住在欧洲莱茵兰地区，属于宗教异端门诺教派。为了摆脱教派的排挤，艾森豪威尔一家迁入瑞士，1741 年又迁往北美宾夕法尼亚。他们都是一些普通的劳动者，精力充沛，刚毅顽强，在美国西部过着颠沛流离的生活。

后来，德怀特·艾森豪威尔的祖父雅科布·艾森豪威尔，在宾夕法尼亚州的伊丽莎白维尔担任教派首领的职务。这个教派名叫"河上兄弟"。因为教派大多数人居住在河岸上。绝大多数成员是普通农民，生活淳朴，视战争如同最深重的罪孽，这是他们的生活信条。

艾森豪威尔的祖父雅科布，生于 1862 年，后来当上了利肯谷江河教友会的牧师。他口才流利，善于做组织工作，颇得众人拥护。他讲道时，说德语，当时在江河教友会是绝无仅有的。他满脸胡须，目光炯炯，这就使他更显得威严。美国内战爆发时，雅科布还不到 40 岁。他没有参加南方同盟，因为如同大多数门诺派的教徒一样，他是一名坚定的和平主义者。在战争气氛极度紧张的 1863 年夏季，当南方的罗伯特·李将军率领弗吉尼亚北部的军队经过离艾森豪威尔家乡 20 英里的地方向葛底斯堡挺进时，他的妻子正身怀六甲。就在大战爆发后 12 个星期，丽贝卡生下儿子戴维，他后来就是德怀特·艾森豪威尔的父亲。雅科布把 1865 年生下的第二个儿子取了一个和阿伯拉罕·林肯同样的名字。雅科布和丽贝卡夫妇一共生了 14 个孩子。

"河上兄弟"的生活相当闭塞，与世隔绝。但是内战结束后，随着铁路线不断向大平原延伸，西部向人们发出了召唤。到了 19 世纪 70 年代，在"河上兄弟"中间开始掀起了迁往西部的运动。西部最肥沃的处女地像磁铁一样吸引着他们。在教派的许多成员看来，这里展现出可以过安定和富裕生活的无限美好的前景。1878 年雅科布也被络绎不绝蜂拥而去的移民所吸引，带着全家离开了呆惯了的地方，随着众教徒前往遥远的堪萨斯。在1861年至1865年流血的国内战争后，堪萨斯的大门为北部和东部来的移民敞开。艾森豪威尔一家与"河上兄弟"一样，定居在斯莫基希尔河的南岸、迪金森区肥沃的土地上。从宾夕法尼亚迁来的"河上兄弟"是当时相当大的宗教团体，有数百人之多。迁来之后不久，他们就在利康普顿创建了自己的学校。

雅科布带着全家在迪金森县定居后，雅科布买了一座占地160英亩的农场，造了一幢房子、一座谷仓和一架风车。他们全家迁至堪萨斯时，他的长子戴维正好14岁。为了使农场获得好收成，戴维和父亲不得不起早贪黑地干。戴维厌恶这种没完没了的犁地、锄草的农活。农场生活中使戴维唯一感兴趣的是修理机器。他决定当一名正式的工程师以脱离农场。为了达到这个目的，他对父亲说他要上大学念书。雅科布表示反对。他说种田是上帝的活儿，他施加了很大的压力要把戴维留在农场里。后来，经过戴维反复地要求，雅科布终于屈服了。他答应出钱让戴维进堪萨斯州兰康普顿的一所不大的学校。该校是江河教友会办的，在当时颇为骄傲地被称为兰恩大学。那儿既教授传统学科，又进行职业培训。戴维于1883年秋季进入兰恩大学，时年20岁。他在那儿学习了力学、数学、希腊文、修辞学以及书法。他打算将来开创一番新的事业，不再依靠父母，走自力更生之路。

1884年，即第二学年开始时，22岁的艾达·斯多佛也进了兰恩大学，她的出身和戴维相似，也是江河教友会的会员。她家于1730年由来因迁至美国，定居在宾夕法尼亚的边区，此后又向南顺着谢南多亚河谷迁到弗吉尼亚的悉尼山。1862年艾达就出生在这儿。幼年丧失父母，她随叔父毕利·林克在一起生活了九年。她天资聪敏，信仰虔诚，把时间都花在书本和背诵经文上。当艾达21岁时，林克把她父亲遗留下来的一小笔财产交付给她。她用其中的一些钱买了火车票去堪萨斯，剩下的钱用来支付兰恩大学的学费。在大学里她结识了戴维，并爱上了他。这对年轻人的炽热感情，压倒了自己的抱负。他俩于1885年9月23日在兰恩大学的教堂里结了婚。"就母亲这一方而言，"她的一个儿子后来说，"或许是不幸的。她没有毕业就遇上了戴维，结了婚，生儿育女，并开始挑起家庭担子。"

年轻的艾达，性格开朗，容貌端庄。她有一头金黄色的秀发，丰满的嘴唇，总

↓艾森豪威尔的父亲戴维·雅科布·艾森豪威尔，母亲艾达·斯多佛·艾森豪威尔。这是他父母的结婚照。

是笑容可掬，宛如堪萨斯的草原和阳光那样开阔明亮。音乐和宗教是她最大的精神寄托。婚后不久，她就用遗产中剩下的最后一笔钱购置了一台乌木钢琴。她喜欢弹钢琴和唱赞美诗。她在笑后最引人注意的特征，是两眼闪闪发光，这种显示出自然大方和愉快活跃的闪光，弥补了戴维的沉静和严肃。

雅科布按原定计划赠给戴维现款 2000 美元和一座占地 160 英亩的农场作为婚礼。结婚中断了新婚夫妇的学业。传教士的儿子无意经营农场，年轻的戴维变卖了父亲赠给的土地，加上 2000 元，与人合伙做起了生意，在小镇开了个店铺，字号是意味深长的"希望"。年轻的店东亲自站柜台，接待顾客。但是戴维不走运。过了两年，到了 1888 年，经济灾难袭来了。一天早晨戴维一觉醒来，发觉他的同伙股东古德携带了大部分存货和余款逃跑了，留下的仅仅是一大堆没有付款的帐单。在古德逃得"不知去向"后的几年里，艾达一直在研究法律书籍，希望有朝一日能把古德绳之以法，不过后来并没有起诉，因为实际情况是小店的本钱也确实蚀光了。那时堪萨斯农业正值历史上最不景气的时期。麦子的价格暴跌至 15 美分一蒲式耳。戴维和古德的店铺对农民都是赊销，美国的一般店铺当时大部分是这样做的。农民们无力偿付欠款。"希望"杂货店遭到的失败是经济恶化的结果。经商彻底失败了。戴维把全部财产交付给当地的一名律师，委托他收回所有拖欠的帐款偿还债务，余款则不管多少全部给他。结果心地不善的律师将主顾赊欠的货款收齐之后，竟携款潜逃了。戴维想在经商方面找出路的希望，经受了第二次的打击。从此他不再搞类似的尝试了。女主人艾达帮助年轻的家庭经受住了命运的打击。德怀特·艾森豪威尔后来回忆说："父亲两次破产，每次母亲只是微微一笑，更加努力工作，帮助父亲渡难关，从而使这只破败的小船没有沉沦下去。"

在"希望"杂货店倒闭时，艾达又怀孕了。在丈夫寻找工作时，她住在一个朋友家里。戴维在得克萨斯的铁路上找到了一份工作，周薪十美元。1889 年 1 月，即在埃德加出生不久，艾达领着两个孩子到得克萨斯的丹尼森与戴维住在一起。他们在铁路旁租了一栋比棚屋好不了多少的木板屋住下。在 1890 年 10 月 14 日，名叫戴维·德怀特·艾森豪威尔的第三个儿子降生了，也就是未来的美国第三十四届总统。

在德怀特呱呱落地时，他的双亲除了日常穿的衣服和一些简单的日用品外，一无所有。他们已把一笔可观的遗产花费殆尽。这时，他们有了三个孩子，而发财致富的机会却极为渺茫。但他们身体健康，对从事艰苦的体力劳动充满信心。后来在友人的帮助下，戴维在阿比伦一家食品厂找到一份机修工的工作，月薪 50 美元。从此全家又迁回阿比伦。当艾森豪威尔一家踏上阿比伦的火车站时，全家口袋里只剩下 24 美元了。

1891 年，艾森豪威尔一家回到堪萨斯，定居在阿比伦城。在 19 世纪的最后十年间，阿比伦有 5000 居民。不久前修建的铁路把这个城市一分为二。艾森豪威尔家简陋的木板房所在的城市南部，住的是当地的贫民百姓和新迁来的无家可归的移民；殷实的市民则安居在阿比伦北部设备比较完善的私宅中。

阿比伦市民过的是美国穷乡僻壤的闭塞生活。阿比伦只靠一条铁路与外界发生

联系。这里土地肥沃，它慷慨地为贫穷而
勤劳的人们提供了赖以生存的条件，但这
里也绝不是理想的天国。夏天，气温通常
在摄氏 40 度以上，倾盆大雨把城市的街
道变得无法通行，飓风时常毁坏庄稼和掀
掉屋顶；而冬季，这个在广袤草原中的小
城市被笼罩在零下 20 度的严寒之中。

当艾森豪威尔一家迁移到这里的时
候，阿比伦已经和 1867 至 1871 年期间的
牛仔旅店大不相同了。现在它是铁路的终
点站，在美国西部开发史上起过特殊的作
用。大批畜群被赶到这里，装进车厢，继
续运往东部。经阿比伦运往东部的牲畜有
300 多万头。赚了钱的牛仔沉湎于有西部
粗犷、狂暴特色的传统的娱乐。沙龙和妓
院日夜营业。酗酒、动刀子斗殴和疯狂的
牲口贩子们之间的对射，司空见惯。这一
切使阿比伦的居民担惊受怕。据美国当时
报刊报道，阿比伦的亡命徒比美国任何一
个城市都多。阿比伦的最早几个警察局长
都是被击毙或是被赶跑的。

阿比伦的治安史，记载了一位外号叫
比尔的希科克的英雄。这位反对奴隶主的
国内战争的参加者，成了开拓西部的传奇
式的人物。这位新上任的警察局长精通枪

↑ 3 岁的艾森豪
威尔(前排右)。

法，能双手以惊人的速度命中抛向空中的钱币。为了捉拿盗匪，他经常腰插两支左
轮手枪，出没在阿比伦的街头。当比尔有一次用枪打死两个向相反方向逃窜的匪徒
时，目击者断定警察局长的双枪是同时射击，融成了一响。这使得比尔在这个饱经
沧桑的阿比伦博得了热烈的赞扬。比尔在这个城镇任职期间，他亲手击毙 50 多名被
通缉的罪犯。比尔这个惊人的职业结局是符合美国牛仔的标准的：1870 年他在南达
科特玩扑克时，后脑中枪身亡——死于匪徒报复。

在阿比伦保持着开拓西部的暴风雨时代的传统。年轻的德怀特·艾森豪威尔受
到这种传统的熏陶。他的所有的传记作者都提到这一点：他一生对西部小说始终深
感兴趣。

如今在阿比伦这座现代化的城镇，还保存一个类似博物馆保护区的"古城"。沉
重的大门通往小院的深处，周围是具有 19 世纪美国西部建筑式样的独特的矮小木
屋。在古城境内甚至还有沙龙，在这里能以相当便宜的价格吃一顿便餐。这是以广
大顾客为对象的当代美国风味菜肴。每逢星期日还为旅游者举行"射击"表演。

表演开始前，一些体格匀称的小伙子，不顾酷暑和潮湿，穿着传统的牛仔服装，宽腰带束得紧紧的，腰带上佩着上个世纪样式的沉重的柯式手枪。射击的参加者挂着陈旧的文柴斯太尔式来福枪，与观众亲切交谈。表演开始了，"牛仔们"轻松地越过巨大的围墙，从一个房顶跳上另一个房顶，向"古城"的沙龙和其他建筑物冲击。参加表演的"伤者"和"死者"从三四米高的木屋上跌落下来。古城被一团团硝烟所笼罩。当硝烟消散时，地上、房顶、棚顶和围墙上"尸体"横陈，这是些敢于冒险扰乱阿比伦治安的"匪徒"的尸体。随后，人们抬来了棺材，获胜的警察局长把倒下的"敌人尸体"放进棺木。警长对着暴徒头目的棺材发表简短的讲话。讲话的要点是，虽说杰姆是个匪徒，但他是个勇敢的豪迈的汉子。深表同情的警长把一束美丽的鲜花放进敞开的棺材里。观众兴高采烈地鼓掌和吹口哨，对表演者的高超技艺赞不绝口。

且说艾森豪威尔一家自迁到阿比伦后，在东南第二街租赁了一幢狭窄的木屋，继续过着十分简朴的生活。父亲菲薄的工资刚够买最必需的物品，而供养的人口越来越多。1892 年母亲生了四弟罗伊，1894 年生了五弟波尔，1898 年生了六弟厄尔，最后于 1899 年生了七弟米尔顿。当得知命运又赏给他一个儿子而不是女儿之后，失望的父亲走出家门，久久地在城郊徘徊，使心情稍稍平静下来。五弟波尔幼年死于猩红热，而其他的兄弟长得结实、健壮，胃口好得出奇。维持大家庭的温饱已成为一个大问题。父母无力娇惯孩子。

1898 年，在艾森豪威尔一家生活中发生了一个重要的变化。戴维和艾达带着孩子们迁入阿比伦东南街的一幢两层楼的住宅，周围还有三英亩的园地。这所住宅是戴维的兄弟阿弗拉姆借给他们的。阿弗拉姆已经迁居西部，他的兽医业务在那里很兴旺。迁入新居，大大改善了艾森豪威尔一家的生活条件。在年仅七岁的德怀特、他的兄弟和双亲看来，这幢房屋不啻是座宫殿。它有一个地下室、两层住房和一个顶楼。前客厅可放置艾达的那架钢琴，屋后有座牲口棚，上面可堆放草料，下面饲养家畜。他们买了一匹马用以耕地和拉车，两头母牛用来产奶，养了些鸡、鸭、猪、兔等提供蛋类和肉食，还有一间熏房用来熏肉。三英亩的土地除去种植饲料外，余下的空地足够辟出一块很大的菜地。菜园里长着樱桃、梨和苹果，还有一个葡萄棚。每个孩子，包括 1899 年出生的最小的弟弟米尔顿在内，都分到了一小块菜地。收获后，弟兄们推着车子挨家挨户去兜售。农场由艾达经营，她把生产的水果、蔬菜和肉类装罐贮藏。除了像盐和面粉那些基本必需品外，他们用不着上食品杂货店去了。家庭生活得到了较大的改善。

艾森豪威尔一家深受镇上居民的尊敬。他们自食其力，乐于助人，依靠自己的辛勤劳动还清了一切债务。戴维夫妇对孩子们管教很严，教育他们热爱劳动，反对好逸恶劳。艾森豪威尔兄弟们的责任范围随着他们年岁的增长而扩大。每个兄长轮流值班，值日时应该 4 点半钟起床，之后，备马送父亲上班。德怀特干这些活是很勉强的，因为要他每天早晨醒来很费劲。几个兄弟自幼就养成做任何事情都要干好的习惯。家规是很严的，如果孩子中有谁干活干得不好，即使时间已经很晚了，也要打发去重做，直到干好为止。

↑艾森豪威尔从1891 年到 1911 年一直住在堪萨斯州阿比伦的这所住宅。

在家中，母亲起着重要的作用。她不仅肩负着操劳家务的重担，而且还腾出时间和匀出精力帮助更加困难的人们。宗教团体的成员经常有人，甚至在夜晚来敲艾森豪威尔家的大门，诉说发生的不幸，要艾达·艾森豪威尔出个主意和给予帮助。艾达从不拒绝。埃德加回忆说："我晚上起来过许多次，在暴风雪和下雨天，提着灯和母亲到患病与需要帮助的邻居家里去。"

艾森豪威尔一家，笃信宗教。膜拜上帝是艾森豪威尔一家生活的中心。每天早晚两次，全家都双膝跪下祈祷；每次就餐前，由戴维朗读《圣经》，接着便祈求上帝降福。正餐后，戴维又拿出《圣经》来读。当孩子们都长大后，就由大家轮流读。艾达组织沃奇托尔团体的读经班学生们的集会，每星期天在她的客厅举行。艾达弹着钢琴领唱。戴维和艾达从不吸烟或饮酒，不打牌，不骂人，也不赌博。但他们并不强求孩子们和他们一样。

戴维是个有学问、博览群书的人。他熟练掌握英语和德语，能流畅地阅读希腊文书籍。他做事认真负责，一丝不苟。他身教胜过言教，对孩子们定有严明的纪律。有人说，戴维是位典型的德国父亲，是不容置疑的一家之主。他严峻，脾气急躁，令人望而生畏，但他从不打骂孩子。艾森豪威尔弟兄们回忆说，他们从未听到过父母亲互相大声呵斥，甚至连提高嗓门说话的事也没有过。德怀特说，他从未听到父母在家庭、社会或经济问题上有过争论。理由很简单，戴维作出的决定，艾达全部接受，样样事都按他的要求办。她助长了他的自负心理，一家人都围着他转。孩子们一长大，就轮流在五时起床把厨房里的炉火生旺，给父亲准备早餐。他们把热气腾腾的午饭送到乳品厂。当晚上戴维回到家里时，艾达已把晚饭准备停当。孩子们把碗碟洗刷完毕后，大家就围着他一起读《圣经》。"最后睡觉的时间到了，"厄尔回忆说，"这时父亲便站起来给墙上的那台时钟上发条，就该准备去睡觉了，这是睡觉时间到了的信号。"

在艾森豪威尔家里，反战情绪是十分强烈的。这种和平主义的根源在于"河上兄弟"的宗教观点。他们认为战争是最该受诅咒的。德怀特·艾森豪威尔回忆说，母亲仇视战争，她说战争"能把人变成野兽"。艾达·艾森豪威尔千方百计地用这种反战情绪影响她的孩子们。

戴维夫妇虽然对孩子们管教很严，但当孩子们作出重要决定的时刻，从不向他们施加压力。德怀特刚进入中学不久，由于不慎，在一次上体育课时，他的膝盖受了伤。过了一些时候，透入骨髓的剧痛使他卧床不起。腿部渐渐肿起来，德怀特开始发高烧。诊断结果并不能令人宽慰：是血中毒。医生认为只有立即截肢才能挽救

↑在林肯小学读书的艾森豪威尔（前排左二）。

↑少年艾森豪威尔喜欢野外郊游，此照片摄于1904年的一次野外旅行。艾森豪威尔（后排右二）喜欢运动，他曾是阿比伦中学棒球队队员。

病人生命。德怀特断然拒绝截肢手术，表示宁死不做残废人。医生还是坚持自己的解决办法，说延误时间必然导致死亡。的确病人的病情越来越危险。德怀特在失去知觉前，曾要求他的二哥埃德加寸步不离地守在病床前，以防在他昏迷时被做截肢手术。医生则警告他的双亲说，只要肿到骨盆部位，生命就无法挽救。大家都望着埃德加。埃德加说："我们没有权利使德怀特成为残废人。如果我违背诺言，他将永远不能原谅我。"双亲被迫对医生说，他们不能代替儿子作出决定。只得寄希望于出现奇迹。奇迹果然发生了。结实、年轻的肌体战胜了疾病，德怀特的健康开始慢慢地得到恢复。

德怀特·艾森豪威尔，从小就具有坚强的意志，充满青春活力，是同龄人中最优秀的运动员之一，所以他无法容忍作残废人的命运。按照西部的传统，体力和大无畏精神是任何一个真正的男子汉所必需具备的品质。在阿比伦，人们都神圣地信守这种传统。

艾森豪威尔的许多传记作者，都提到他在13岁时参加阿比伦青少年拳击比赛的事。这场拳击，是1903年在德怀特与他北部的对手之间展开的。这时对他这个优秀运动员来说，是保卫南部荣誉的时刻来到了。比赛一开始，大家认为小艾克①获胜的希望并不很大。德怀特的对手、北部的拳击冠军梅里菲尔德是个反应灵敏、身材不高而结实健壮的年轻人。德怀特竭力进攻，但立即被准确的、迎面而来的拳头阻止住。经过半个小时的对打，两个年轻人都开始泄气了。一个小时后，小艾克的眼睛由于严重淤血而肿了起来。拳击手们开始气喘吁吁，嗓音嘶哑。先前热烈鼓掌的观众保持沉默。鏖战持续到天黑才告罢休。两个参加拳击的人几乎已经动弹不得，用双臂久久地相互抱住对方。谁也不愿让步。艾克被打得很厉害，以致在家躺着休息了三天。他懂得了在生活中应该具有比忍耐力更重要的东西。要有不屈不挠的精神，为此需要付出代价。

在同梅里菲尔德决赛之后，双亲既没有训斥他，也没有惩罚他。担惊受怕的母亲得知他参加的是正当的拳击赛，也就放心了；而且对这件事情的态度还是支持的，她认为在这种环境中能使孩子的性格得到锻炼。

在当地社会风尚的影响下，艾森豪威尔从小就崇拜英雄。在他家的对面住着一位名叫达布利的单身汉。据说，他在青年时代曾是著名警察局长比尔的助手，他对往事的追述简直把年轻的德怀特迷住了。德怀特常常同达布利和市警察局长亨尼·恩格尔一起到郊外去，看他们练习射击。有时他得以实现所有孩子的凤愿——用真枪射击。但是，德怀特比较崇尚的人物是鲍勃·戴维斯。鲍勃多年旅行，做过向导、猎人、渔夫，而且还是一位通达世理的"哲学家"。艾森豪威尔回忆说："鲍勃是我真正的生活老师。"他教他的年轻朋友驾舟、撒网、判定方位。德怀特经父母的同意和他一起在河上度过休息日。在这里，艾森豪威尔还跟自己的"老师"学了打扑克的门径。鲍勃是个文盲，但对玩扑克十分精通。他遇到的是个机灵的学生。德怀特很快掌握了这种风行的玩意儿的全部奥妙。随着时间的推移，他的打扑克技艺达到高度熟练的程度。德怀特一生酷爱玩牌。这给他的政敌提供了根据，说艾森豪威尔总统常常把打扑克、玩桥牌、打高尔夫球看得比处理政务还重要。

在整个青少年时代，艾森豪威尔最感兴趣的课就是军事史。他沉浸在军事史的阅读中，竟疏忽了家务事和学校的功课。他花在这方面的精力和时间之多，使他的母亲感到不安。她把他的军事史书藏在柜子里。但是，他找到了钥匙，每当母亲上城里去买东西或到她的小菜园去干活时，他就把书偷出来。这些书籍详尽地描述了希腊和罗马的战争，他读得入了迷。但并不是在当时就立志有朝一日要踏着亚历山大或凯撒的足迹前进。到了20岁以后，才产生了投身于军事生涯的念头。他喜爱战争故事。谁发起攻击？何时何地？从哪一翼？谁是英雄？建立了哪些功绩？他对英雄的事迹赞叹不已。艾森豪威尔最崇拜的军事统帅是汉尼拔和拿破仑。后来他学了美国革命史，对华盛顿也非常钦佩。随着阅读范围的扩大，他的历史知识在全班、甚至全校名列前茅，因而他那一届的毕业年鉴预言，他将来会当上耶鲁大学历史学教授。

艾森豪威尔对体育也非常爱好，特别是参加橄榄球和垒球运动几乎是他生活的中心。除上课以外，他花在运动上的时间最多，他是一名很好的运动员，但并不出

---

① 德怀特·艾森豪威尔的爱称。

类拔萃。他很全面，不过跑得比较慢，体重 150 磅。他最可贵的是取胜的意志。他喜爱运动本身所具有的对抗性，他喜欢同年纪比他大、个子比他高的人争高低。当他一垒打得分或者对方主力队员被半途截杀而失分时，他便会高兴得格格发笑。

他球打得越多，就越懂得整体配合的重要性。他关心的是赢得比赛的胜利。他是一个相信自己能力的自信的队员。像所有态度认真的运动员一样，他严格要求自己，深知自己的缺点所在。每当球队输球时，他总是引咎自责，而赢球时，他则赞扬全体队员。在体育运动方面他具有优秀的组织才能，后来他成为阿比伦中学体育联合会组织者之一。该会在学校之外独立活动。每月会费 25 美分。联合会用这笔钱去买球棒、垒球、球衣等。德怀特写信给该地区的各个学校安排日程，并让队员们挤上免费货车，解决从阿比伦到比赛地点的交通问题。在最后一年时，他被推选为阿比伦中学体育联合会的主席。在年鉴的年终报告里他写道："我们起草了联合会的章程，健全了组织，使之成为一个永久性的团体。剩下的只是每年改选一下新的工作人员。"他制订的章程缜密完备，40 年后仍在使用。

少年时代迅速流逝，艾森豪威尔即将中学毕业。随着毕业考试的临近，他对学习表现出愈益浓厚的兴趣。他中学毕业的成绩并不坏，取得了相当高的分数。其中数学、历史、英语的成绩特别好，在 31 名毕业生中，未来总统的成绩名列第三。

到了 1909 年 5 月，艾森豪威尔和他的二哥埃德加同时中学毕业了。埃德加想上密歇根大学攻读法律，可是父亲仍然不相信一个律师会是正直诚实的人，并对他说，如果他上堪萨斯大学学医，"我将负担你的全部费用，要是在密歇根大学学法律，那你只能靠自己了"。不管怎样，埃德加还是决定去密歇根。"接着我和德怀特一起商量，"埃德加追述说，"我们商定第一年我先上大学念书，他去工作并把钱接济我；接着由我去工作，把钱给他，让他读大学。"这年夏天，这两个孩子都去工作挣钱。埃德加在乳制品厂工作，德怀特则干着装运马口铁的活。9 月，埃德加离开阿比伦前去大学读书，德怀特接替了他在乳制品厂的工作，先制冰，后来当司炉工。最后他当上了夜班管理员，从下午 6 时一直工作到早晨 6 时，一星期干 7 天，每月攒 90 美元，几乎和他父亲的收入相当。经过一年的艰苦劳动，不仅解决了埃德加的入学费用问题，而且还给家庭提供了少量的补助。

1910 年夏天，德怀特开始和镇上一名医生的儿子埃弗雷特·斯韦德·黑兹利特交上了朋友。斯韦德得到了投考安纳波利斯的海军军官学校的提名，但是在 1910 年 6 月的一次考试中他的数学不及格。他回家苦读一年，准备下一年 6 月重新参加考试。他与德怀特结成了莫逆之交，他们终身保持着这种友谊。

艾森豪威尔选择决定他以后命运的职业一事，应归功于斯韦德。斯韦德建议德怀特进西点军校。一来这座学校名望大，是美国将军的摇篮；二来可以免费受教育，这对德怀特来说可以解除一笔沉重的经济负担。德怀特决心一下，经过一段顽强的学习准备，终于考试合格。艾森豪威尔成了西点军校的士官生。

当德怀特将他被西点军校录取的好消息告诉母亲时，他第一次见到她流泪了。过了五个月，1911 年 6 月，德怀特·艾森豪威尔告别了家庭，告别了朋友，告别了阿比伦，向着他既定的目标走去。

第二章 2 在西点军校

Dwight D. Eisenhower

第2章

在西点军校

从阿比伦到西点军校，乘火车需要三天的时间。德怀特·艾森豪威尔坐在东去的火车上，心潮起伏，思绪万千。从今以后，他不再是一个普通的大学生了，他已经是堂堂的军人了。今后他个人的命运，已经和美国军队的命运，美利坚合众国的命运紧紧地联系在一起了。

西点军校坐落在纽约市北部 80 公里的西点镇，成立于 1802 年 7 月，正是在美国第三位总统托马斯·杰斐逊的任期内（1801—1809 年）。当时美国刚独立不久，执政的资产阶级出于维护国家统一和独立的需要，创建了这座以培养陆军军官为主的高等学校。起初，学员主要由国家总统和国会议员推荐，后来改为招考。建校 180 多年来，培养了许多优秀的军事人才。美国的高级将领多半是西点军校的毕业生。

当艾森豪威尔刚进入西点军校时，新生们正分别办理入学手续和接受严格的队列训练。在炎热的阳光下，学员们在操场上排成方阵，跟随着教官的口令认真地操练。"挺胸！收腹！再挺一些！再挺一些！头抬高！下巴往里收！动作快！动作快！"迟到的一些学员，正奔波穿梭于各座大楼，缴费，领被褥，搬进比斯特兵营的卧室。他们发现，当他们向平民生活告别时，甚至与他们的名字也告别了。现在他们都成了真正的美国军人。

初来西点，艾森豪威尔对这里的一切都不习惯。他对这座最高军事学府的观感也是好坏参半。他最不满意的是高年级学员对低年级学生的戏弄和污辱。他们强迫新生做供他们取笑的各种动作和背诵无聊的故事和诗篇。有些新生简直无法忍受。艾森豪威尔同寝室的一位来自堪萨斯的学员，年龄 17 岁，他离开家乡时是由乐队吹吹打打送上火车的。在比斯特兵营则完全是另一回事，他可实在受不了。他在第一天晚上便哭泣不已，以后夜夜如此。艾森豪威尔向他指出其他千百人能经受考验，他也能经受住考验。但那位同室同学呜咽地说："我再也受不了了！"不久他便离开西点军校。

↑1915 年，西点军校中的艾森豪威尔。

给艾森豪威尔留下深刻印象的另一个侧面是：礼仪，传统，参加正式学员行列，军人的天职。就在 1911 年 6 月 14 日入学第一天，当他和其他 264 名新生，一起站在检阅场上列队观看军校学员操练时，他就感到了军人的英姿。学员们军服笔挺地踏着军乐的节拍威武地行进着，就像一个有机的整体。这种情景在当时是，而且永远是一个激动人心的场面。当艾森豪威尔宣誓效忠祖国，成为美国陆军一分子时，他感到"美利坚合众国"这几个字有了新的涵义，自那时起他将为自己的祖国服务。这是个庄严的时刻，艾森豪威尔始终珍视这个时刻。

西点军校崇尚过去的历史，为了对学生进行爱军爱校的教育，学校建立了由西点毕业的名将纪念室。这里有在美国南北战争时期担任过总司令、后任美国第十八任总统的格兰特将军，有在南北战争时期担任过南方军队司令的罗伯特·李将军，有在北方军队中担任西线总指挥的谢尔曼将军。军校还有在西点任教多年的美国名将温菲尔德·斯科特的坟墓。艾森豪威尔参观过这些名将的纪念室和坟墓之后深受感动，特别是格兰特将军的事迹给他留下了深刻的印象。

尤利塞斯·辛普森·格兰特将军，在南北战争期间，作为联邦军队的司令表现了突出的领导才干。他是 1868 年共和党竞选总统的合理的候选人。

艾森豪威尔看了格兰特的事迹介绍十分感动，他决心以格兰特为榜样，刻苦锻炼，严格要求自己。他在军校过的几乎是斯巴达式的生活。住房冬天像冰窖，夏天像火炉，食物粗糙无味，不断进行操练，余下的时间就用来背诵功课。军校的首要目标，是培养学生具有"真正军人的品质"。为此目的，西点把学员塑造、锤炼成基督绅士和军官的固定模式。一切行动都要循规蹈矩。学员从清晨醒来时起，一直到最后闭眼睡觉止，一天的生活都有严格的安排。当普通大学正在摆脱 19 世纪传统的

约束时，西点还是牢牢抱住传统不放。正当整个国家在政治、经济、风尚以及技术方面经历着急剧的变化时，西点的督学休·斯科特解释说："西点不是改革对象，西点在它的壮丽的道路上前进，安全地向前进，不需要剧烈地变革。"艾森豪威尔的曾任美国空军参谋长的同学亨利·阿诺德将军回忆他在西点的学员生活时说："我们按照法规，按照从格兰特当学员时起，一直没有改变的每天规定的老一套生活着。"

艾森豪威尔进入西点军校时，身高 5 英尺 10.5 英寸，是最魁梧的年轻人之一。他被编进高身材的士官生才能进入的干训队。这使他的自尊心得到满足。艾森豪威尔从进入西点军校的最初时刻起，就表现出自己是个优秀的运动员。由于在军校非常流行的运动中取得了成就，他在同学中享有威望。在这方面，他那能使周围的人对他产生好感和能与具有各种观点、志趣和性格的人建立并加强联系的能力，帮了他不少的忙。

他在西点军校找到了他所向往的东西。在进入军校时，在他面前展现出从事体育运动的锦绣前程。1912 年的足球季节里，德怀特首先参加了足球大赛，为低年级的球队赢了球。艾森豪威尔的初次上场就引起了美国足球运动专家们的注意。艾森豪威尔被吸收参加美军联队。一些报纸都"预测艾克将闻名全国"。德怀特对拳击、摔交、击剑、游泳等运动项目也有良好成绩。人们对这位意志坚强、刚毅的士官生

→在西点军校，艾森豪威尔是一名很优秀的足球运动员。

的评价是，"如果有必要的话，他可泅水横渡英吉利海峡，与敌人短兵相接"。

足球是艾森豪威尔第一和最喜爱的体育项目。他的名字和肖像刊登在所有的体育报刊上。当军联队与印第安人进行比赛时，艾森豪威尔可与当时的神奇人物吉姆·托恩对阵。"堪萨斯的旋风"、"堪萨斯的龙卷风"等美名不时出现在向读者介绍有德怀特参加的球赛情况的美国许多报刊、杂志上。对这位新出现的运动员的看法是一致的。一颗足坛新星升起来了，不只是美军的，而且也是全国的。

艾森豪威尔球运亨通，但好景不长。在一场比赛中他膝部受重创，被抬下球场，在医院躺了30天。西点军校的外科大夫塞勒在让他出院时，警告他今后必须谨慎，并时刻记住膝部受过伤。德怀特离开医院时真诚地感谢大夫的精心治疗和忠告。"不必感谢我，"塞勒回答说，"我这样做是工作需要。我们不能失去像你这样的前卫。"但是，艾森豪威尔仍然不得不与足球告别，他回到连队不久，就同其他士官生一起参加练习骑马术。别的士官生在疾驰中潇洒地跳下马来，随即又迅速地跃上马鞍。而他骑在马上不慌不忙地绕了一圈又一圈。就在不远处的教练，并不想弄清楚艾克行动失常的原因，却当众侮辱他，说他是装假。德怀特盛怒之下一言不发，开始做难度大的骑马动作。剧痛立即透入膝盖。同学们将艾森豪威尔从练马场扶进医院。这是艾森豪威尔足球职业的终结，并且几乎断送了他的军人前途。两年半后，在进行毕业前体格检查时，塞勒大夫对于德怀特是否适宜于服兵役表示十分担心。

重伤使他不能再参加足球运动，但艾森豪威尔还没有放弃打棒球、游泳、做体操等项活动。据他儿子约翰说，艾森豪威尔在中年时仍能在双杠上轻松自如地做只有专业运动员能做的最复杂的动作，甚至在50岁后能打一手好网球。在年迈时仍是个高尔夫球迷。

大干一番足球事业的理想的破灭对艾森豪威尔来说，是他在校学习期间精神上受到的最沉重的打击。还发生了一些不大愉快的事。在第一学年期末，他在服役的阶梯上刚迈出了第一步，授予他军士衔。但是很快又因为纪律松弛降为士兵。更严重的是，由受伤引起的心理上的创伤。如果说，他在班上212名学员中以第五十七名的成绩修完第一学年的话，那么第二学年他在班上留下的177名士官生中，只是第八十一名了。艾森豪威尔所在的那个班级，后来成为西点历史上最有名的"名星辈出的班级"。在1915年班上有164名同学毕业。其中有59名获得准将或准将以上军衔，3名获得上将军衔，2名获得五星上将军衔。其中奥马尔·布雷德利将军当上了美国陆军总参谋长。艾森豪威尔在1915年《榴弹炮》年鉴上这样介绍他的这位同学说："布雷德利最重要的特点就是'誓获成功'，不达目的决不罢休。"

根据西点军校的规定，1913年，艾森豪威尔可以享受回家一个月的假期。这是他一生中在离家长达两年后，第一次回到阿比伦。火车于晚间到达这个城市，没有人来接他，因为德怀特没有通知父母。他一口气跑完了从车站到家的不长的路程。母亲手执提灯相迎。当艾克看到母亲由于儿子突然归来而深受感动万分高兴的时候，自己也不禁激动起来。

德怀特家里发生了变化。父亲最终离开了工作多年的油坊，到不久前创建的瓦斯厂任管理人员。母亲在过去的两年间变化不大，身体虽然瘦弱，但没有什么大病，每天仍在辛苦地操劳着家务。如今，家中只剩下两个弟弟——厄尔和米尔顿。对他俩来说，艾克穿着在阿比伦先前从未见过的漂亮的士官生军服回来，简直比过节还要隆重。厄尔回忆说，德怀特是这个城市的英雄，他也乐意担当这个角色。"他竭力以自己的博学和举止给我们留下深刻的印象，不放过身穿西点军校的军服在城里走走的机会……"

↑ 1909 年 20 岁的艾森豪威尔（后排中立者）与家人合影。
↓ 1915 年 6 月 12 日，艾森豪威尔从西点军校毕业。

　　艾森豪威尔返回军校后，又苦攻自己的专业。西点军校除了纯军事课程外，还给学生讲授其他课程。德怀特仍像在中学时代一样，他对历史、数学有着浓厚的兴趣。有一次在数学课上竟找到了解答难题的新方法，比教科书上的方法还合理。四年很快过去了，1915年6月12日是艾克结业的隆重日子。根据惯例，双亲被邀请参加军官毕业典礼。德怀特的父亲和母亲从遥远的阿比伦来到西点军校。

　　在军校的四年，艾森豪威尔学到了许多东西。他首先学到了自己的专业。西点给他打下了从事军官生涯的坚实基础。他熟悉陆军的习俗、行话、传统、组织。他懂得怎样行军，怎样使用步枪和小型火炮，怎样骑马，怎样架设简单的渡桥或构筑防御工事。他精通数学和地理，物理和化学也还可以。他懂得怎样写作战命令。他知道大量有关军事史的事实。他清楚地知道，一名陆军军官应当怎样才够格。他学习的军事艺术史课程，着重介绍伟大的将领以及他们个人的特点，仔细地给军校学员们描绘出理想的军事领袖的形象。艾森豪威尔懂得，一名好的军官是具有高尚动机的人，是把自己的一生奉献给祖国的人，是一位能够审时度势、当机立断、善于决策的领袖。荣誉感和军人意识迫使他努力做到诚实和真诚，而憎恶欺诈、模棱两可或者闪烁其辞。作为一个军人，他重视军阶的权利和责任，对自己的职业感到自豪。

　　按着军校的教导，陆军军官应把自己看作是不过问政治的人。这是审慎的和必要的。他们的观点是，军人的职责就是接受命令，执行由总统决定的政策，决不是自己的政策。从这个前提中引导出一些推论。其中对艾森豪威尔有着最直接影响的，是政治与军官职务应泾渭分明。据1915年估计，在军官中参加过投票的不到百分之一。军官提名为政治职务候选人的事，被认为是不可想象的。这方面的楷模是谢尔曼，而不是格兰特。

　　西点军校给学生灌输的又一思想，就是尊重总统的卓越地位。军官们不去考虑总统作为政党领袖的作用，而集中注意力于他担任的总司令的职务。总司令是从他开始一直伸展到士兵的这根神圣不可侵犯的指挥锁链的总头。对比之下，国会是党派的政治舞台。"如果说军校学员学到了什么信念的话，"艾森豪威尔的一位教官说，"一般地说，就是蔑视十足的政客和这些政客欺骗性的行事原则。"艾森豪威尔一生中几乎有20年时间在华盛顿与国会议员们共事，他一再激烈地表示他对政客们的蔑视。对他来说，就像对大多数的军官一样，喧闹和鼓噪声总是来自国会山，而下达明确命令的则是白宫。后来，艾森豪威尔背离了早期的诺言，走上了他自己曾经厌恶过的党派政客的道路。

　　四年学习结束后，1915年6月12日，西点军校考试委员会作出决定，授予毕业生德怀特·艾森豪威尔以美军尉官军衔。他在军队的前途并不特别令人乐观，因为学习结果所得的评价并不高，受重伤的膝盖也不见好转。艾森豪威尔甚至认为，对他来说最好的解决办法是到阿根廷去，在那里当一名20世纪的牛仔。但是，德怀特不失为一个天生的乐观主义者。他坚信会被委派去菲律宾，甚至会得到去热带服役所需的白色制服。但是艾森豪威尔的希望落空了。不是派他去遥远的菲律宾群岛，而是到距圣安东尼奥（堪萨斯州）不远的萨姆休斯敦港口去服役。

第三章 **3** *Dwight D. Eisenhower*
壮志难酬

第 **3** 章

壮志难酬

德怀特·艾森豪威尔怀着"要干一番事业"的雄心离开了军校。然而，由于过去膝盖受伤，他被分配去的却是个清静悠闲的地方。壮志难酬，这使他苦恼极了。

1915 年 9 月 15 日，西点军校毕业生艾森豪威尔少尉抵达服役地点休斯敦萨姆堡。这使他回到了出生地、熟悉的西部草原。对于这位年轻的少尉来说，在堪萨斯州一切几乎都像在家里一样，这里有着一望无际的辽阔地带，有着像在阿比伦一样的牛仔、气候和景观。德怀特在公务之余喜欢在广阔的草原上骑马奔驰。与同僚的交往和他十分喜爱的桥牌，暂时缓解了他对壮志难酬的苦恼。

休斯敦萨姆堡，是最令陆军羡慕的地方。因为那里的生活从容悠闲，服役意味着享福。任何能力强的军官在中午前或更早些，就可以把当天的任务完成，在余下的时间里可以到处骑马驰骋，去猎取野鸡和野鹿。可以参加愉快的社交活动：舞会，进行正式或私人拜访，单身汉联欢会，玩扑克牌。这些恰好与艾森豪威尔爱好交际的性格不谋而合。

艾森豪威尔是西点军校体育运动健将，在他本人还未到时，而他橄榄球教练的名声却已传开。在他抵达休斯敦不久，当地的一所军事学校就聘请他当该校的橄榄球教练，比赛季节薪金 150 美元。艾森豪威尔推脱说，军官上午要执行任务，下午也有事要干，婉言谢绝了。隔了几天，萨姆堡要塞司令弗雷德里克·丰斯顿对他说："如果你愿意接受聘请的话，我将非常高兴，而且对军队来说也是莫大的荣幸。"艾森豪威尔回答说："遵命，司令。"那年秋季他就当上了教练，有了胜利的记录。在下一个 1916 年的比赛季节里，他被提升为大学队的教练，在圣路易斯学院任职。该校在以前五年内没有胜过一场。在艾森豪威尔的指导下，球队第一场打成平局，后连胜五场，只是在最后争夺联赛冠军时，才被击败。

后来局势发生变化，1915 年至 1916 年冬，美国和墨西哥在边境上发生了军事冲突。就像大多数新毕业的西点军校的学生一样，艾森豪威尔申请参加约翰·潘兴将军率领的远征军。他的申请遭到了拒绝。相反，陆军部把他派到国民警卫队在边境流动的一个团去担任训练工作。不久，又调他去一个新成立的陆军正规部队的一个团，第五十七步兵团，任军需官。有3000名新兵要到萨姆堡边上的威尔逊军营，上级给了他三天时间作接待准备。艾森豪威尔懂得在军队里办事的最基本的诀窍，他与军需主任交上朋友，于是领到了更多的帐篷、步枪、军鞋、军服等。并注意改善军队的伙食，经常深入连队听取战士们的意见，结果受到官兵们的欢迎。

就在这年秋高气爽的10月，爱情撞入艾森豪威尔的心扉。这位少尉开始恋爱了。原来德怀特并不是女性特别热烈的爱慕对象，他也不愿结婚，而且还是不喜女色者之类秘密的协会的成员。参加这个协会的除德怀特外，还有他的两个同学。但他们三人都在西点军校毕业一年之后结了婚。

说来也巧，那天是个星期天，艾森豪威尔是值星官。他身穿笔挺的新军装，皮鞋擦得光亮，挎着一支左轮手枪，从单身宿舍出来查岗。在街对面军官俱乐部的草坪上有一些女人坐在帆布椅上晒太阳。其中鲁露·哈里斯夫人，是亨特·哈里斯少校的妻子，她看到艾森豪威尔便喊道："艾克，怎么不过来呀，我想介绍你认识几个人。""对不起，"艾森豪威尔回答说，"我在值勤，还没去查岗呢！"哈里斯夫人转过身来对艾森豪威尔重新喊道："我们并不打算请你过来就把你留住不放，只要你过来一下和我的朋友见见面就行了。"

艾森豪威尔越过马路向这些女人彬彬有礼地问候。"有一位姑娘立即引起了我的注意，"他后来回忆说，"她是一位活泼可爱的、富有吸引力的少女，个子比一般人小，脸上和仪态流露出一种愉快、潇洒的神情。"

↑ 1916 年秋，艾森豪威尔被派到墨西哥边境，这位未来的盟军司令在监督别人挖战壕。

←1915 年 18 岁的玛咪。

21

她穿着一套浆过的洁白的亚麻布套裙，戴一顶黑色的宽边帽。她刚来到得克萨斯度假，正在重访萨姆堡的许多旧友。她年方18，有两个妹妹。她的姓名是玛丽·吉尼瓦·杜德，不过大家都叫她玛咪。艾森豪威尔双肩宽阔，穿着军装容光焕发；踏着坚实的步伐从单身军官宿舍走出来时，给她的第一个印象是"他是个彪形大汉"。当他走近时，她又想，"他差不多是我见过的最漂亮的男子。"艾森豪威尔邀请她一道去查哨，她答应了。

18岁的玛咪给艾森豪威尔留下了深刻的印象。艾克作出的决定是迅速和最后肯定了的：这个姑娘应成为他的妻子。但是这个目的并不是轻而易举能达到的。美丽而富有的玛咪有许多倾倒她的人。年轻的少尉必须能造访自己意中人的家。第二天当玛咪散步回来时，仆人报告说，"每隔15分钟就有一位姓氏不详的先生来电话。"姑娘对艾森豪威尔要求去她家拜访的建议有礼貌地回绝了。这样持续了很长一段时间，在艾森豪威尔热烈地追求下，姑娘终于被征服了。艾森豪威尔喜欢杜德家所有的人，这使玛咪很高兴，因为她与母亲姐妹非常亲密，尤其崇拜父亲；而约翰·杜德也喜欢艾森豪威尔，由于膝下无子，不久就把他当作亲生儿子看待了。艾森豪威尔非常尊重杜德夫人，即使玛咪不在家也去看望夫人。他的热情影响了杜德全家。原来除了父亲以外，杜德家的人对体育都不感兴趣，但艾森豪威尔不厌其烦地谈论他担任教练的那个球队，以至于全家也开始去观看比赛。不久连女孩子们也疯狂地为"艾克的孩子们"欢呼叫好。

1916年的情人节，玛咪接受了艾森豪威尔的求婚。当艾克正式向杜德先生提出要娶他的女儿时，他表示同意，唯一的条件是要等到11月份让玛咪满20岁才结婚。杜德是一位有钱的巨商，他告诉艾森豪威尔，婚后他们夫妻将独立生活，并告诫说，玛咪过惯了无忧无虑的生活，可能难以适应去当一个军人的妻子。她习惯于有女仆服侍，而且花钱随便。杜德先生对女儿也作了一次同样的谈话，向她指出，她将接受这样一种生活：一直到处为家，经常要和丈夫分离，还时常为他担心。她回答说，她都了解，并期待着过这样的生活。

1916年春，由于欧战愈演

↑1915年，艾森豪威尔少尉与漂亮的玛咪订婚。

愈烈，军队几乎进入战时状态，再加上美国参加世界大战的可能性日益增加，艾森豪威尔和玛咪决定于1916年7月1日提前举行婚礼。杜德一家都同意这么办。就在结婚这一天，艾森豪威尔得到了与众不同的结婚礼物，他被授予中尉军衔。

婚后，杜德的司机把他俩送到科罗拉多州埃尔杜拉多温泉去度蜜月。但两天后，他俩便搭乘火车去阿比伦，与艾森豪威尔家的人见面。德怀特在此行之前焦虑的是，母亲将会怎样接待这位儿媳。这种担心是多余的。一直盼不来个亲生女儿的双亲对玛咪既热情又亲切。德怀特和玛咪清晨4时到家。戴维和艾达早已起身，正等着他们。双亲立即喜爱上玛咪，而玛咪也同样爱上了公婆。特别是他们对她说，他们太高兴了，终于有了个媳妇。当德怀特的两个弟弟厄尔和米尔顿走下楼时，玛咪说了句使他们高兴的话："我终于有了兄弟了！"

德怀特结婚时，世界局势正处于一个非常时期。当艾森豪威尔穿上少尉衔的军服时，第一次世界大战已经进行了一年。孤立主义者和反对美国参加欧洲战争的人们的影响是很大的，但是参战意味着美国垄断资本家能取得巨大的利润，以致这个问题在实质上早已决定了。而美国统治集团之不忙于卷入世界大战，只是认为分享战利品的时机尚未到来。

欧洲战事对美国的影响是重大的。大西洋把美国和欧洲战区相隔开，但是这种影响无论在政治上还是在经济领域里却在一年年地增加。美国的参战是不可避免的，在遥远的欧洲战场上的战局发展情况，迫使每个军人决定自己的地位。德怀特·艾森豪威尔决定参加空军——刚刚建立起来的崭新武装力量。他属于当时预见到空军具有远大前途，"具有实用价值"的为数不多的军人之列。

↓1916年7月1日，艾森豪威尔与玛咪结婚。

艾森豪威尔在结婚前夕接到了为参加空军进行体检的通知书。正如他在回忆录中指出的，吸引他参加空军的不只是与空军有关的新的没有体验过的事物，指导他的纯粹是平淡无奇的想法——空军军官的贡献要比步兵军官的贡献大出一倍。但是德怀特注定不能成为飞行员。在杜德的家庭会议上作出了决定，这是个冒险的职业，而且无论玛咪，还是她的双亲都同意这种看法。杜德先生直截了当地向艾森豪威尔宣布，如果他不重新考虑自己的决定，那么杜德将收回对女儿婚姻作出的允诺。艾森豪威尔对未来岳父的建议，经过一昼夜的考虑后，他投降了，为了家庭的幸福，牺牲了当空军的愿望。这是玛咪第一次，看来也是最后一次干预了军人性格的德怀特作出的决定。

艾森豪威尔夫妇俩生活简朴。他们虽能从玛咪双亲那里得到一些物质上的支援，但是衔级较低的军官的菲薄薪响，难以保证杜德家女儿过惯了的生活条件。物质上的困难是很大的，最初在艾森豪威尔简陋的军人宿舍里，连个厨房都没有，在食堂用餐的费用对这个小家庭是个很大的负担。但是，一切都慢慢地适应了。玛咪学会了做饭，德怀特也常常显示自己的烹调手艺。夫妇过着安静、平淡的军队生活。但是不论他们到哪里，到处都能建立起"艾森豪威尔俱乐部"。容易与人相处、好结交朋友的德怀特总有许多朋友。而富有魅力的、和蔼可亲的女主人在家中创造了一个令人愉快、不受拘束的环境。入夜，同僚们总是来到艾森豪威尔家消磨时光。甚至在1917年9月24日生下长子戴维(为了纪念祖父取祖父名)后，尽管年轻的父母因有了孩子与朋友交往有所限制，但"艾森豪威尔俱乐部"仍继续存在。

1917年4月6日，美国对德宣战。在美国职业军人面前呈现出新的前景。美国参战后过了几天，艾森豪威尔被授予上尉军衔。德怀特所在的第五十七步兵团，准备渡过大洋作战。这是艾森豪威尔的宿愿。参加作战能使他"前程似锦"，并为实践所学作战艺术创造必要的条件。

艾森豪威尔为准备参加欧洲战场的战斗而紧张工作。德怀特在第五十七步兵团第一次显示出他的组织能力。艾森豪威尔的领导才能，令人信服地表现在他的部下处于高度战斗准备状态中。距离该团开赴欧洲的日子已是屈指可数。但是1917年9月20日，他突然被派往佐治亚奥格尔索普港的军官训练营任教官。在佐治亚工作一段时间后能去前线的希望，仍没能实现。1917年12月1日他又得到了新的任命，到教导营培训军官。美国陆军极需培养后备军官这一使命，决定了艾森豪威尔的命运。年轻上尉在这方面表现出来的不容置辩的才能，未能逃过上级的注意。

艾森豪威尔一次次向陆军部请求去海外服役，全都遭到拒绝。为此，驻地司令把他召来，向他宣读了陆军部副官署署长的一封信，责备艾森豪威尔屡次要求调动。司令本人也开始责备起他来。艾森豪威尔打断了他的话。"司令，"他忿忿地说道，"我只是请求让我上战场，别无其他；看来冒犯上级的罪名——如果这也算是犯上的话——在我由您指挥之前就已经有了。如果要给我以任何惩处，也该由陆军部按情况处理，而不应劳您大驾。"司令想了一想，认为他言之有理，便派他去执行一项"特殊的训练任务"。

使艾森豪威尔感到沮丧的是，分配给他的任务是监督部队进行体育锻炼——刺杀、柔软体操和操练，这项工作甚至不如橄榄球教练那样富有对抗性和乐趣。不过他还是认真地干了，再次给上司和受训者留下了好印象。有一个受训者这样写道："我们那位新来的上尉，名叫艾森豪威尔，我认为他是最能干、最好的陆军军官之一。他教给我们出色的刺杀功夫，他激发起大伙的想象，大声吼叫，使我们又跺脚又呐喊，直至像真的白刃战一样猛烈刺过去。"

在这之后，艾森豪威尔参加了组建美军第一批装甲部队的工作。他预见到有远大前途的不只是飞机，而且还有在第一次世界大战末期首次出现在战场上的坦克。德怀特面临的是，"作为美国第一支坦克部队的组织者，要在机械化战争的新时代条件下表现出自己的才能来。"

然而，当艾森豪威尔来到宾夕法尼亚州葛底斯堡的米德军营时，更大的失望取代了原来的兴高采烈。这是一座旧的、弃置不用的兵营，是伟大的南北战争的遗址。陆军部决定组建装甲部队，坦克手都在这里进行训练，由艾森豪威尔指挥。这个决定虽然符合他的心意，但初来这里，一切都要从头做起，工作困难重重。年仅27岁、又无实战经验的艾森豪威尔，负责指挥几千人，全部都是志愿兵。他将与未来的武器打交道，但这里却没有一辆真正的坦克，没有训练手册，没有有经验的坦克军官。他后来承认说："我当时的心情是焦急的，是暗淡的。"为了完成上级交给的任务，德怀特决心排除困难。当务之急首先是稳定部队的情绪。为此，他利用所能搞到的一切材料，把南北战争时期皮克特将军发起冲锋的古战场，从一片麦地改变成为第一流的兵营。他为部下弄来了帐篷、食品和燃料，教他们操练，建立一所通讯学校和汽车学校。

到了6月中旬，艾森豪威尔手下已拥有一万名士兵和600名军官，不过仍然一辆坦克也没有。他跑到华盛顿去同陆军部纠缠，要求拨给几门老式的海军加农炮，供部下操练使用，直至他们能熟练掌握为止。他又设法搞到了一些机枪，不久士兵们蒙着眼睛都能拆装。他把机枪安装在平板卡车上，教士兵们在活动的平台上进行射击。他把大帐篷改成靶场的后障，不久这里的火炮射击比55年前的南北战争时更猛烈。而且，战士们对坦克的性能也有了一些初步的了解。

尽管玛咪对这里的生活不感兴趣，她还是前来陪伴着丈夫，并热心地支持他的工作。由于坦克是一种新式武器，成立坦克部队也是一种试验，故而科尔特兵营吸

↑第一次世界大战期间，艾森豪威尔参加了组建美国第一批装甲部队的工作。

→一战时艾森豪威尔是中校，但在1920年夏，随着军队的缩减，军阶被降成上尉军衔。

引了各种重要人物，有议员、高级军官和工业界人士。艾森豪威尔一家便在那幢租赁来的大院里款待他们。房屋坐落在葛底斯堡学院的校园里，原先是大学生联谊会的会址。吃的是家常便饭。音乐节目是由玛咪弹奏钢琴，唱些流行歌曲；而由艾森豪威尔负责的谈话，都是关于坦克和战争的。与第一批三辆雷诺坦克一起抵达的有两名作为顾问的英国军官，他们都是坦克的热爱者，向艾森豪威尔介绍了一位名叫温斯顿·丘吉尔的英国政治家，他对生产出第一批坦克起了关键性的作用。

艾森豪威尔训练坦克部队卓有成效的工作，引起了上级的注意。1918年6月17日他被授予少校军衔，同年10月14日，他晋升为坦克军团中校。为了表彰他的工作，陆军部奖给艾森豪威尔奖章一枚。在表彰令中指出："艾森豪威尔中校表现出了苦心孤诣、预见的才能，以及对远涉重洋作战的坦克军团全体人员进行组织、教学和训练方面的行政管理能力。"德怀特确实胜任教官的职责。"他训练的部队以美军中最优秀的一支队伍而闻名。"

德怀特·艾森豪威尔善于钻研，他不只预言这种新型部队有远大的前途，而且能正确指出坦克部队发展的途径和制订出改进坦克这种强大武器所需要的方针。艾森豪威尔在《步兵杂志》上曾写道："坦克尚处于幼年阶段，但它们已经在技术改进方面向前迈出了一大步。它们在这方面还可以作更多的改进。需要把动作迟钝、拙劣的战车忘掉，应有快速的、可靠的、具有强大杀伤力的坦克取而代之。"

在战时身处后方的真正职业军人，不管他的工作对前方是多么重要，显然常常感到某种道义上的不满足。艾森豪威尔不时递上一份又一份的报告，坚决请求派他到作战部队去。他的请求终于如愿以偿，德怀特获得上级的批准。1918年10月14日艾森豪威尔28岁生日那天，陆军部命令他于11月18日启程去法国指挥一支装甲部队。同盟国第一次统一了指挥，由福煦元帅任最高统帅，正在为1919年春季大反攻作准备，届时将由坦克开道，艾森豪威尔乘坐在第一辆坦克上。他把妻子玛咪和儿子艾基送上去丹佛的火车后，便去纽约为他的部下作好启程的准备，保证工作不发生丝毫差错。但 11 月 11 日德国人签署了停战协定。当消息传来时，他非常沮丧，情绪十分低落。他几乎不相信自己遇上了这种事——他是一个在历史上规模最大的战争中失去作战机会的职业军人。他从未听到过满腔怒火地射出的枪声。他不知将来儿子问起他在战争中做了些什么时，该怎样回答。若有人问他为什么没有参战时，只有老天爷作证。他想象同伴们在班级联谊会上谈论战争经历和战功时，他只得默默地坐着。当他在本宁堡遇到一位曾去过法国的年轻军官抱怨在那儿得不到晋升时，他怒气冲冲地打断他说："好了，你到过欧洲，参加过第一次世界大战，这一点就该抵得上晋升了。"

过去，艾森豪威尔整天忙于紧张的备战、训练，如今却忙于复员和收拾摊子的工作了。他心烦地处理着数千名士兵的遣散工作，拆毁科尔特兵营，把坦克部队剩余的一切——包括三辆雷诺坦克，运到佐治亚州的本宁堡。1919 年，艾拉·韦尔伯恩上校提名奖给他优秀军功勋章。奖章直到 1922 年才颁发下来。表彰了艾森豪威尔在训练工作中的"非凡热忱和突出的组织管理才能"。这对艾森豪威尔来说，与其说是受奖励，还不如说是对往事苦涩的回忆。

战争结束时艾森豪威尔 28 岁。他的雄心壮志遭到了挫折。他是实际上正在解体的组织中的一员。士兵们大批地匆忙脱下戎装，速度之快使内战结束时的退伍工作也相形见绌。不到六个月的时间，总共有 260 多万名士兵和 12.8 万多名军官收到了退伍证明书。到 1920 年 1 月 1 日，军队服现役人数只有 13 万。在整个 20 世纪二三十年代，军队还在继续缩减。到 1935 年，军队中已没有一支任何规模的、能立即投入战斗的部队。军队人数在世界上名列第十六位。

随着军队的缩减，艾森豪威尔的军阶也降了下来。1920 年 7 月 30 日，他恢复正式军阶上尉，三天后擢升为少校。他以后保持这个军衔达 16 年之久。美国经济日益繁荣，兄弟们个个事业发达，而艾森豪威尔却依然故我。在战争时期，尽管他没有能实现上战场的愿望，但至少他担负着重任；而在 20 和 30 年代，除了当一名橄榄球教练外，却什么也不是。在 28 岁至 51 岁之间，他呆在一支很小的军队里尽力工作。没有提升的现实希望，但他很满足。他随遇而安，集中精力尽其所能完成上级交付给他的各项任务。

在此期间，艾森豪威尔家庭还遭到重大不幸。1921 年 1 月 2 日，三岁的戴维（又名艾基）因患猩红热而夭折。孩子死在医院中德怀特的怀里。遭受丧子之痛的玛咪因严重神经性障碍卧床

↓1921 年，3 岁的儿子戴维因患猩红热天折，对艾森豪威尔是沉重打击。

不起。德怀特在医院里度过了几个不眠之夜。

在这以后的20年中，艾森豪威尔经历了各种各样的生活，他当了三次研究生。在巴拿马、华盛顿、巴黎和马尼拉生活过。他的家眷通常和他在一起。遗憾的是，他没有自己的房子。但是除了他不在国内，他几乎年年总是设法至少回阿比伦省亲一次。1926年时，他们几个兄弟团聚在一起。每个兄弟挣的钱都比德怀特多。阿瑟当上了在堪萨斯首屈一指的堪萨斯市银行的副总裁；埃德加是华盛顿州塔科马的名律师；罗伊在堪萨斯当药剂师；厄尔在宾夕法尼亚当工程师；小弟米尔顿是农业部的一位高级官员。好像他们的前途都比艾森豪威尔少校的光明。然而，戴维和艾达对五个儿子都一样疼爱，但也曾寄希望德怀特会时来运转。

但是，德怀特却满不在乎。全家团聚时拍摄了许多照片，每张照片上艾森豪威尔少校都显得特别健壮，肤色黝黑，充满自信，是所有男孩中看上去最神气的，显然也是身体最强壮的一个。虽然他不妒忌兄弟们所取得的成就，小时候比体力的劲头却并没有忘记。他急于找埃德加比拳击，以报复小时候挨埃德加的痛打，但是埃德加机智地避开了艾森豪威尔的挑战。还有，使艾森豪威尔感到满意的是，虽然他在经济收益方面不如他的兄弟们，但他到过的地方却比他们加在一起的还要多。而且他有着更多的学习机会，解决过更多的棘手问题，曾与更多的有趣的人打过交道。

→ 1922 年，艾森豪威尔与玛咪有了第二个孩子。

德怀特·艾森豪威尔正像他父母所希望的那样，终于时来运转。1922年他被派往巴拿马运河区，在那里一直工作到1924年9月19日。职务和任职地点是最寻常不过的，但使他走运的是，他能在美军中最有学问的将领之一、康纳将军的领导之下工作。康纳相信，"艾克很有发展前途"。将军在得出结论后，对艾森豪威尔的关注是不惜时间和精力的。康纳深信新的世界大战是不可避免的。康纳在回答战争将在什么时候发生这个问题时说："也许要过15—20年，也许要过30年。"老将军引用了经济、政治和军事方面的确凿的论据。他的信心也影响了艾森豪威尔，既然战争是不可避免的，那么在军队服役就有了特殊的意义，充实了新内容。

在巴拿马，如同服役期间德怀特所到之处一样，他们的家成了吸引同僚的中心。1923年8月3日，玛咪生下了第二个儿子，名叫约翰。这时，他的家接待来客更是特别热情、亲切。德怀特是个桥牌名手，据他的许多传记作者证实，是在美国牌坛上没有能与之匹敌的对手。但是在巴拿马他不常玩牌，钻研军事论文成了他新的、更强烈的癖好。

与康纳将军的交往，使艾克受到了巨大的教益。根据将军的推荐，他阅读了大量军事著作。随后又围绕所阅读过的材料与康纳将军进行长时间和详尽的交谈。在这个过程中，博学的康纳是德怀特探索军事艺术的导师。经康纳将军推荐，艾森豪威尔少校于1925年被利文沃思港的参谋学院录取。这所学校是总参谋部的直属院校。1926年他毕业于这所当时最有权威的军事学院，学习成绩于275名学员中名列榜首。在陆军部和参谋部谈起艾森豪威尔，都认为他是个有才能和有前途的军官。上级的评语，使他的自尊心得到满足。德怀特现在生活有了目标，感到自己具有进一步钻研和提高军事知识的天赋。但是他在精神上还不能得到满足，在部队服役11载，他仍然是个小小的少校。

艾森豪威尔在指挥参谋学院毕业后，经康纳将军介绍，到法国长期出差，在那里编写关于第一次世界大战期间美军参加过战斗的那些地方的手册。德怀特不止一次地到过这次大战进行重大战役的地方。差不多过了20年，当1944—1945年艾森豪威尔指挥盟军在法国登陆时，由于他对第一次世界大战时在这些地方进行的战役的许多细节都记得起来，使他的同僚大为惊讶。熟悉地形有助于他在复杂的战局中作出正确的决定。

回到美国后，艾森豪威尔继续进修深造。1928年6月艾森豪威尔从陆军大学毕业。在几乎38岁时，他才完成了一系列的军事正规教育。政府在对他的培养方面投了一大笔钱，而他把大部分精力投入到战争的准备工作中，并以此作为报答。

从1929至1933年，他在陆军部和参谋部机关任职。美国正处于世界经济危机十分艰难的岁月，但美军军官并没有生活之虞，艾森豪威尔有固定的薪金，相当好的住宅。他远离政治，一次也没有参加投票选举。

第四章 4 *Dwight D. Eisenhower*
参谋长助理

第**4**章

参谋长助理

　　德怀特·艾森豪威尔从欧洲回来后，就在美国陆军部和总参谋部任职。当时世界风云骤变，太平洋的复杂局势加剧了世界经济危机；在欧洲，德国法西斯上台执政。国际舞台上政治力量越来越清楚地形成新的对比。事态的发展促使已经建立的集团和联盟发生了新的变动。有一点是明显的，即如果发生世界性冲突和美国参战的话，那么美国必须解决动员美国的军事经济资源这一复杂问题。陆军部在这些年间在研究美国军事潜力方面，其中包括一旦战争开始，经济方面的情况如何，做了大量工作。

　　1930 年秋季，道格拉斯·麦克阿瑟接替史沫莱尔担任参谋长。麦克阿瑟依据复杂的国际局势，表示反对政府进一步裁减兵员。他强调，国际形势的发展，"重又证明了条约是不可靠的，对于和平毫无保障可言"。同年，美国国会成立了战争政策委员会，研究"一旦发生战争时应遵循的政策"和"如何平均负担费用以及把战争牟利减至最低限度"。建立这个委员会的决议，要求委员会"研究并考虑修改宪法"。支持者谈到在战争动员时征用私人财产和征募兵员的问题。一般的希望是，政府应排除花费大量资金的、鼓动美国参战的运动。委员会由陆军部长赫尔利担任主席，其他五名内阁官员，四名参议员和四名众议员任委员。陆军部的动员计划显然是委员会关心的中心问题。麦克阿瑟得到通知，将由他负责提出迄今为止"秘密的"工业动员计划的工作。

　　麦克阿瑟通知艾森豪威尔和莫斯利着手进行这一工作。到 1930 年底他们提出了一个计划，内容包括对外贸易、征用工厂，以及成立专门的政府高级机构以对工业、人力、征兵和公共关系实行集中领导这个最重要的问题。1931 年春，委员会举行公开听证会。工业家到陆军部来预先讨论他们的证词。这对艾森豪威尔来说，是一次重要的经历。直到 1930 年，他对美国工业的生产能力以及组织情况都不甚了解。现在，他和工业界某些巨头进行日常的工作接触。艾森豪威尔发现，这些人都"直接反对"在战时征用一切产业的主张。艾森豪威尔出席听证会，对了解美国的国情、经济实力、资本家的心态以及各界人士对战争的态度甚有帮助。

德怀特·艾森豪威尔参加这一工作的再一好处是，可直接与麦克阿瑟接触。艾森豪威尔与工业家们和谐的合作，对详细情况的掌握，行文风格以及反映上司的态度和意见的能力，给这位参谋长留下了深刻的印象。他开始利用艾森豪威尔的才华，请他为自己起草一些演讲稿、信件和报告，并亲自任用艾森豪威尔为参谋长助理。麦克阿瑟在一份报告的批语中对这位助理备加赞扬道："亲爱的艾森豪威尔：你完成的工作很出色，远比我本人写得精彩，深为感谢。"麦克阿瑟还在艾森豪威尔的考绩报告中说："在军队中，在该军官的同辈中，没有一个能胜过他……在精力、判断能力和接受任务等方面尤为突出。"

麦克阿瑟是艾森豪威尔一生中遇到的最重要的两个领导人之一。另一个是乔治·马歇尔。能结识这两位总参谋长，并在他们手下工作，是艾森豪威尔的幸运。两人都是美国有权威的将军，他们的领导艺术截然不同。麦克阿瑟夸夸其谈，服饰华丽，以自我为中心，好吹捧、奉承人，有着强烈的党派观念，很喜欢介入政治争论。马歇尔说话平稳，衣着保守，为人谦逊，不轻易赞扬人，严格地超党派，不愿意介入政治争论。两人都当过罗斯福的参谋长；但是，他们对军队首脑与总统的关系的看法，却大相径庭。麦克阿瑟认为军队首脑与总统之间是对抗的关系，而马歇尔则认为军队首脑对总统应持完全支持的态度。他们还在欧洲和亚洲对美国的相对

↑1926年夏，艾森豪威尔（坐台阶者）从指挥参谋学院毕业后回到阿比伦的家中，与父母兄弟的合影。

重要性的根本战略问题上意见不一致。其结果之一是使军队和参谋部分成麦克阿瑟派和马歇尔派。前者主张"亚洲第一论",后者主张欧洲问题应放在首要地位。

艾森豪威尔在 37 年的军事生涯中,有 11 年是直接在这两个人手下工作,在麦克阿瑟手下 7 年,在马歇尔手下 4 年。这两位将军都喜欢并敬重艾森豪威尔。德怀特工作做得很出色,总是按时完成。他忠诚地执行上司的决定。他在时间安排上和其他想法上都适应上司的心意。无论麦克阿瑟还是马歇尔都表扬过艾森豪威尔的这种品质。麦克阿瑟在 20 世纪 30 年代初的一份鉴定报告中谈到艾森豪威尔时说:"这是军队中最好的军官。当下一场战争来到时,他应当立即登上领导岗位。"1942 年马歇尔总参谋长以推荐艾森豪威尔担任盟军欧洲远征军总司令的行动,来表明他同意上述评价。

不过,艾森豪威尔与麦克阿瑟的私人交往要比与马歇尔亲密得多。艾森豪威尔和麦克阿瑟经常互相打趣,而同马歇尔则很少这样。马歇尔是弗吉尼亚军事学院毕业的,对陆海军的体育比赛谁胜谁败不太关心,而艾森豪威尔和麦克阿瑟都毕业于西点军校和陆军参谋学院,又都是体育爱好者,因此他们对西点军校橄榄球队的胜败异常关切,每年秋季他们都热烈讨论陆海军比赛的前景和结果。艾森豪威尔和玛咪同马歇尔夫妇几乎没有什么社交往来,却经常和麦克阿瑟及其夫人琼一起参加舞会和宴会。

艾森豪威尔对麦克阿瑟的评论也比对马歇尔深刻。他在回忆录中把麦克阿瑟描绘成"果断、很有风度、知识渊博和有着非凡记忆力"的一位将军,说他把演讲稿或报告读过一遍后,便能逐字逐句地背出来。麦克阿瑟骄傲自大,脾气古怪,除了他之外,"决不能见到天上还有另一个太阳"。当麦克阿瑟在某个问题上采取了某种立场以后,他便固执地坚持这种立场,特别是涉及到陆军时。他掌握问题的全部细节,总是用合乎逻辑地摆事实的方法来坚持自己的论点。艾森豪威尔的传记作者斯蒂芬说:"不管自觉还是不自觉,艾森豪威尔在战时和担任总统时,在对一些重大问题的辩论中总是效法麦克阿瑟。"

麦克阿瑟并不像马歇尔那样去教育和训练艾森豪威尔,使其成为自己的门徒。相反,艾森豪威尔是通过观察麦克阿瑟的行动来学习他的。麦克阿瑟确实是位引人注目的人,无论他走到哪里,记者们便追随到哪里。他发表的见解和活动常常成为报纸的头条新闻。他故意对当前最富有爆炸性的、激动人心的问题发表公开谈话。他严厉斥责共产党人、主张新政者、和平主义者、社会党人和不符合他对于百分之百的美国人所下的定义的一切政党和团体。他从不拒绝挑战,他爱好投入战斗。麦克阿瑟毫不隐讳自己的政治野心,人们都知道他和潘兴将军不一样,他愿意被提名为总统候选人。麦克阿瑟是将军中最喜欢搞政治的,但从没有在政治上取得成功。麦克阿瑟爱接受有争议的问题,而艾森豪威尔则回避这些问题。注视着 30 年代的麦克阿瑟政治活动的结果,使艾森豪威尔更坚定了他"超脱政治"的决心。

1932 年发生的美国退伍军人请愿事件,是艾森豪威尔在总参谋部期间所经历的最惊心动魄的事件之一。这年 7 月,第一次世界大战时期的老战士为要求改善物质状况举行了有名的游行进军。聚集在华盛顿街头的两万多人,他们都是失业的退伍

↑1932年，艾森豪威尔（左）作为麦克阿瑟（右）的助手，参加镇压美国退伍军人的请愿。

军人，想提前领取答应在1945年才支付给他们的参战退役金。平均每份金额为1000元。这些退伍军人都住在宾夕法尼亚街上弃置不用的财政部楼房里和安纳科西亚沼地上"用捡来的材料、铅皮桶和旧木板搭成的可怜的小棚屋里"。在被包围的胡佛政府看来，这些退役金请愿者是"在国会所在地向政府发起进攻的布尔什维克主义的威胁"。麦克阿瑟肯定"这次运动的意义和危险性，实际上远远超过想从濒于枯竭的国库索取金钱的作为……红色组织者渗入了退伍军人组织，并立即从那些不了解情况的领导人手中，接过了指挥权"。这位参谋长认为，通过退伍军人的这次进军游行，"共产党人希望煽动革命行动"。作为这位参谋长助手的艾森豪威尔却有着不同的看法。"事实上，"他写道，"他们中间大多数人，尽管可能受到一些煽动者的蛊惑，但都是安分守己的，他们进军游行，都是为生活所迫。"

然而，麦克阿瑟设法证明请愿与共产党有联系。他要求全国各地的高级军官向他提供与退役金请愿者一起进军华盛顿的、已知的共产党人的名单。答复来了，结果没有一个人知道。尽管缺乏证据，但是，参谋长和胡佛政府，仍决定用暴力把聚集在财政部楼房里的1100名左右的退伍军人赶走。7月27日，政府命令华盛顿警察局长把他们驱逐出去。第二天，7月28日，正规军又接连采取行动。他们开赴首都的中央大街宾夕法尼亚街，阻挡示威游行的人们。正规军向饥饿的、衣衫褴褛的、手无寸铁的老战士开枪。这是美军史上的奇耻大辱。两名老战士被打死，50名受伤。麦克阿瑟将军自告奋勇领导这一讨伐行动。他说，"爆发了革命"，军队就应当整顿秩序。麦克阿瑟命令艾森豪威尔和其他军官穿上制服，排列在队伍的首列与士兵一起行进。这样，艾森豪威尔从实际上懂得了资产阶级国家军队的社会职能。为表彰参加这次讨伐队，授予他一枚奖章。

但是，当麦克阿瑟参谋长和艾森豪威尔少校等人出现在宾夕法尼亚街头时，形成了一幅引人注目的画面，几十个摄影师都抓住了这个机会。艾森豪威尔和其他一些下级军官，外套上都没有佩绶带和勋章；麦克阿瑟的胸前却挂满勋章，相比之下，显得特别神气。麦克阿瑟身穿礼服，腰系武装带，下身穿马裤，足登锃亮的马靴。在所有拍摄的照片上，艾森豪威尔情绪沮丧，而麦克阿瑟则兴高采烈。

美国军警对退伍军人的残酷的镇压，受到国内外舆论的强烈谴责。但麦克阿瑟却在记者招待会上说："那帮暴徒，看上去叫人讨厌，不安分的天性使军警激动起来。"麦克阿瑟把不利于他的宣传归咎于共产党人，拒绝承认他犯了错误。艾森豪威尔观察到麦克阿瑟有着这样一种顽固的想法："一个高级指挥官必须不惜一切代价维护其在公众中的形象，决不可承认自己的错误。"这次事件使艾森豪威尔更害怕极端主义，更本能地回避各种争论。

血洗老战士是艾森豪威尔在第二次世界大战开始前参加的唯一的"军事"行动。他的一位传记作者说："那时艾森豪威尔少校已经显示出逐渐成熟的品质。他曾多次劝说麦克阿瑟不要指挥这次镇压行动。事后，他又巧妙地躲避了记者对他的采访。"

在这一事件过去七个月之后，1933年2月，麦克阿瑟让艾森豪威尔当他的私人助理。德怀特给麦克阿瑟起草演讲稿到国会演说，并帮助准备参谋长的年度报告。这些报告都是些调子低沉的文件。甚至在"新政"于1933年3月开始以后，军队仍是根据难以忍受的大为削减的预算进行工作。1933年的军事预算为3.04亿美元，1934年为2.77亿美元，1935年为2.84亿美元。年度报告悲叹，在一个迅速重新武装起来的世界里，在德、意、日法西斯疯狂扩军备战和肆意进行侵略的情况下，美国军队几乎完全缺乏准备。艾森豪威尔在报告中列举了军队的缺陷。第一次世界大战剩下的预期用来打一场小型局部战争的装备不仅陈旧，而且实际上在不断地损坏；陆军由于没有钱，无法订购新研制的伽兰德半自动步枪，所以仍使用1903年型的斯普林菲尔德步枪；1934年军队只有12辆一次大战后的坦克在服役。麦克阿瑟要求政府拨款购买更多的坦克和更新装备。但是，在经济危机的困扰下，罗斯福政府仍决定军队是实行节约的最重要的部门。

艾森豪威尔热爱军队，热爱自己的职业。如果说德怀特·艾森豪威尔少校的名字不为一般的公众所知晓，却受到来陆军部采访的记者们的高度重视。一家报纸请他当军事编辑。他曾大为动心。这个工作使他能继续留在华盛顿和接近军队里的朋友。他能准确地对美国的军事和海外的威胁作出评价。而且每年薪金为15000至20000美元，对一个每年只拿3000美元的人来说，不啻是一笔财富。他作了考虑，并同玛咪和弟弟米尔顿商量，差点儿辞去军职。经过反复考虑，艾森豪威尔对职业的热爱战胜了高薪的诱惑，最后决定还是留在军队里。

德怀特记着福克斯·康纳将军对他说过的话：时间不会太长将爆发另一场战争，其规模比上一次战争还要大。德国、意大利和日本重新武装的事实，使他确信那场战争已为时不远了。他不想作为一个新闻工作者去报道那场战争，他要作为一个战士、一个军人去投身于那场战争。他也想离开华盛顿和总参谋部，作为战斗兵种的军官，到部队里去干，但是麦克阿瑟不放他走。1935年，麦克阿瑟的参谋长的任期届满，艾森豪威尔盼望着派他到野战部队中去服役。但是，接着麦克阿瑟当头给了他一棒。国会通过给菲律宾以"联邦"地位的决议。菲律宾于 1946 年完全独立。曼纽尔·奎松和国民党领导的新的菲律宾联邦政府，需要一支军队。奎松邀请麦克阿瑟到马尼拉去当他的军事顾问，负责建立一支军队。麦克阿瑟接受了邀请，并坚持要艾森豪威尔继续当他的助理。

从头建立起一支军队，是一件有趣的工作。对艾森豪威尔来说，这项工作还有额外收入。顾问代表团的成员，担任美军派遣任务，国内薪金照领，另外菲律宾联邦政府还支付一份薪水。麦克阿瑟每月为 3000 美元，艾森豪威尔为每月 980 美元，再加上一切开销的费用。由于有这样的收入，加上雇用仆人的费用低，艾森豪威尔一家在马尼拉可以过一种比较豪华的生活。

1935 年 9 月末，艾森豪威尔和麦克阿瑟一起登上西行的火车去旧金山，并从那里搭船去马尼拉。艾森豪威尔在华盛顿已住了六年，没有什么可夸耀的。他没有晋升过；他和其他任何一名军官都没有能说服政府开始重建国防；他没有在战斗部队里干过，看来命中注定要永远当一名参谋军官。然而，他能引以为荣的是麦克阿瑟对他的工作和能力的评价。1935 年 9 月 30 日，参谋长给他一封信，赞扬他"成功地完成了不少艰难的任务"。麦克阿瑟感谢艾森豪威尔"愉快地和有效地致力于有局限性的、困难重重、而且常常必须全力以赴的任务，尽管你本人希望的是指挥部队和从事军队生活中其他扎实活动方面的工作。对此，你的特质是完全适合的"。他向艾森豪威尔保证，他的经验对他将来当司令官是很有价值的，"因为所有向你提出

↑ 1935 年，麦克阿瑟退休后成为菲律宾政府的军事顾问，麦克阿瑟把艾森豪威尔也留了下来。左三为艾森豪威尔。

的问题，是必须从高级指挥机关的观点来解决的"。

在菲律宾，艾森豪威尔积极参加了建立军事学校，组建空军，组织城市居民进行军事训练和制订岛国的国防计划以防发生战争等工作。鉴于太平洋战争日益迫近，他们所进行的工作是有重大意义的。

艾森豪威尔在工作之余还能挤出时间从事自己习惯了的娱乐，打桥牌和玩高尔夫球。菲律宾总统奎松是个牌迷。被邀往总统那里去度周末的人员中，几乎总有艾森豪威尔的名字。但是，博得总统好感的不只是艾克的牌技，艾森豪威尔吸引总统的是，他熟谙军事，容易与人接近，能博得别人的好感。"在他的全部优秀品质中，"奎松说，"我最称颂的是，我不论何时向艾克征求意见，总会得到答复。"

1936 年 7 月 1 日，在西点军校毕业后过了 21 年，德怀特·艾森豪威尔终于得到了中校军衔。在菲律宾，他仍没放弃成为空军的夙愿。他掌握了复杂的飞行业务，飞行了必须的 300 小时，在 48 岁时取得了飞机驾驶证。艾森豪威尔对自己的力量充满信心，竟带着儿子飞行。这是个莫大的冒险行动，尤其是在一次这样的飞行中，飞机差一点坠毁。

↑ 1935 年，麦克阿瑟(中)与艾森豪威尔(右)在菲律宾。

1939 年 9 月 1 日，希特勒入侵波兰，英法对德宣战。第二次世界大战爆发了。虽然战争对艾森豪威尔将意味着在事业上的进展，虽然他一直致力于准备对付这一挑战，但战争的到来是一场大灾难。9 月 3 日，宣布战争的当天，他写信给弟弟米尔顿："经过月复一月地极力安抚这个统治德国的疯子之后，英国和法国看来被逼进了死胡同，他们只有通过战斗，才能走出来。对欧洲和整个文明世界——虽然长期把这个世界称为文明世界似乎是荒谬的——这是一个不幸的日子。如果战争拖长，我相信战争中残存下来的国家很难辨出他们参战时原来的模样。"但他预言："除非希特勒用暴力征服全世界，否则最后的结局将是德国被肢解。"

德国人征服波兰后，德军与西方盟军隔着马其诺防线僵持着，这时，战争被称为"静坐战争"，或叫"假战争"。1939 年 10 月，艾森豪威尔向他的朋友杰罗说："这场战争使我感到非常迷惑……很明显，没有一方愿意进攻堡垒坚固的防线。如果阵地配备着现代化武器，使战斗防御的优势大大超过进攻，我们就倒退到中世纪末期，在当时军队守卫在筑垒的营地内，非常安全，不受骚扰。"艾森豪威尔感到疑惑，"答案是什么？"

1939 年 12 月 13 日艾森豪威尔决定回国。他深信，美国不可避免地要卷入这场战争。他认为，现在他的位置是在祖国，是在他的美利坚合众国。艾森豪威尔在谢绝了菲律宾总统提出的待遇上非常有诱惑力的建议后，返回美国。

他的预见被证实了。全国正处于作出最重大的军事和政治决定的前夕。国内各种势力对战争的态度意见纷纭。和平主义、孤立主义势力十分猖獗。

→1939 年 10 月，玛咪在菲律宾总统奎松的注视下，为艾森豪威尔戴上菲政府颁发的十字奖章。

第五章 **5** 艰难岁月

Dwight D. Eisenhower

第**5**章

艰难岁月

　　第二次世界大战的规模愈来愈大。艾森豪威尔于 1940 年 2 月回到美国，被委派到驻加利福尼亚的第十五步兵团担任副团长，兼第一营营长。美国不可避免地将参与战争的迹象越来越明显，需要立即训练后备军。他在加利福尼亚根据指挥部的命令，开始训练国民警卫队，以提高这些新编部队的素质，使之达到正规军的要求。

　　历史又重演了。这是艾森豪威尔从事军旅生涯以来"最称心如意的一年"。7 月 1 日，他在写给好友奥马尔·布雷德利的信中说："我现在过得非常愉快。像军队中别的人一样，我们大大小小的工作和问题成堆，但是这种工作很有趣！"他在写给另一位朋友杰罗的信中说："我经常带领部队在野外演习，工作十分紧张……我晚上冻僵了，从来没有连着睡过一小时三刻钟的觉。有时确实累极了，但是这种生活真美！我属于部队，与部队在一起，我总是快乐的。"

　　艾森豪威尔的家庭生活也是幸福的。玛咪很高兴回到了美国，她的健康情况有了明显好转。她又在款待客人。爱子约翰被选派到西点军校学习。他在入学考试时，获得 92 分，名列第一。艾森豪威尔在写给休斯的信上说："约翰的这次成就，使我挺起胸膛，脸上增光，给玛咪每天谈论她的儿子时，增添了新的内容。"

　　然而，艾森豪威尔几乎没有必要去挺起胸膛。50 岁的年龄，身体还非常结实。大多数人认为，他看上去比他的实际年龄要年轻十岁。部队工作和野外生活，使他保持着旺盛的精力。宽阔的胸脯和肩膀，他仍有着运动员的健美体型。他生气蓬勃。行走时步履轻松，双目炯炯有神。他的头顶差不多全秃了，只有几缕浅棕色头发披在后脑勺和脑袋两侧。有人说艾森豪威尔秃顶，反使他的相貌显得更英俊，也许是因为这对他大而表情多变的嘴起着陪衬作用。他思想活跃，思路敏捷，说话滔滔不绝，表现出充分自信。

　　为了适应战备需要，美国军队在加紧进行扩充和训练。在 1939 年至 1942 年之间，军队由 19 万扩充到 500 多万。这支军队几乎采用全新的武器装备，并且进行彻底的组织、纪律和战术方面的改革。原来军队的 13000 名军官，成功地适应了这一

←尽管艾森豪威尔没有买过一辆汽车，但他却非常喜欢汽车。这张照片是他的儿子约翰在1938年拍的。

↓艾森豪威尔夫妇同儿子约翰在一起。

转变。在组建新军中，艾森豪威尔恪尽职守，每天工作18个小时。他制定出训练时间表，进行视察，给新任命的下级军官上课，领导野外演习，研究欧洲战争的经验教训，并以此改进部队的装备和战略战术。他主张部队尽量从实战需要进行训练，军队不能娇生惯养，因为这样不能培养士气，只能宽容和鼓励无能。

艾森豪威尔反对拖拉懒散作风，要求部队努力提高工作效率和战斗力。他认为："军官中无能的人淘汰得越早越好。"他发现很多军官在和平时期工作得很好，但在战时却不符合要求。他们经受不了战时体力和精神上的严峻考验。艾森豪威尔驱使他的部队进行艰苦的训练，原因之一是要发现哪些军官在一连多少天很少睡眠，吃不到热饭菜，不断地作出决定和执行决定后，仍能使自己的部队保持饱满的情绪和旺盛的斗志。艾森豪威尔渴望在建立一支国民的军队工作中尽一份力量。他关心士气，尽他所能地鼓舞和保持高昂的士气。他确信："只有美国人了解下达命令的原因和目的，他们才愿意，或能够最有效地进行战斗。"他经常对官兵们说："法西斯军队到处行凶作恶，肆行侵略，国际形势要求我们去战斗，而不是有人将把我们带进这场战斗。"他号召大家努力克服孤立主义、和平主

义的影响。艾森豪威尔相信："一旦美国人民真的被激怒起来，他们就像自信的、不顾一切的、飞速倾泻的雪崩……而我们的任务是加速准备我们的力量！"

至于他自己，艾森豪威尔多次要求到正规部队中去，并随时准备到海外去作战。1940年9月，艾森豪威尔感到很高兴，驻本宁堡的第二装甲旅旅长巴顿写信告诉他，很快要成立两个装甲师，这在美军历史上是第一次。巴顿说他希望指挥其中的一个装甲师。他不知道艾森豪威尔是否愿意在他的领导下工作。艾森豪威尔立即回信说："这太好了。我想，在你的师中指挥一个团，这或许是奢望，因为我差不多还有三年时间，才能得到上校军衔。但是我想，我能很好地指挥一个团。"巴顿回信说："我要请你或者担任参谋长，这是我所希望的，或者当团长。你可以告诉我，你想担任哪一种职务，因为不管怎样，我们在一起会成功的。"

艾森豪威尔开始关切自己的前途。他知道在全军中，他享有"卓越参谋军官"的声誉。许多在各地任职的朋友告诉他，这位或那位将军，曾寻求他担任师的甚至军的参谋长。想到他可能两次像1918年失去参加战斗的机会，他就痛苦得几乎不能忍受。10月底，他向在华顿盛的马克·克拉克透露，他的志向是在巴顿领导下指挥一个装甲团，而不要抽调他去做参谋工作。1940年11月1日，当巴顿再次写信劝他快点申请调动时，他焦急万分。巴顿说："如果你有门路，就要走门路，因为很快这个军将有十个新来的将军。"十个将军！一个仅仅是中校的人怎能与一位将军竞争？艾森豪威尔申请调动，但是他几乎肯定会遭到拒绝，因为他的军衔太低了。11月份，他写信给陆军部的一个军官发牢骚说："对军衔这类事情这样苛求，使我感到吃惊，至少可以说有点好笑。""当一个人到了50岁，已经毕业了25年多，而且离得到他的银鹰肩章只差两年半左右的时候，似乎可以调整一下军衔，以便陆军部可以把他调到他们想要调的地方去。"

→1941年6月，艾森豪威尔（右）被任命为第三集团军参谋长。

陆军总参谋长马歇尔将军，实际上很清楚艾森豪威尔的名声，对他的工作能力也有一定的了解。这位总参谋长决定派艾森豪威尔到第九军担任参谋长。这个军驻地包括整个西北地区。在 3 月 11 日，他晋升为上校。没有一次晋升比这次更使他高兴。由于成为上校，他最大的志愿得到了满足。三个月后，他接到新的命令。1941 年 6 月 11 日，沃尔特·克鲁格中将写信给马歇尔将军，说他的第三集团军需要一位参谋长，他知道他需要什么样的人来担任这个职务："高瞻远瞩……对掌握一个部队这样重大的问题有深刻了解，积极主动，足智多谋。"克鲁格认为艾森豪威尔是最合适的人选。两天之后，马歇尔同意这项任命。

1941 年 6 月底，艾森豪威尔一家动身到第三集团军司令部所在地休斯敦萨姆堡。他们在 7 月 1 日抵达，这一天是他们结婚 25 周年。艾森豪威尔送给玛咪一块白金手表作为礼物。他是用他在菲律宾积蓄下来的钱买这块手表的。玛咪后半生一直戴着这块表。她高兴回到熟悉的、有着美好回忆的地方，特别由于她的丈夫现在是上校，是第三集团军的参谋长，使他们有资格住一幢萨姆堡漂亮的旧式砖房，四周有着遮荫的走廊和一个大草坪。

艾森豪威尔在第三集团军任参谋长期间值得一提的是，在 1941 年 8、9 月间举行的路易斯安那演习。这是美军进入战争之前举行的规模最大的军事演习。克鲁格的第三集团军进攻本·利尔将军的第二集团军。克鲁格的 24 万人正在"侵入"路易斯安那，而利尔以 18 万之众"保卫"着美国。马歇尔坚持进行这样大规模的战争演习，因为他想找出训练中的不足和装备上的缺陷，又因为他需要去发现军官中有才能的人。

艾森豪威尔渴望得到这次考验。这是自 1918 年以来，美国投入"战场"最大的一支部队，比南北战争时规模最大的格兰特军队大两倍。艾森豪威尔从他设在龙尼斯的司令部写道：对参加演习的军官们所"要求的精神力量、技术能力、魄力是巨大的"。实际上对第二集团军发动一次侧翼进攻甚至更为困难。艾森豪威尔为了筹划这次军事演习几乎几天没睡觉。他发现排、连领导不称职，这使他很伤脑筋。于是，他花了很多时间，从一个单位跑到另一个单位，这里作指示，那里下命令；当可能时，用表扬来鼓励年轻的中尉和上尉，当需要时，也进行批评。他对他们"愚蠢地不顾空袭的危险"，忽视必要的伪装的倾向，蹩脚的交通管理能力，感到恼怒。每天清晨，他把主要负责的军官们召集在一起，进行讲评。他清楚地知道，实际的作战会更艰苦。

在军事演习期间，参谋长的帐篷"成了高谈阔论的场所。军里每一个人似乎都到这里来进行严肃的讨论、大笑或发牢骚"。艾森豪威尔总是欢迎他们。军官们对他的品格，他的鼓励，尤其对他的专业领导能力，都有良好的反映。他后来写道："在发完牢骚以后，他们工作得更好，这使我常常感到惊奇。"因此，他把虚心听取各方面意见，不断改进工作，作为他的领导艺术的主要部分。

通过这场军事演习，艾森豪威尔的声誉提高了。克鲁格的第三集团军按照艾森豪威尔制订的计划，包抄了利尔的第二集团军，迫使其撤退。《纽约时报》军事记者汉森·鲍德温报道说："如果是真的战争，利尔的部队就被消灭了。"在专栏《华

→1941年6月，艾森豪威尔被任命为第三集团军参谋长。图为艾森豪威尔在驻地与同事交谈。

盛顿巡礼》中，德鲁·皮尔逊和罗伯特报道说："是艾森豪威尔构思出和领导制定了击溃第二集团军的战略。"他们说艾森豪威尔"思想敏捷，加上非凡的精力，对他来说，军队这一行是一门科学"。九月下旬，在克鲁格的推荐下，艾森豪威尔晋升为准将。

在总结演习的教训时，艾森豪威尔把注意力集中在训练、装备、通讯和下级军官的问题上，但是他没有忽略高级指挥。他写信给总参谋部的杰罗："在这支军队中，每一位高级指挥官都面临着巨大的工作。""带领一支大部队达到高水平的训练标准，所需要的精神力量和魄力是巨大的；只有经过高度专业训练和具有毫不动摇的决心的人，才能成功。"不幸的是，这些品质难得集中在一个人身上。有些军官很有魄力，但是没有足够的能力，可是另外一些军官的情况却是相反。他说高级指挥官应当有"铁石心肠"去开除不合格的人；他们当中有很多是老朋友，"但是必须如此"。他说这是个难题，而事实上在他成了高级指挥官后，他才认识到这有多困难。在整个战争中，他感到最痛苦的某些时刻，就是他不得不解除他的同学和朋友们的作战指挥职务。

就在这次军事演习三个月之后，1941年12月7日，日本偷袭了珍珠港。这是战争开始后继1941年6月22日，法西斯德国背信弃义进攻苏联之后，发生的又一震惊世界的重大事件。战火烧到太平洋，战争的规模愈来愈大了。

第二天上午，12月8日（美国时间），罗斯福总统身披蓝色海军斗篷，乘车来

到国会大厦，要求向日本宣战。当总统由他儿子詹姆斯上尉搀扶着缓步穿过大厅时，欢呼声像暴风雨般地爆发了出来。罗斯福接受过无数次欢呼，但从来没有一次像今天这样。在欢呼声里，人们有着一种发狂似的快慰之感，似乎他的出现使人们一下子从恐惧中解脱出来。更重要的是，似乎所有这些人，不管是民主党还是共和党，都在向他，并且通过他，向他们的祖国表达他们的赤胆忠心。

罗斯福说："昨天，1941 年 12 月 7 日，必须永远记住这个耻辱的日子，美利坚合众国受到了日本帝国海空军突然的蓄意的进攻。"

"作为陆海军总司令，"罗斯福说，"我已指示，为了我们的防务采取一切措施。但是，我们整个国家都将永远记住这次对我们进攻的性质。"

罗斯福强调指出："不论要用多长时间才能战胜这次预谋的入侵，美国人民以自己的正义力量一定要赢得绝对的胜利。我现在预言，我们不仅要作出最大的努力来保卫我们自己，我们还将确保这种形式的背信弃义永远不会再危及我们。我这样说，相信是表达了国会和人民的意志。"

"敌对行动已经存在。无庸讳言，我国人民、我国领土和我国利益都处于严

↑1941 年 12 月 7 日，日本对珍珠港发动袭击。得知这一消息时，艾森豪威尔正在睡午觉。

重的危险之中。"罗斯福说，"信赖我们的武装部队——依靠我国人民的坚定决心——我们将取得必然的胜利，愿上帝帮助我们!"

罗斯福总统最后要求国会宣布："自 1941 年 12 月 7 日星期日，日本发动无端的、卑鄙的进攻时起，美国和日本帝国之间已处于战争状态。"

罗斯福的演说，历时六分钟多一点。现在讲话结束了，他抬起头，微笑着向人民挥手致意。他的讲话受到与会者的热烈欢迎。这个简短的演说，比第一次世界大战期间威尔逊于 1917 年要求国会对德宣战的演说，份量重得多，影响深远得多。参议院以 82 票对零票，众议院以 388 票对 1 票通过了罗斯福的宣战要求。从此，美国正式参加了第二次世界大战。

德怀特·艾森豪威尔，在日军偷袭珍珠港那天，1941 年 12 月 7 日星期天早晨，他不顾玛咪的反对，到办公室去处理完日常文件。大概在中午时分，他告诉副官特克斯·李，他疲乏极了，他想"自己应该回家去睡一会儿"。回到家里，他告诉妻子，他不想被打桥牌的人打扰，说着便去睡了。一个多小时后，副官在电话上报告，珍珠港事件发生了。他听到这一消息既震惊，又愤慨。他知道战争迟早是要发生的，但日本采取这种不宣而战的卑鄙方式却出乎他的意料。

在罗斯福对法西斯宣战五天后，总参谋部来电话，马歇尔将军要艾森豪威尔火速赶到陆军部。当天下午他乘了一架飞机离开圣安东尼奥去华盛顿。恶劣的气候迫使飞机降落在达拉斯。然后艾森豪威尔转乘火车，经过堪萨斯城，转向东行，火车行驶在他 30 年前从阿比伦到西点军校去的同一条铁路线上。一路上，他尽力为与马歇尔会面而作准备。他知道这是他为国家，为反法西斯战争服务的好机会。

1941 年 12 月 14 日早晨，艾森豪威尔抵达华盛顿联邦车站。他立即去宪法大街陆军部向总参谋长报到。马歇尔神情严肃，在宣布艾森豪威尔负责总参谋部作战处远东科的工作后，就抓紧时间简要地向他叙述了太平洋上海军和陆军的总形势。

当时形势十分严峻，由于战前缺乏准备，珍珠港事件后，太平洋舰队在几个月内无力参加大的军事行动。在日军袭击珍珠港时，虽然美国海军的航空母舰因当时不在那里而未受损失，但支援它们的军舰很少，以致大大限制了它们的军事行动。而且海军认为，这些航空母舰应当留作侦察和防御之用，只有发生某种重大事件，才许调作别用。此外，对于日本人是否会对夏威夷甚至美国大陆迅速发动大规模的两栖进攻，当时还没有把握。

夏威夷的驻防部队十分薄弱，以致陆军部和海军部一致同意，必须尽快地加强那里的空军力量和地面部队，并把这项工作置于太平洋地区其他工作的首位。珍珠港事件之后，美国太平洋舰队司令部进行了改组。尼米兹接替金梅尔指挥太平洋海军。这位头发斑白但看上去精神抖擞的将军，一到舰队就发现了他怕发现的东西——悲观失望的情绪。士气"低到不可再低"的程度，不少人患了"恐日病"，他甚至看到珍珠港事件的打击已经使几位高级将领的头发都白了。尼米兹召见了原来的参谋班子，他们中间有几个人还在遵医嘱吃镇静剂。"不会有任何调动，我对各位完全信任。"尼米兹说，"我们挨了一次猛揍，但是我对于最后的胜利毫无怀疑，当前最重要的是，我们要抓紧整顿军队，修复军舰，准备反击。"

在东南亚方面，当日本人进攻时，美国在菲律宾的陆、空军总数为三万人，其中包括菲律宾侦察部队，该部队虽然并入了美国陆军，但其士兵和某些军官却是菲律宾人。美军为科雷吉多岛及其一些小的支援要塞提供了驻防部队。其他美国部队被编入菲律宾师，该师由菲律宾侦察部队和第三十一步兵团组成。国民警卫队的部队，包括三个野战炮兵团、一个高射炮兵团、一个步兵团、两个坦克营以及后勤部队，也作为援军调到那里。

空军力量在 1941 年也有所增强，当日本人进攻时，在菲律宾驻有 35 架 B—17 型新式轰炸机。此外，还有 220 架战斗机型的飞机。马歇尔将军虽然知道这支空军分遣队在日本开始进攻时就受到攻击，并遭到严重损失，但他没有收到有关这次战况的报告。同样，12 月 10 日，正位于马尼拉外边的卡维特海军船坞遭到日本轰炸机的袭击，损失极为惨重。这里有一支中等的机动舰队，它主要由若干潜艇小分队组成，但也包括部署在马尼拉及其附近海域的亚细亚舰队，其最大军舰是停泊在伊格诺诺克的重型巡洋舰"休斯顿"号。

很显然，要抵抗猛烈而持久的进攻，像这样一些兵力是不能无限期地坚持下去的。所有的迹象都表明，日本人想尽快占领菲律宾。当时美军要解决的问题是该怎么办。马歇尔参谋长大约用了 20 多分钟向艾森豪威尔说明了这一切，接着突然向他问道："你认为，当前我们的行动方针应该是什么?"

艾森豪威尔吃了一惊。他刚刚抵达总部，知道的情况比从报上看到的多不了多少，而且马歇尔刚才告诉他的并不是最新的太平洋作战计划，他又没有参谋人员帮助他作出回答。他想了片刻，镇静地回答说："让我考虑几个小时。"马歇尔说："好吧!"

艾森豪威尔带着问题回到新分配的陆军部的作战计划处办公室。处长是他的老友伦纳德·杰罗将军。很明显，如果艾森豪威尔要在陆军部对马歇尔将军有所帮助，就一定要取得他的信任。因此，艾森豪威尔认为，对参谋长问题的回答必须迅速及时，而且答复的逻辑必须是无可指责的。在他考虑了敌我友各方的情况和军事实力后认为，在当前情况下，菲律宾没有救了。军事上比较明智的做法应当是将军队撤到澳大利亚，在那里建立起一个反攻基地，可以从那里设法增援菲律宾。他指出："速度是最重要的。"他力主立即将飞机、飞行员、弹药和其他装备从西海岸和夏威夷运到澳大利亚去。他还建议，必须努力确保通过澳大利亚、新西兰、斐济群岛和夏威夷的这条空中生命线。

艾森豪威尔回到马歇尔的办公室时，已经是黄昏。当把书面建议呈上去时，艾森豪威尔说，他认识到，在当前情况下，不可能及时增援菲律宾使它击退日本的侵略。他说："将军，对菲律宾的大规模支援还需要等一段较长的时间，在此以前，如果敌人用大量部队来侵占该群岛，驻防部队在微小的援助下是不能坚持到底的。但我们一定要在力所能及的范围内尽量帮助这个群岛。菲律宾和荷属东印度群岛的人民将会看着我们。他们会原谅失败，但不会宽恕遗弃。他们的信任和友谊对我们是重要的。我们的基地必须是澳大利亚，我们必须马上扩充这个基地，还要取得我

Dwight D. Eisenhower

们通向那里的交通线。在最后一点上，我们只能胜利不许失败。我们必须冒巨大风险，而且还要不惜一切代价。"

马歇尔听着艾森豪威尔的回答，满意地笑了。他说："我同意你的意见。尽你所能去拯救他们。"于是艾森豪威尔就肩负起作战处有关菲律宾和远东作战地区的筹划工作。

在以后的两个月中，艾森豪威尔的首要责任是向菲律宾增援，这使他处于困难的境地。由于美国缺乏战争准备，没有多少东西可以送出去；由于日本的疯狂进攻和严密封锁，救援工作是非常困难的。艾森豪威尔的首批行动是，从旧金山向布里斯班进行两次运输，命令两架泛美大型客机载着军火飞往澳大利亚，命令15架重型轰炸机从夏威夷转场到布里斯班。为了使一批急用的军事物资运往前线，他不惜用1000万美元的现金在澳大利亚雇用私人船主，来突破封锁线，从澳大利亚驶往菲律宾。但这只是杯水车薪。1942年1月1日，他在日记中写道："我至今还是坚决认为，远东局势是严重的，在空军和陆军达到令人满意的状态以前，任何枝节问题都

→这张照片是1941年艾森豪威尔晋升为准将后不久照的。

←1942年1月2日，日军进入马尼拉。

不应予以考虑。然而与此相反，我们却正在采取'磁性'行动和'体育家'行动，等等。"三天以后，艾森豪威尔在日记中又写道："我们终于运送了一些物资去澳大利亚。空中计划包括运送四个大队的歼击机、两个大队的重型轰炸机、两个大队的中型轰炸机和一个大队的轻型轰炸机。但是，我们必须要有船只，并且现在我们就急需！"

1941年12月22日，在彭萨科拉护航舰队到达布里斯班时，艾森豪威尔就开始建立美军在澳大利亚的军事基地。他说，这一行动所以开始得这样快，主要是因为这场灾难的结果。在袭击珍珠港的那天，美国有一批运送部队、飞机和物资的军舰正在驶向菲律宾的途中。海军经过研究，认为它们应被召回美国或在夏威夷隐蔽起来，因为当时谁也不能断定日本人不会对它们布置一个拦击网。因此，那些离港才几天的军舰都奉命返航了。但陆军部坚持要由五艘军舰组成的一个护航舰队以最快的速度驶往澳大利亚。在这五艘军舰中，"霍尔布鲁克"号和"共和国"号载着5000名士兵，"梅格斯"号和"布罗姆芳坦"号装着各种物资和装备。这就是这个巨大军事基地的开端。这个基地终于成了麦克阿瑟将军日后解放菲律宾的起飞台。

在整整一个冬天，经过千辛万苦的努力，艾森豪威尔他们把增援物资源源不断地运到澳大利亚基地，和通向这个基地的一些用作踏脚石的岛屿。到1942年的2月21日，美国在海外的官兵总数超过了24.5万名，其中绝大部分集结在太平洋。这时，在太平洋的总兵力为115877名，但不包括驻守在阿拉斯加和阿留申群岛的29566名官兵。在加勒比海的驻防部队为79095人。在欧洲战区，当时只有3785名官兵，但有两个师正在途中。

在那个时期，战争形势全面吃紧，在东南亚尤为严峻。日本法西斯在"珍珠港

"大捷"之后，得意忘形，不可一世。在占领马来亚、新加坡等地之后，在菲律宾的日军，正按照东条的命令向马尼拉进军。那时，本间率领的部队离马尼拉只有 70 英里左右。菲律宾战役是日本南进的重要战役之一。日本侵略者在战役初期的任务，主要是占领首都马尼拉和南部大岛棉兰老的政治军事中心达沃。马尼拉是美国在远东最大的海军基地。日军进攻菲律宾的部队，为陆军第十四军和第五飞行集团、海军第三舰队和第十一航空舰队。陆海军共拥有飞机 500 架。

在菲律宾群岛，麦克阿瑟上将指挥的美国部队有 19000 人，菲律宾武装部队有 112000 人，但后者大多是招来不久的新兵，装备不全，训练很差。在美、菲军队中，有 8000 名空军人员，他们拥有 200 架飞机。此外，美国在这里还有一支小小的亚洲舰队。

在珍珠港事件之后，东条横扫东南亚。日本飞机连续对马尼拉附近美国的空军基地进行了狂轰滥炸，基本上摧毁了麦克阿瑟的空军。接着，日军就在吕宋北部的阿帕里登陆。此后，又在吕宋西海岸的维甘和东南部的黎牙实比登陆。美军节节败退，损失惨重。麦克阿瑟估计到，日军主力将在仁牙因湾登陆，由于美国空军已损失殆尽，陆军也减员一半，美军将无法阻挡。因此，美菲军队便主动撤退到巴丹半岛，凭借科雷吉多尔要塞进行防守，并宣布马尼拉为不设防的城市，虽然这时日军离首都还有 150 公里。

1942 年 1 月 2 日，日军进入马尼拉。

东条英机的侵略野心很大，但兵员不足，力不从心。就在日军进入马尼拉的当天夜里，东条又命令南方军司令向巴丹半岛发动进攻。日军因兵力不足，未能得逞，且损失惨重。在美军方面，困难更多，不仅士气低落，而且粮食已成了头痛的问题。前线部队每天的口粮只有平常的 1／3。艾森豪威尔几次想突破日本海上封锁线向巴丹和科雷吉多尔运送给养的努力都遭到了失败。骑兵的马已经没有什么饲料可喂了，温赖特将军含着眼泪下令把所有的军马都杀了，包括他自己心爱的良驹约瑟夫·康拉德在内。

1942 年的第一个星期结束之前，大约三万名菲律宾和美国的士兵，在一道坚固的天然防线后面挖壕固守，这道横贯巴丹半岛的阿布凯防线，穿过沼泽地和纳蒂布山上的两座火山峰。在这道防线之后约 20 英里，荒凉的马里韦莱斯山坡上的退却阵地正在进行战备。这是"桔色作战计划"设计的防御。由于有 15000 名美国部队和 65000 菲律宾部队可供调遣，麦克阿瑟预料能够在六个月或者更长的时间内阻止日军的大规模进攻。

但是，麦克阿瑟必须为他的灾难性的海滩防御战略付出沉重的代价。军需官透露，撤退时带的大米还不够吃 20 天，面粉只够吃 30 天。这些食品供给 8 万部队和 2.6 万名涌向巴丹的平民，还不够吃一个月。各种医疗用品的供应，从治疗疟疾的奎宁到外科手术用的纱布，都很缺乏。这一切使他们更困难了。到了 2 月中旬，军内病倒的人多到惊人的程度。巴丹是世界上疟疾最猖獗的地区之一，而奎宁几乎断了来源。由于饥饿和疟疾，兵员身体虚弱，仅 3 月份第一个星期就有 500 多人患疟疾住院。医生们担心疟疾即将大规模流行。尽管一支"一英里长"的船队满载给养和增援部队正在驶来，但由于当时敌我力量悬殊，在日军的严密封锁和狂轰滥炸下，支援行动都遭到了失败。面对这些，艾森豪威尔十分焦急！

麦克阿瑟试图重振军队士气，他在 1 月 15 日颁布了一道命令："美国的援助正在途中。数以千计的兵员和数以百计的飞机正在调运……我们在巴丹的部队比进攻我们的日军还要多……一道坚不可摧的防御将挫败敌人的进攻……我们战斗，就会赢得胜利；我们撤退，就会毁灭。"但是，勇气和决心还不足以挫败日军的猛烈进攻。当"数以千计的兵员和数以百计的飞机"未见到的时候，一股致命的无可奈何的情绪在前线散兵坑里滋长起来。疲惫不堪、饥肠辘辘的美国士兵，用粉笔在头盔上划了 V 字——不是代表"胜利"（victory），而是代表"炮灰"（victim）。昼夜战斗，快把他们的锐气、精力消磨光了。白天，敌人从空中和地面向他们发起无情的攻击；晚上，扩音器不停的嘲骂和鞭炮的噼啪作响，吵得他们不得安宁。绝望的情绪在蔓延，睡眠不足，食品、药品缺乏，伤亡率直线上升。

1 月 20 日晚上，日军突破了纳蒂布山坡右翼阵地，麦克阿瑟的阿布凯前沿防线开始崩溃。第二天，温赖特将军的左翼阵地遭到猛烈空袭，也开始崩溃。后备部队紧急调上去支援那摇摇欲坠的前线。"我亲自选择和准备了这个阵地，它是固若金汤的。"他发电向总参谋长马歇尔将军作出保证，"我打算血战到底，誓与阵地共存亡。"在极其困难的情况下，士兵们仍在奋力拼搏。

东条英机为了尽快解决菲律宾战场的僵持局面，3 月间又增派两个步兵师团和两个炮兵团对麦克阿瑟展开新的进攻。就在这时，美国人为了保全面子，免得麦克阿瑟将军当了日军的俘虏，艾森豪威尔以总参谋部的名义起草了一项命令，经罗斯福总统批准发到菲律宾前线，命令麦克阿瑟把军队交给温赖特中将指挥，让他自己到澳大利亚去担任新成立的西南太平洋地区盟军总司令。3 月 11 日晚，麦克阿瑟携

→当菲律宾战役接近高潮的时候，美国远东军指挥官麦克阿瑟将军，正在同菲律宾总统奎松商讨科雷吉多尔岛的问题。不久，菲律宾被日军占领，奎松乘坐潜水艇前往澳大利亚，后来又去了美国，在那儿建立了一个流亡政府。麦克阿瑟乘坐鱼雷快艇前往棉兰老岛，接着又飞往澳大利亚，在那儿建立了一个新的司令部。

Dwight D. Eisenhower

→ 1942 年 5 月 7 日，温赖特将军，美军守卫菲律宾的指挥官，在迫不得已的情况下，忍受着个人的耻辱在投降书上签了字，并哽咽着向菲律宾全国广播了投降书，命令所有美菲军队遵守投降条件，停止抵抗。

夫人和四岁的儿子，乘着巴尔克利上尉的鱼雷艇偷偷地离开了科雷吉多尔。在尔后紧张的 45 小时里，巴尔克利指挥的 PT—41 艇穿过被日军控制的海面，于 3 月 13 日天亮的时候，在棉兰老岛北岸靠近台尔蒙菠萝罐头厂附近靠岸登陆。下船时，麦克阿瑟脸色苍白，眼圈发黑。他对巴尔克利说，他要为他和艇上的人申请银星章。"你们把我从虎口中救了出来，我是永远不会忘记的。"

东条英机这位战争狂人，为了污辱美国人，原准备把麦克阿瑟生擒后，弄到东京游街示众，不料麦克阿瑟却溜之大吉了。为此，他恼羞成怒，随即命令本间将军再次发动声势更大的进攻。4 月 2 日，夜幕降临时，五万名日军已集结待命，准备大举进攻。在他们后边，150 门大炮、榴弹炮和迫击炮，准备进行这次战役开始以来最猛烈的炮击。在前线的另一边，是 78000 名饿得发慌的美军和菲律宾军，其中只有 27000 人是列为"有战斗力"的人员，而这些人中间，却有 3/4 的人因患过疟疾而身体虚弱。第二天，4 月 3 日 10 点钟，炮击就开始了。在日军强烈炮火的攻击下，美军和菲军乱作一团，纷纷弃阵而逃，有的走小路，有的翻山越岭，有的则沿着海岸公路跑。到处是混乱，这些精疲力尽的人在恐怖的驱策下迈动着脚步。

在日军咄咄逼人的攻势下，4 月 9 日，吕宋部队司令爱德华·金少将率部投降，76000 名美军和菲律宾军作了日军的俘虏。科雷吉多尔要塞守到 5 月 6 日。到了 7 日深夜，美远东军司令温赖特将军通过马尼拉电台命令菲律宾所有的美、菲军队无条件投降，拒绝投降者以逃兵论处。尽管如此，棉兰老岛的 36000 名军队，只有 7000 人（主要是美国人）向日军投降，其余 29000 人拒绝服从命令，带着武器上山打游击去了。至此，日本帝国主义侵占了菲律宾所有重要的城镇和港口，菲律宾人民在共产党领导下，进入艰苦的抗战阶段。

面对美军在菲律宾的悲惨处境，艾森豪威尔痛苦不已。在这支美国驻军中，他个人有很多亲密的朋友。他也对他曾经帮助建立的菲律宾部队的失败负责。最难以忍受的是麦克阿瑟的指责，他说陆军部有意牺牲菲律宾群岛，而最使他痛心的是，这个指责基本上是正确的，而他本人也是深感无能为力的。

在这期间，艾森豪威尔虽然没有什么显著的成就，但他的工作非常繁忙。经常工作到深夜，没有星期天。每天只能睡四五个小时。最使他心烦的是，每天从前线收到的都是令人沮丧的失败消息。他想上战场，和部队在一起，不愿意坐办公室。他抱怨说："天啊，我多不愿意按照任何迫使我依赖别人的方式去进行工作。"对于整个战时华盛顿的情况，他说："这里常常高谈阔论，拍桌子，但是没有几个实干家。他们轻率地预先宣布结果，而且虚张声势，但是结果常常没有实现，而做实际工作的人却倒霉。"

3 月 10 日，艾森豪威尔的父亲戴维·艾森豪威尔老人去世。他的儿子不能前去奔丧，仅仅有时间把这一件事记在日记上。第二天艾森豪威尔写道："战争并不是温情脉脉的，没有时间去沉溺于甚至是最深沉、最圣洁的感情中。"那天晚上，他在 7 时 30 分停止工作。他说："我没有心情在今晚继续工作。"3 月 12 日是在阿比伦举行葬礼的日子，他把办公室的门关了半小时，来悼念他的父亲和写一篇悼词。他称赞父亲"诚实、朴素、勤劳"的高尚品质，和"不好表现、谦逊和沉着的举止"。"我以他是我的父亲而感到光荣，"艾森豪威尔写道，"要让他知道我爱他有多深，总是那样困难。"

艾森豪威尔感到精疲力尽。他对于他的国家对这场战争毫无准备，对麦克阿瑟和海军金上将进行这场战争的方法，对陆军部把他拴在华盛顿，感到愤怒。有一天

↑ 1942 年 4 月 9 日，7.6 万美军和菲律宾军队在巴丹群岛向日军投降。这是美军历史上缴械投降的最庞大的部队。

他几乎对马歇尔大发脾气。他在日记上写道："想到战争中在华盛顿消磨时间，又一次失掉作战机会，气得使人发疯。看来是太不公平了。马歇尔的冷漠、不近人情的态度使人更为恼火。"他咒骂马歇尔捉弄他，咒骂战争和他的运气不好。第二天早晨，艾森豪威尔读了自己写的日记，摇摇头，把它从日记本上撕下毁掉了。他发誓遇事要沉着冷静，绝不要放纵自己。

过了一个星期，马歇尔推荐艾森豪威尔晋升为少将（临时任命）。实际上马歇尔一直在提拔艾森豪威尔，不断加重他的责任。1942年1月，这位参谋长带着艾森豪威尔作为自己的主要助手，出席与英国举行的第一次战时会议，并交待艾森豪威尔草拟表明美国对于全球战争的组织和战略的基本立场的文件。2月中，他派杰罗将军回到战场去指挥一个师，任命艾森豪威尔为作战计划处长，从而艾克成为他的主要制订作战计划的军官。3月9日，作为重建陆军部的一部分，作战计划处改为作战处，职权扩大，艾森豪威尔担任处长，作战处有107名军官在他的直接领导下工作。

艾森豪威尔和他的参谋人员，尽管工作努力，但前方战局并没有得到明显的好转。在南亚，日军占领菲律宾后，又侵占了荷属东印度。就在爪哇投降的第二天，日本夺取了仰光，切断了滇缅路的入海通道。用澳大利亚外交部长赫伯特·伊瓦特博士的话来说，当时的局势"简直绝望了"。日本的太阳旗真的在南洋各地升起来了。不到半年日本侵占的领土已达380万平方公里，超过日本本土面积的十倍多，人口达15000多万。而这些地方的安全，原来多半是靠大英帝国的力量来维持的。目前，这个传统的力量在苏伊士以东显得异常脆弱。当时美国的困境，是罗斯福做梦都想不到的。

正是在灾难一个接一个、不愉快的事情连续发生的日子里，英国首相丘吉尔于圣诞节前夕抵达华盛顿。这位精力充沛的政治家一来到美国首都就到处发表演说。他对美国议员们说："我们并无窥测未来奥秘的天赋；但是我仍然要声明，我的坚定不移的希望和信心。这就是在未来的岁月中，英美两国人民，为了他们本身的安全，也为了所有人的利益，将要庄严、正直与和平地并肩前进。"

圣诞节过后，丘吉尔及其随行人员与以罗斯福为首的美国军政要员，举行了以"阿卡迪亚"为代号的第一次全体会议。会议决定建立一个联合指挥体制，即联合参谋长委员会，总部设在华盛顿。"确定希特勒是主要敌人，认为太平洋战争暂时必须是一场固定阵地的战争，目前主要是阻止日本人的进攻。"为了便于联合作战，统一对敌，会议还决定在太平洋地区建立ＡＢＤＡ（美国、英国、荷兰、澳大利亚）联军司令部，由英国韦维尔将军任总司令。"阿卡迪亚"会议持续了两周。会议通过的《联合国家宣言》，对加强世界反法西斯统一战线有着重要的作用。

艾森豪威尔参加了"阿卡迪亚"会议，他和英国总参谋部的将军们建立了和谐、友好的关系。他对世界战局情况的介绍和分析，给罗斯福和丘吉尔留下了良好的印象。会后，马歇尔让艾森豪威尔起草发动第一次进攻的计划。艾森豪威尔把2月份的大部分时间花在这件工作上。他的总的看法是简单明了的："我们必须使苏联打下去，并且守住印度。然后我们准备好通过英国打垮德国。"他主张动作要快，因为德国人肯定在 1942 年春将对苏联发动另一次攻势，英美应在西欧尽快地开辟新战场。

"如果要快，那么向哪里呢？"艾森豪威尔建议"向西欧进攻"。他指出当前盟国最主要的问题是缺少船只；而进攻西欧的海上路线是最短的。无论如何，必须维持驶往英国的海上通道，因此不要分散护航的军舰。他强调，美军在英国建立基地这件事本身，将对法国沿海构成威胁，从而迫使德国保持并增加他们的防务。西欧的铁路和公路网"比可以对敌人发动进攻的任何地区中可通行的铁路和公路网都优越"。英国已经有着空军大部队可以起飞作战以取得空中优势的一些机场，这是进行成功的攻击必不可少的条件。

到了 3 月下旬，艾森豪威尔和他的参谋人员已经准备好了一份具体计划，代号是"围捕"。计划要求有一支 5800 架作战飞机的空军，和最后总数达到 48 个步兵师和装甲师的部队，其中半数是英国的。在 1943 年 4 月 1 日对塞纳河口东北，勒阿弗尔和布仑之间的一段法国海岸发起攻击。与此同时，应在海岸沿线发动突然袭击和空袭以扰乱德国人。

美国陆军总参谋长马歇尔把艾森豪威尔的计划递呈罗斯福。美国总统和参谋长联席会议批准了这个计划，并要马歇尔飞往伦敦，取得英国的同意。马歇尔 4 月 7 日动身，在伦敦举行了为期六天的会议。英国最后同意了"围捕"计划，虽然马歇尔归来时告诉艾森豪威尔，很多英国军官"持保留态度"。艾森豪威尔在他日记中写道："我希望，经过几个月由于这种分歧而引起的斗争后，终于我们全都肯定地保证接受同一个作战概念。如果我们能在主要目的和目标上意见一致，我们的努力将开始协调一致，我们就不会只在黑暗中摸索。"

为了便于贯彻实施这一计划，5 月 23 日艾森豪威尔前去英国实地考察。在英国的十天中，艾森豪威尔与英国各界人士，特别是与军界进行了广泛的接触。6 月 8 日，他将一份对欧洲战区司令的指示草稿呈交马歇尔。欧洲战区（European Theatre of Operation）是艾森豪威尔为伦敦司令部所起的名字。艾森豪威尔极力主张"战区司令应实施绝对统一的指挥"，战区司令应组织、训练和指挥派往该战区的美国陆、海、空部队。艾森豪威尔把草稿交给马歇尔时，他请求参谋长仔细研究，因为这份草稿可能成为进一步进行战争的一个重要文件。

马歇尔接过这个文件，思索了片刻，然后问道："艾森豪威尔将军，你认为谁担任欧洲战区司令合适？"

"我认为麦克纳尼将军最合适。"艾森豪威尔说，"我知道他以前在伦敦工作过几个月，对英国三军军部的工作非常熟悉，并在那里还结识了许多军政要员。此外，很明显，从大不列颠发动最初的军事行动将限于空中袭击，因为从进攻计划中可以清楚地看出，我们强大的空军部队建立后的初步行动，将是发动一场持久而猛烈的轰炸战役。最后，我知道，麦克纳尼将军坚决相信，空军有力量使盟军从陆地进攻法国成为可能。"

但是，总参谋长没有接受这个推荐。过了三天，马歇尔将军经总统兼三军总司令罗斯福批准，任命艾森豪威尔将军为欧洲战区总司令。

第六章 **6** *Dwight D. Eisenhower*

出任欧洲
战区司令

出任欧洲战区司令

第**6**章

艾森豪威尔将军被任命为欧洲战区美军总司令，完全出乎他的意料之外。他并没有把自己的能力估计过高，当他初次抵达华盛顿时，他最大的希望是指挥一个师的兵力。

马歇尔总参谋长是根据哪些理由任命艾森豪威尔担任如此重要的职务呢?毫无疑问，这纯粹出于工作上的考虑。与艾克共事使他深信，这是一位十分内行的军事领导人。艾森豪威尔沉着、稳健，是一位令人产生好感的将军，是解决英国和美国将军之间复杂的外交问题的合适人选。要知道，一个大国的武装力量实际上完全归外国的军事长官指挥，这样规模上的军事联合是件非同小可的事情。在选择由谁担任欧洲战区总司令时，罗斯福和马歇尔就担任这个要职的几个人选，向英国的同僚征求意见。英国人答复说，艾森豪威尔是最合适的人物，和他容易合作。罗斯福和马歇尔考虑到相互关系问题确实具有非常重大的意义。艾森豪威尔的命运就这样决定了。

马歇尔和艾森豪威尔对战争的战略问题有许多共同的见解。但是，这两位将军之间的私人关系从来没有越出过上下级从属系统规定的范围。马歇尔从来不像多数美国人通常所做的那样，对这位较年轻的同僚以"艾克"相称。艾森豪威尔对自己的总参谋长常常称"先生"，表示对他的尊敬和保持他们之间的距离。马歇尔在1942年把艾森豪威尔送往英国的时候，却没有料到艾克会在司令官这个职位上直待到德国无条件投降为止。

1942年6月，德怀特·艾森豪威尔受到新的、深信能有所作为的任命后，着手解决临行前有关的许多问题。他把自己在陆军部的工作，移交给汉迪将军。为了便于有效地展开欧洲战区的工作，他还分别拜访了陆军部长、海军部长和三军总司令罗斯福总统。陆军部长史汀生希望艾森豪威尔很快开始积极的军事行动，在集结军队和武器装备方面，他将给予坚定的支持。海军金上将，是一位斗志旺盛、性格坚强、做事果断而又举止粗暴的海军统帅。在谈话中他强调指出，艾克去英国进行的

D**wight D. Eisenhower**

→马歇尔选择艾森豪威尔为美军在欧洲战场的司令官。图为艾克就任后接受记者采访。

"这次冒险"，标志着美国三军第一次有意识地试图在战场上为这一无限期的战役建立统一的指挥。他保证将在自己的职权范围内支持这位名副其实的欧洲战区美军总司令。这位海军上将还诚恳地对艾森豪威尔说："如果你认为海军有意或无意地违犯了战区司令部的规定，希望你随时和我进行个人联系。"无疑，这些话对艾森豪威尔来说是非常重要的。因为在那时以前，《指挥战地陆海军联合规定》曾强调说：在决定哪一军种拥有指挥职权和指挥责任时，应服从"最高利益"的原则。

稍后，艾森豪威尔拜访了罗斯福总统和正在白宫作客的丘吉尔首相。这次谈话虽然没有军事上的意义，但却是他第一次和他们两位的个别交谈。当时非洲沙漠地带的托卜鲁克刚刚沦为德军之手，忧郁笼罩着盟国世界。然而这两位领导人却没有一点悲观失望的表现。令人鼓舞的是，他们正在考虑的是进攻和胜利，而不是防守和失败。罗斯福要求欧洲战区在日后反攻方面，特别向希特勒巢穴进军时"发挥主力军的作用"。

为了使欧洲战区司令部迅速展开工作，艾森豪威尔要求把经验丰富、做事审慎的马克·克拉克将军带到伦敦去，马歇尔毫不犹豫地同意了。当艾森豪威尔还是个优秀的参谋人员的时候，他知道伦敦使命的成功在很大程度上取决于由谁来主持他的参谋部工作。他看上了参谋长联席会议的秘书沃尔特·史密斯将军，马歇尔也同意了，并任命史密斯作为欧洲战区的参谋长。艾森豪威尔还邀请早些时候同他一起工作的陆军部的李少校和海军军官哈里·巴瑟同他前往伦敦。所有这些人无论从工作，还是从私交来说，都是他十分熟悉的。他完全可以指望他们协助他来完成总统或统帅部交给他的新的重大任务。

正当艾森豪威尔准备起程前往伦敦的时候，突然传来了他49岁的弟弟罗伊猝然去世的消息。艾森豪威尔因公不能前去参加葬礼。与此同时，19岁的约翰从西点军校来到华盛顿与父亲告别。儿子探亲的时间并不长。军纪和不愿有损父亲的威望，都不允许约翰在首都久留。第二天，他亲吻了母亲，与父亲握手话别后就返回军校了。

德怀特在家门口与妻子告别。他不让玛咪去机场送行。"但是，我想在旗杆旁看到你。"他说。在约定的时间里，当飞机在华盛顿近郊，迈尔堡要塞的艾森豪威尔家上空掠过时，在旗杆的底座旁，德怀特看见了小小的人影，飞机向西飞去。

6月24日，艾森豪威尔抵达伦敦。在机场上没有乐队欢迎他，他没有发表演说，没举行任何仪式。在他的一生中，这差不多是他最后一次不声不响地到达一个地方。艾克在抵达英国首都的第二天，为英美记者举行了第一次记者招待会。从那时起，他的生活起了巨大变化，他突然变成了世界性的重要人物。第二天，他的名字，他的任命，成了伦敦报纸上的头版头条消息。

在记者招待会上，艾克的举止谈吐质朴自然，对记者的友好态度，和颜悦色的微笑，给与会者留下了良好的印象。但是他们对他讲话的内容感到相当失望。正如《纽约时报》记者报道的，艾森豪威尔"出色地表现了有声有色的谈吐艺术，但是有关日后的军事行动，他什么也没有透露"。

当时驻在英国本土的美军还很少，只有55000多人。为准备美国参加进攻欧洲大陆而开辟欧洲美国战区，是英美两国政府一致同意的击溃德国的主要战略行动。"欧洲战区指挥将领的任务将是在欧洲战区准备和实施军事行动，以反对轴心国及其同盟。"美国政府关于建立欧洲战区的指令进一步说，"欧洲战区的指挥将领，将指挥现在和以后派往欧洲战区的所有美国陆军，包括被派遣去与陆军协同作战的海军陆战队在内。"

指令说："在海军部和陆军部的同意下，指挥将领将对指定在这个地区参加战斗的所有海军实行计划指挥和作战指挥。"

指令最后强调："欧洲战区的指挥将领在英伦三岛应服从防止损害英国主权所必需的一些限制，担负起战区司令官在战术、战略、地区防卫和行政管理等方面的职务。"

艾森豪威尔的欧洲战区，面临着一项复杂艰巨的任务。他要把美国人、英国人、加拿大人组成一支能够完成重大战斗任务的武装力量。德国占领的一系列国家新编反法西斯部队的代表人物，应该在未来登陆部队中发挥相当的作用。民族的特点和传统，代表各国的将军之间不可避免的竞争，更不用说军队进行战斗训练的方法、装备和语言的不同，所有这一切都对艾森豪威尔提出了严重的问题。他在回忆录里提到了他对于在英国将要遭遇的困难是完全清楚的。

他认为，当时最重要的问题是，要加强美国人和英国人之间的团结，不允许激起强烈的民族感情。而这种危险却是完全存在的。艾森豪威尔在到达伦敦后不久，就在美国军人中间进行教育工作。他甚至不惜采取这样坚决的措施，将那些有伤害英国人民族感情行为的美国军官送回美国去。有一个美国上校同英国军官发生争执后，艾森豪威尔对他说："我同意你的证据，承认在争论中你是对的，甚至对于你骂他是坏蛋，也可以不予追究。但是，你骂他是英国坏蛋，为此，我要把你送回家去。"

许多人认为，艾森豪威尔将军作为这个具有如此重大意义的职务的人选，从业务角度来看也是合适的。他在未来的登陆战役中将起决定性的作用。实现这个复杂的军事行动，要求做大量的准备工作，需要艾森豪威尔这位参谋人员的多年经验和他的组织能力。在面临的战斗中，空军的作用非常大。艾克不仅在理论上，而且在实践上对于与空军有关的问题是熟悉的。装甲部队应该成为进攻的联合部队的主要支持力量，而艾森豪威尔是美国坦克部队最早的组织者和创建者之一。但是，无论从业务还是声望上来说，他还面临着许多困难。他不仅在英国军队中，而且连在美国军队中，也鲜为人知。战前，他只是个中校，而且没有任何战斗经验，在战时甚至从来没有指挥过一个连。最后，艾森豪威尔不久前才临时被授予少将军衔。当德怀特来到伦敦时，由他管辖的有366名将军，他们的军阶都比他高。

当艾森豪威尔布置他那设在英国的参谋部的工作时，他显然想起了麦克阿瑟的官僚主义作风，于是他对部下说："我们将在最大限度地不搞形式主义的条件下进行工作，不是为了向上级写工作报告，而是为了获得战争胜利。我始终将竭力做一个对你们有用的人，但是我要求你们自己解决自己的问题，不要依赖我。"

通过他的勤快和朴实的办事作风，他逐渐与英国同僚们建立起了联系。但是还有不少难处。这首先是与英国军事长官蒙哥马利的关系。艾森豪威尔初到伦敦时，就与蒙哥马利发生了不愉快的事情。德怀特被邀去听他的讲演。在这位英国将军开始讲话不久，嗜烟的艾森豪威尔烟瘾上来就抽了两口。报告人立即用愤怒的声调大声问道："谁在抽烟?!"艾

↑ 1942年9月在伦敦，艾森豪威尔与助手在一起工作。

森豪威尔回答说："我。"蒙哥马利严厉地申斥道："不准在我的会议室里抽烟!"德怀特默不作声地把烟掐灭了。这件小小的、不愉快的事情没有使艾森豪威尔对待蒙哥马利的态度产生不良的影响，并没有因此动摇他对这位英国将军的看法。他说蒙哥马利是"性格坚毅、精力充沛、具有良好的职业修养的人。"但是在1944—1945年的欧洲战斗中，固执的蒙哥马利未按统一布置行动，另行其事，把艾森豪威尔气得够呛。

来伦敦后，艾森豪威尔到礼仪讲究的俱乐部去过几次。他了解到，许多俱乐部禁止吸烟，对光顾者的举止有极严格的详细规定。有一次艾森豪威尔白白浪费了整个下午时间。他认为拒绝与挪威国王共进午餐是种失礼。但是，却发现谁也无权先于国王离席而去。国王显然兴致很高，怎么也不想离去。而参谋部有急事等他去处理。7月4日，美国的独立日，艾森豪威尔由于职务关系去美国大使馆。这天他握手2600次。这太多了，以后他就有意回避这类礼节。对于任何礼宾会见的邀请，他喜欢这样作答："我不能去，我们在柏林见!"

但是，艾森豪威尔和新闻界却有着良好的密切关系。他经常举行记者招待会。艾克在51岁那年第一次举行记者招待会，在以后20年中，举行了500多次记者招待会，取得很大成功。他很快证明，他不仅在与记者打交道的方法方面，而且在谈话内容方面，都是一个天才。

艾森豪威尔善于处理公共关系，而且他在这方面所取得的成功，对他的事业有着重要的意义。他随便和不拘礼节的风度，像他的绰号"艾克"一样，很有感染力。当他坦率地谈到前面的困难，必须正视和解决的问题时的态度，以及生动热情的话语，同样感染着听众。

公众听到关于艾森豪威尔的事情越多，也就越喜欢他，报纸上关于他的报道也就越多。关于他喜欢简朴的故事广为流传。当他到达伦敦时，在当时伦敦最豪华的克拉里奇斯宾馆为他留出一套房间，最大的方便之处是离伦敦美国区心脏地带格罗夫纳广场20号他的办公室只有三个街区。格罗夫纳广场是美国使馆所在地，广场周围大部分的办公楼，或者由美国国务院占用，或者由陆军或海军人员占用。因广场上的美国人多，英国人称该广场为"艾森豪威尔广场"。艾克初来到这座豪华的贵族宾馆很不习惯，坐卧不安，感到住在这里是活受罪。一个星期后，他搬到一家比较朴素的多彻斯特宾馆。在这里用不着走多远就可以到他的办公室。办公室迁到海德公园街对面。当时海德公园到处布满高射武器。在多彻斯特，他有三个房间，一个为多用途的起居室，两间简朴的卧室，艾森豪威尔住一间，他的联络副官布彻住一间。德怀特勤奋工作为部下作出了榜样。这位将军早晨6点一刻起床。他每天工作不少于12个小时。他常常过了午夜才就寝。通常在睡前喜爱看描写19世纪下半叶美国西部生活的小说，玛咪定期从美国将这种最新小说给他寄来。艾克认为这是最好的读物。因为看牛仔史"不用思考"。

艾森豪威尔的家庭出身引起了记者们的广泛兴趣。记者们聚集阿比伦，访问艾达和艾克童年时代的朋友。他们对自己所找到的东西感到高兴，读者也是一样。这是一个穷孩子成名的美国传统主题。如果艾森豪威尔不是出生在一间木屋，得克萨斯州丹尼森的那间棚屋根本无人知晓；如果他的家不是那样贫寒，他的家也就不会出名。玛咪也受到记者的包围。她寻求并遵从米尔顿的劝告。米尔顿说，美国人民有权了解带领他们的孩子上战场的人。玛咪有责任与记者合作。玛咪力图将她所同意的采访限于她丈夫的问题上，但是关于她的情况也不少。她被拍摄不少照片，成了知名人物。

艾森豪威尔的公共关系意识，远远超越他自身范围。他利用报界来宣传盟国团结的思想。他认为美英友谊是最后胜利的绝对必要的条件，并尽力使之成为真正的和持久的友谊。1942年夏天，他的主要努力是处理好英国公众与来到英伦三岛的美国士兵、飞行员和水手之间的关系。人数不断增长，最后有200多万美国年轻人来到英国。在一个只比科罗拉多州稍大的岛上，这些人的住、吃、训练和装备问题，都要在已经住得很挤、营养不良的本地居民中间解决。

除此之外，美国士兵把自己看成是前来解救英国的勇士，而英国人则把自己看

→艾森豪威尔
在伦敦会见法
国抵抗运动领
袖戴高乐。

成是曾坚守住堡垒的人。美国兵的军饷在世界上是最高的；他们大部分没有结婚，他们毫不在乎地花钱。英国人看到这些年轻人任意挥霍，而他们的女孩子极力追求一些年轻人，大为恼火。伦敦人普遍认为，美国兵钱多，吃得好，并对他们的浪费感到震惊。

←艾森豪威尔出访伦敦时，与丘吉尔和布莱德利在田野上射击，当时他们正视察美军装甲部队进攻的准备情况。

　　艾森豪威尔着手改善这种形象。他命令他的指挥官们，发起一场整顿纪律的运动，说服士兵们把一部分钱购买战争公债，以减少乱花钱。他要美国士兵知道英国人民过去和现在所作出的牺牲。他制定了以英国风俗习惯来教育部队的计划。他命令组织参观伦敦，重点放在被炸成废墟的地区。他要他的指挥官们整顿美国士兵的军风纪，并加强对士兵们进行责任感和历史使命感的教育。他说：“要使英国人相信，我们到这里来不是糊里糊涂地混日子，而是肩负重任的反法西斯战士。”

　　艾森豪威尔对于派到他这里来的年轻人的实际情况和作战能力，比对他们的外表和军人举止更为担心。他主要关心的是纪律和士气。大部分美国士兵受过良好教育，有独立思考能力，但他们缺少军事训练，吃不了苦。他花了很多时间去视察在野外的部队，监督他们的军事训练，向军官和士兵们解释演习的目的。艾森豪威尔告诉他的指挥官们，他要在英国建成一支“美国勇于投入战场的最优秀的部队，他们不仅有良好纪律，而且具有强大的作战实力”。为此，艾森豪威尔的职责之一是挑选优秀的指挥官。他的选拔标准是：首先指挥官要具有坚强的意志，通晓当今的军事技术，勇猛顽强，多谋善断，在艰难的条件下能带领部队打硬仗，打胜仗。对于那些沽名钓誉、油腔滑调、花言巧语、作风不正的人，一经发现，就立即把他们清洗出去。

基于这样的原则，艾森豪威尔组建了一个短小精干的领导班子。他的参谋长沃尔特·史密斯将军，是"一个得心应手的人"。史密斯善于处理日常事务，也长于清醒地理解重要问题。艾森豪威尔说："由于史密斯认真、勤奋和忠诚，他既能处理麻烦的协商，又能从事专业工作。他性格坚强、举止果断，对人既不迁就，又能融洽相处，这些优点使他在欧洲的军界和政界赢得了令人羡慕的声誉。他于9月7日到达伦敦，从那时起，在整个战争期间，我们一直维持着个人友谊和公务联系。"

当计划清楚地表明参战兵力最后要达到数百万时，艾森豪威尔决心避免使地面部队在一开始就发生机构臃肿的弊病。最初，他只把第二军调到伦敦附近来，把该军司令部作为地面部队的最高一级司令部，并委派克拉克将军负责指挥。克拉克是一位有经验的司令官，由于他的高超的组织指挥才能，避免了部队大量集中、突然出现许多高级军官而引起的混乱现象。

约翰·李少将负责供应处。他一到职，就马上开始进行一系列繁重的工作，如准备港口、修建仓库、平整机场、建盖营房、修理设备，这些都是从英国基地发动进攻前所必需的。在约翰领导下，后勤工作井井有条，取得了十分令人注目的成就。两年以后，盟军在横渡英吉利海峡发动进攻时，英国已成了一个巨大的前进基地。当时有人开玩笑说："只有在英国上空经常飘浮大批防空气球，才能使英伦三岛免遭沉海之灾。"

为了便于开展工作，1942年7月7日，美国政府授予艾森豪威尔中将军衔。他的官运亨通是没有先例的。这是16个月中的第四个军衔。约在一年前，他当上了准将，这是当时他最大的奢望，而今已经是美军16名中将之一。

当时苏联战场打得火热，希特勒以266个师的兵力集结在苏德战场上。苏联军民浴血奋战，继粉碎德意法西斯军队对莫斯科的重点进攻后，又向敌人展开了有力的反击，所有这些为从西方对德国进行战略性突击创造了必要的条件。1942年，美英的军队约有1000万之多，而军事政治形势要求它们最终给法西斯德国以决定性打击。这是给肩负战争主要重担的苏联以有效的援助，加速击溃法西斯轴心国和减少损失的唯一可行的办法。

根据早先盟国之间达成的协议，1942年7月中旬，罗斯福总统派总参谋长马歇尔、美国海军总司令厄内斯特·金和总统顾问霍普金斯飞抵伦敦，商谈尽早开辟第二战场的问题。在英美参谋长联席会上，马歇尔和艾森豪威尔主张强渡英吉利海峡，直接打击德国。由艾森豪威尔负责拟订的"大锤"计划，建议在法国勒阿弗尔附近登陆，由英国人指挥，美国两个师参加，其余为英国部队，目标日期是1942年9月15日。这一计划提出后，遭到英方的断然拒绝。英国参谋总长布鲁克将军当面顶撞马歇尔，嘲笑"大锤"行动。他轻蔑地指出："如果这一行动失败，对俄国人没有好处；而即使六个师这样的规模能够成功，也不会把德国部队从东线吸引过

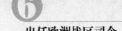

来。"马歇尔坚持必须采取一些行动来帮助俄国人,而"大锤"行动是唯一能做到这一点的。双方争持不下。

那天,艾森豪威尔没有参加会议,他为会议的结果坐立不安,焦躁地等待着会议的结束。

马歇尔和艾森豪威尔认为布鲁克的这种想法是荒谬的。德国大量部队驻扎在离多佛不到 25 英里之处,可是为什么要赶到伦敦以南将近 1000 英里之外去寻找敌人作战呢?马歇尔公开表示,进入北非将会分散许多力量,从而使横渡英吉利海峡的行动大大推迟。7 月 22 日,马歇尔致电罗斯福,承认他和英国人已经陷入僵局。罗斯福复电说,由于英国不愿参加"大锤"行动,美国将不得不在进攻北非方面和英国人合作。丘吉尔给这次新的行动起了个代号:"火炬"。这将是第二次世界大战开始以来的英美首次联合进攻。

"大锤"计划的被否定,使艾森豪威尔感到十分沮丧。7 月 23 日早晨,他告诉他的地面部队司令马克·克拉克:"哎,我真不知道日子怎么过。"他认为 1942 年7 月 22 日星期三,可以说"是历史上最黑暗的日子"。他所以反应这样强烈和采取这样极端的观点,因为他认为进行"火炬"行动的决定,否定了"盟国可能做些事情来帮助俄国人的想法",并且到北非去的行动,代表着消极的、防御性的作战思想。

在那些日子里,艾森豪威尔的情绪非常不好,他写信向玛咪诉苦说:"我感到孤独,我常常受到人们的包围,因为我生活在金鱼缸里。我无家可归,我感到奇怪:为什么玛咪不在这里?"像在第二次大战中千百万其他美国人一样,艾森豪威尔也不得不碰到同自己妻子的通信问题。由于安全原因,不能打电话,不能同她商讨工作,写信时只能说"我爱你",或者像艾森豪威尔自己所说的那样:"我手里拿着笔,心里想着:我除了告诉她我身体好,还是像以前一样爱她外,我还能说些什么?"在整个战争期间,他一共写了 319 封信给玛咪。在她 46 岁生日时,艾森豪威尔告诉她,"我 26 年来一直爱你","你的爱和我们的孩子是我一生中最珍贵的礼物"。

就是在这前后,凯·萨默斯比渐渐地进入了艾克的生活圈子。她是个高个儿、身材匀称的黑发姑娘,英国人暂时把她派到艾森豪威尔这里当私人司机。当凯初次驾车接送艾森豪威尔的时候,姑娘感到十分失望,因为她的主人只有一颗星。凯的女伴们的主人军阶都比较高,这使她的自尊心受到伤害。但是,艾森豪威尔对司机的关注使他们之间的关系逐渐好转。后来,将军的迅速升迁满足了司机的奢望。她现在可以在自己的女伴面前,炫耀"自己"的主人有较高的军衔和他的待人和气。何况她还不只一次地驱车接送过温斯顿·丘吉尔本人。当首相情绪好的时候,喜欢开几句玩笑。有一次首相对凯说:"别把艾克将军弄丢了。"但是,这种担心是多余的,凯"没有把艾克弄丢",她与他在一起度过了整个战争时期。当她得到了军官的衔位后,成了西方盟国武装力量总司令的秘书。

在准备未来的战斗时,盟国将有生力量和技术装备运往不列颠群岛。到了 8 月底,盟军总部的组织问题解决了。经罗斯福和丘吉尔商定,任命艾森豪威尔将军为盟军总司令,负责筹划和指挥"火炬"战役的工作。一场在北非登陆的战役就要开始了。正是:"大锤"行动被否定,"火炬"战役开始行。

第七章 **7**

Dwight D. Eisenhower

运筹"火炬"

第**7**章

运筹"火炬"

美英参谋长联席会议决定进行"火炬"战役以代替"大锤"行动之后，丘吉尔就建议罗斯福任命艾森豪威尔将军担任这一战役的总指挥，亚力山大将军担任副总指挥。双方商定这一计划提前执行。英美联军将于 1942 年 11 月 8 日在法属北非登陆，然后再由西向东对德意发动进攻，以彻底歼灭北非的德意军队，控制地中海，巩固中东，为尔后在意大利和巴尔干半岛的军事行动创造有利条件。这是丘吉尔梦寐以求的事情。

"法属北非"，包括法属摩洛哥、阿尔及利亚和突尼斯。摩洛哥位于非洲西北端，东面和东南面与阿尔及利亚为邻，南面与西属撒哈拉接壤，西临大西洋，北隔直布罗陀海峡与西班牙相望，是扼地中海入大西洋的门户，面积约 45 万平方公里，1912 年沦为法国的"保护国"，北部狭长地区和南部的一个地区划为西班牙的"保护地"。阿尔及利亚位于非洲的西北端，北临地中海，隔海与西班牙、法国相望，东部与突尼斯、利比亚接壤，南部与尼日尔、马里、毛里塔尼亚交界，西部与西属撒哈拉、摩洛哥相邻，面积约 238 万平方公里，1930 年起沦为法国属地。突尼斯位于非洲北端，北面和东面临地中海，隔突尼斯海峡与意大利相望，东南与利比亚接壤，西与阿尔及利亚相邻，面积约 16 万平方公里，1881 年为法国的"保护国"。法国投降后，维希政府在"法属北非"约有军队 20 万人，飞机 500 架。在法国的土伦和"法属北非"各港口尚有 4 艘战列舰，12 艘巡洋舰，约 40 艘驱逐舰，20 多艘潜艇和其他舰艇，这是一支不可忽视的力量。

法兰西在北非的军政官员受维希政府管辖。他们以叛徒哲学为自己辩护，颠倒是非，混淆黑白，认为 1940 年他们向希特勒投降是遵照合法的贝当政府之命行事的，因而也是合法的。相反，在他们心目中，反对法西斯侵略和维护法兰西民族独立的戴高乐将军和法国共产党领导的广大人民群众的抵抗运动，倒反而是非法的，因而把他们视为仇敌。同时，由于英国政府支持戴高乐将军领导的自由法国运动，并且曾同维希的武装力量发生过几次冲突，所以北非法国当局的反英情绪也很强烈。鉴于这些情况，盟军的这次登陆作战是打着美国旗号，形式上表现为纯粹是美国的军事行动。对流亡伦敦的戴高乐将军也是严守机密，因为美国总统罗斯福对他抱有成见，怕他参与其事会引起北非法国当局的反感，同时也怕他泄密。11 月 5 日，罗斯福总统给丘吉尔的电报说："任何使戴高乐参与'火炬'计划之举，均将对我们努力争取在非洲的大部分法军归附我方远征军这一大有希望的工作，产生不良影响，我对此深感忧虑。因此，我认为你在登陆成功以前，还是不把有关'火炬'计划的任何情况告知戴高乐为宜。登陆成功后，你可告诉他说，经我同意，英美远征军的美国司令官，坚持对此事严守秘密，这是一种必要的安全措施。"

　　且说艾森豪威尔，自从任命他担任"火炬"战役的总指挥后，他感到身上的担子沉重。这是一场大规模的两栖登陆战役。他的第一项任务是挑选美英军官来充实进攻非洲所需的指挥机构和参谋机构中的各个关键职位。由于他所指挥的是一支多国部队，因此在筹划组织参谋部的过程中，他尽量使每一个部门既有美国人，又有英国人。号召大家互相尊重，友好相处，为胜利完成"火炬"战役而竭诚合作。

　　艾森豪威尔在回忆录中写道："考虑到 1942 年 8 月初我们在伦敦所遇到的问题，显而易见，如果我们决意要在那一年发动一场认真的进攻，在进行准备工作时就一分钟也不能浪费。因为夏季已接近尾声，适合于作战的天气即将消逝，各项工作必须分秒必争。"在所有问题中，首先必须解决部队的运输和集中问题，直到那时为止，还没有一个政府曾经试图完成那样一次从基地跋涉万里，并以一场重大的

→盟军总司令，负责实施"火炬"计划的艾森豪威尔。

进攻为归结的海外远征。

作为总指挥，艾森豪威尔最早碰到的、也是一直存在的问题之一，便是确切判明哪些陆、海、空部队能在这次军事行动中加以利用。在一般情况下，一个司令官随着一项总的目标的确定，接到一份具体的部队分配情况的报告，然后据此可拟订他的战略计划，并辅之以详细的战术计划、编制计划和后勤计划。而在这一次，形势不清楚，兵力和供应的总数不知道，最终目标不明确，整个事情中唯一的肯定因素是美英两国统帅的进攻指令。但是，有关大兵团的战略、战术，登陆艇和船只的获得，海军后援部队的分配，空军部队的编制，出国部队集中地和训练基地的准备，前期与后期给养的安排，对每一支进攻的部队的每一个单位的实际组合，所有这些问题必须尽快地作出正确的处理。哪一环节出毛病，必将影响全局，因此决不能掉以轻心。

在制定计划中，艾森豪威尔和他的参谋部，第一件必须做的事是决定进行攻击的地区和动用的力量。早在 1942 年 1 月，英美两国政府曾考虑过一项称之为"体育家"的计划，即由美国仅仅进攻卡萨布兰卡的计划，可是后来把它摆在一边了。那项计划的目标仅仅是不让西非充当纳粹的潜艇基地。后来，把最初的"体育家"计划的范围扩大到和英国一起地中海区发起一场进攻，即是现在要进行的"火炬"战役。在为这场远征选定登陆地点时，艾森豪威尔首先考虑的是"从我们的护航舰队进入敌轰炸机航程内直至登陆完成为止的这一时期，能否为它们提供适当的空中掩护"。当时盟军航空母舰很少，提供空中掩护的重担，几乎全部得由以陆地为基地的飞机来负担，而为"火炬"战役唯一可资利用的基地只是直布罗陀。同时，由于海军护航和后援船只的不足，又只能把进攻的范围限制在几个主要点上。

经过反复研究，艾森豪威尔他们，在力所能及的最大范围内，最初指出了四个重要港口或港口地区作为理想的目标。它们从西往东依次是：大西洋海岸的卡萨布兰卡、奥兰、阿尔及尔，以及地中海岸的波尼地区。他们也曾考虑，对宾泽特—突尼斯城地区作一次成功的直接登陆将会获得巨大成果，可是那个地区远远超出了战斗机支援的航程，而且由于英国驶往马耳他的护航舰队曾经有过几遭覆没的经验，这项特别计划就被认为是超出了正当的冒险范围而很快地被放弃了。然而，若能尽早占领宾泽特—突尼斯地区，还是极其有利的，因为那样英美联军便能救援马耳他，并从陆海空三方面袭击隆美尔的供应线，这样就能保证非洲之战取得最后胜利。

艾森豪威尔说，对位于这条线另一端的卡萨布兰卡所以给予特别的重视，在当时其理由有两点。第一，卡萨布兰卡是蜿蜒于阿特拉斯山脉的那条向东穿过奥兰、阿尔及尔，最后直到突尼斯的漫长而破旧的铁路的终点。这条铁路的运输量虽小，但若德军决定从同它友好的西班牙挥戈南下，并以轰炸机和大炮使直布罗陀海峡不能被盟军用于给养的目的，那么，这条铁路却能为盟军提供一条微弱的生命线。如果没有这条破烂的、从卡萨布兰卡到奥兰的铁路，所有进入地中海的部队都会被截断归路，甚至想突围都要冒极大的危险。

"卡萨布兰卡之所以重要的另一理由是，在那个地点强行登陆必然会对西班牙和摩洛哥的部落民族产生影响。"艾森豪威尔继续说，"要是我们不在那里登陆，那么法国的维希政权就很可能把那些好战的部落引向同我们发生公开冲突，而这种局面几乎肯定会给西班牙更有力的理由去站到轴心国一边进行干涉。"

根据上述理由，可以清楚地看出，不管哪种作战计划，奥兰和阿尔及尔两地是势在必夺。这两地都是重要港口，而且奥兰附近的飞机场对于日后的作战是必不可少的，尤其是在对从直布罗陀直到前线一带——不管这些前线可能会在什么地方——施用短程战斗机时更为必要。阿尔及尔是该地区的政治、经济和军事活动的中心，在战略上具有极为重要的地位。

"因此，如何确定突击的侧翼，是我们必须解决的问题。"艾森豪威尔说，"一个方案是可以进攻卡萨布兰卡、奥兰和阿尔及尔；另一个方案则是进攻奥兰、阿尔及尔和波尼。在这个问题上，我们认真研究了很久。我个人终于赞成把全部兵力开进地中海。我相信，突尼斯城这个战利品如此之大，以致我们一开始就登陆就应尽量选一个位于东面的、像波尼那样的地方。无可否认的是，若不在卡萨布兰卡建立起一个基地而想开进地中海，必然会冒额外的风险。可是我觉得既然我们已经在冒着不小的风险，那么不如孤注一掷，相信卡萨布兰卡在其东路被切断之后会自行陷落，要不就会被从奥兰沿铁路转回来的纵队攻克。我脑子里也很想避开在卡萨布兰卡登陆必然会碰到的自然条件方面的巨大危险。"

这一计划报送参谋长联席会议审批。美国参谋部反对从原先的进攻计划上抹掉卡萨布兰卡。他们认为尽管卡萨布兰卡——奥兰铁路的容量有限，盟军还是一定要迅速占领它，以作为万一轴心国对直布罗陀这条狭窄通道下手时的部分补偿。而且他们还相信，除非马上派一支强大的部队在摩洛哥登陆，不然的话，西班牙非常可能参战，或者允许德国人利用西班牙作为过道来包抄盟军的后方。他们反对在波尼作战的另一理由是，怀疑盟军在距离驻意大利和西西里的轴心国空军部队如此近的地方，缺乏足够的空中掩护能力。按照这项决定，正如艾森豪威尔所说的："早日占领突尼斯城的可能性已从眉睫之下推移到远处去了。"

进攻地点问题决定后，下一项重大的问题是决定进攻的时间。气象报告指出，从初秋开始，天气将不断恶化。因此，时间就自然而然地成为重要问题了。一切都要按尽可能早地发动进攻来作准备。为此，甚至海、陆、空部队达不到所期望的实力时也应在所不顾。因为若要获得更强大的实力，就会意味着贻误战机。当时，轴心国对地中海的英国护航舰队的攻击不断地传来噩耗。有一支严加防卫的、由14艘货船组成的运输船队企图把物资运送到马耳他，可是在到达那里时，只剩三艘货船能继续航行，而其中一艘又在船坞沉没了。曾被划拨给"火炬"计划使用的航空母舰"鹰"号被鱼雷击沉了。海军参谋部接二连三地带给艾森豪威尔这类消息，而每次得到这样的消息，都使他对计划作进一步修订。然而，最使艾森豪威尔这位总指挥担心的是时间问题。非洲的西北海岸，在整个晚秋和冬季气候险恶，大西洋的滚滚波涛在海滩上翻卷，就连天气比较好的仲秋也会出现这种情况，因此不能等待"万事俱备"，必须及早行动。

在组织这一战役时，除了在军事上、物质上进行充分准备外，还必须考虑到北非的复杂的政治因素。鉴于法国维希政府及其军人对英国怀有恶感，英美两国政府都认为，远征部队应该尽可能做到从表面上看上去完全是美国人。不过又认为同样重要的是，要让远征部队在人力方面多到足以使当地的法国政府和军事司令官们，能合乎逻辑地向维希政权和它的纳粹主子诉说遇到了"压倒优势的兵力"，从而以此为理由立即向盟军投降，并在以后实行盟军所希望的合作。

从开始设想进攻方案时起，两国政府就仔细考虑了让当时在伦敦的戴高乐将军参与"火炬"计划的可能

性。他统率的部队曾经参加过那次倒霉的达喀尔远征，到头来进攻部队面对着当地维希法军的抵抗，不得不在一场混乱中撤退。英国人一直认为这场溃败的原因是伦敦的戴高乐司令部泄了密。艾森豪威尔说，"两国政府给我们的指示也许已染上了早些时候那次不吉利的经验的色彩"，要求在任何情况下，有关拟议中的远征的任何消息都不准传达给戴高乐将军。

不管怎样，据艾森豪威尔的情报人员了解，在北非是存在着一股强烈的反对德国和反对维希政权的情绪，甚至在某些陆军军官中也是如此。人们相信，如果盟军在一开始的进攻中就充分显示了力量，那么所有这些军官都可能在进行了象征性的抵抗而自尊心得到满足后，顺乎潮流地参加到抗击曾在1940年屈辱过他们的传统敌人的战斗中来。形势是复杂的，有些情况还是模糊的，可是把远征计划向伦敦的法国人严格保密，却是盟国政府的既定方针。这样做的另一个最重要的动机是，只有完全出其不意，才能使远征成功。关于这场远征行动，知道的人越少越好。

艾森豪威尔和他的参谋部在拟订这一军事行动的计划时，几乎每天都遇到新的困难。其中之一是船只短缺，海上运输能力严重不足。同时，最早由美国运到英国的军事装备，都是准备供给最后横渡英吉利海峡作战时用的。由于当时迫在眉睫的考虑是迅速卸货以便加速船只的周转，那些装备都被扔在仓库里和露天货场上，而没有顾及把它们分门别类和编造清册。现在急需利用这些东西，可是缺乏一份可以据以在最短期间把所需的装备挑选出来装箱，并搬上船的记录。此外，艾森豪威尔还经常接到有关敌人的潜艇击沉或击伤盟军舰艇的报告。这些舰艇是已被列入他们

↑ 北非登陆前夕，英、美特工人员把法国的吉罗将军从法国南部营救出来，准备以他的威望来号召北非的法军与盟军合作。经英、美从中斡旋，戴高乐与吉罗这两位法军将军终于同意联手抗德。图为1943年1月，戴高乐（左）与吉罗在卡萨布兰卡会面。

运送军队、装备的计划的。每沉掉一艘船只，都迫使他们对作战计划和战术计划重新修订。

所有这些事情都要求经常举行会议，通常是艾森豪威尔的参谋部同美国驻英国的战术参谋部和战术服务处的成员一起举行，可是也时常同英国首相丘吉尔一起举行。在这段时期，在丘吉尔的要求下，艾森豪威尔习惯于每星期同首相会晤两次。每星期二他们在唐宁街十号一起用午餐，通常在场的是英国参谋部或战时内阁的一些成员。每星期五晚上，艾克同首相在首相的契克斯乡间住宅共进晚餐，有时候这一会晤延长到使这位盟军总司令整夜都留在那里。在那段时间内，往往会同军政官员举行一连串的会议，解决战时一些需要迫切解决的问题。

经过大约六个星期的紧张筹划后，艾森豪威尔接到通知说，美国国务院驻北非高级官员罗伯特·墨菲将对他作一次秘密访问，同他讨论那一地区的政治局势和动向——这些因素在全部军事行动中仍是个很大的问号。维希法国标榜"中立"，在整个战争期间，美国是与这个政府维持外交关系的。英美两国政府都认为，北非公众舆论是支持同盟的，如果有可能，他们还想使事情看起来好像盟军是应邀而来到非洲的。

曾经长期在非洲担任美国总领事的墨菲，早就获得了罗斯福总统的信任，并被告知了在那一地区采取军事行动的可能性。他同他的一批助手一起，不仅持续不断地进行着民意测验，而且还联络了一些对轴心国持敌对态度的军政高级官员。1942年9月16日，墨菲在极其秘密的情况下来到伦敦，同艾森豪威尔将军举行了长达24小时的会晤。

墨菲是个皮肤黝黑、身材高大魁梧、相貌堂堂的人。他详尽地向艾森豪威尔介绍了法属北非的复杂的政治情况。墨菲说，艾森豪威尔可以用转向局外人亨利·吉罗将军的办法，绕过戴高乐的自由法国、贝当元帅的维希法国和法国殖民部队中的各种派别之间的斗争。吉罗是一位退休的军官，在第一次世界大战对德战争中失去一条腿；1940年从战俘营中逃跑出来。当时他正住在没有被德军占领的法国南部。墨菲告诉艾森豪威尔，驻阿尔及尔军团司令的参谋长查尔斯·马斯特将军向他保证，如果吉罗到阿尔及尔，所有法国殖民部队都会集结在他的周围，因此如果吉罗出面，盟军登陆时不会抵抗。除了马斯特的话之外，没有任何理由去相信那些已经拒绝戴高乐邀请他们参加自由法国的职业军人，会不会服从他们指挥官的命令，而投靠在法国军队中没有地位的吉罗。

艾森豪威尔察觉到一些问题，并不完全信任吉罗。他告诉墨菲，如果维希法国军队真的进行战斗，他打算以足够的兵力强行登陆，攻破法军的防线，并且拒绝把墨菲的地下组织考虑进去。当墨菲请求给他的抵抗组织武装时，艾森豪威尔置之不理。当墨菲询问战役开始日期，以便使地下活动配合登陆作战时，艾森豪威尔拒绝告诉他登陆日期。他说，你可告诉法国人，我们将于二月的某一时间来到。墨菲指出，吉罗希望由他指挥"火炬"战役，因为他的军衔比艾森豪威尔高，而且是在法国的领土上进行这次战役。所有这些，艾森豪威尔都断然拒绝了。事后他电告马歇尔，墨菲给他留下了"非常深刻的印象"，但对他提供的情况不能"完全相信"。

在与墨菲会见之后的那些天里，艾森豪威尔和他的参谋人员每天工作 14 个小时，制订运输计划，收集海潮和天气情报，研究空中掩护和许多其他细节。这对于以前从未参加过、或者甚至没有研究过两栖作战的军官们，都是新问题。有时进展看上去这样慢，以致艾森豪威尔有时表现出不耐烦和暴躁。虽然如此，他还是相当满意。他告诉马歇尔，他希望计划"最后几乎万无一失"。

10 月 16 日，墨菲返回阿尔及尔后，发来了两份电报。一份是关于人物问题。马斯特将军再次报告说，除非让吉罗担任最高统帅，否则他不会参加。墨菲说，除吉罗外，还有另外一个选择。达尔朗海军上将的儿子，曾找到墨菲向他保证，海军上将愿意和盟军合作。由于达尔朗是维希部队总司令，而吉罗手下无一兵一卒，因此抛弃吉罗而代之以达尔朗，对艾森豪威尔来说是很吸引人的。但是，达尔朗诡诈多端，名声很臭，不可轻信。

经过反复考虑，艾森豪威尔暂时决定任命吉罗为整个法属北非的总督来掌握"微妙的局势"。然后要求与达尔朗进行"恰当的接触"，并准备任命他为武装部队总司令。艾森豪威尔知道，盟军迟早将不得不作出决定，究竟是要达尔朗还是吉罗作为"我们主要的合作者"。但是，他希望两人都愿合作，以"取得对我们更有利的好处"。然而，这类事情与军事无关，而是政治和外交政策问题。在采取行动前，艾森豪威尔需要得到他的上级的权威性指示。因为这天是周末，丘吉尔在契克斯别墅。艾森豪威尔打电话给他，请他立即回伦敦开会。丘吉尔勉强同意了。

达尔朗的问题的确是非常棘手的。这位海军上将有着很不光彩的经历。他是纳粹的热心合作者，是维希反犹太法令的主谋，并持强烈反英态度。正如罗斯福和丘吉尔所说的，他几乎完全代表着盟国正在与之斗争的欧洲反动势力。他还是戴高乐将军的死敌。戴高乐从法国逃到伦敦后，他在 1940 年 6 月指控戴高乐叛国。关于战争性质的重大问题，和如何对待达尔朗这样一个反动人物问题，的确是值得认真考虑的。丘吉尔思索了一会儿说："若是你一定要把法国海军搞到手，就得去拍达尔朗的马屁！"但是，这终究是一个非同小可的问题，考虑到政治影响，会议没有做出决定。要求盟军总司令，视情况发展，再临时决断。

现在一切准备基本就绪，就要开始行动了。当艾森豪威尔离开伦敦时，这在他的一生中第一次进入一个作战地区。显然他不会在前线直接带领部队作战，但是作为战役的总指挥，他确实想到前方去视察，并且他的总部将成为空袭的首要目标。考虑到这些，就在飞离伦敦前，他给妻子玛咪写信道："我希望你不要烦恼和忧虑。战争不可避免地给人带来危险，但是就我的情况来说，我的运气一直很好，这件事你必须永远记着。再者，即使我遇到最坏的情况，请不要过分悲伤。"他指出他在部队已经 31 年，到目前为止，他已经避免了一个战士总有可能要遇到的危险。他提醒妻子，他曾很可能在 1918 年到法国时而在那里牺牲。他接着写道："我真正感到美国和全世界今天面临的局势，比我们任何人所能理解的要严重得多；因此不应让个人的牺牲和损失把我们压倒。"

11 月 5 日，艾森豪威尔冒险飞抵直布罗陀。丘吉尔把这个要塞置于他的指挥之下，作为这次英美首次大规模作战行动的统帅的临时司令部的所在地。

→1942 年 11 月
5 日，艾森豪威
尔指挥 30 万盟
军占领直布罗
陀。图为艾森豪
威尔在司令部与
法国海军达尔朗
等官员交谈。

　　自 1939 年 9 月以来，直布罗陀就采取了军事防御措施，以防受到围困。面对西班牙边界，如今这里已建立一个强大的防御体系。在它上边就是直布罗陀岩壁，岩壁上已爆破出许多坑道，以便安放控制地峡的大炮。另外，还采取了必要的措施，以防备来自空中、海上和空降部队的进攻。这里最需要的是水，到 1940 年，在坚固的岩石中已建成了几座蒸馏水工厂，从而提供了足够的供应和储备。这是一桩浩大的工程。

　　直布罗陀对反法西斯战争最重要的贡献，在于它的新飞机场的发展和使用。它最初仅是由跑马场改成的一个小型降落场，从 1942 年起，不断扩建，最后成为一条一英里多长的宽阔跑道。它的西端一直伸到直布罗陀海湾，是用开凿坑道时挖出的碎石筑成的。"火炬"计划所使用的大批飞机就集中在这里。整个地峡挤满了飞机，共有 14 个战斗机中队集中在那里待命出击。这一切活动不得不在德国的监视下公然进行。德国人因而错误地认为，这些飞机是支援马耳他岛的。艾森豪威尔将军说得好："倘若没有英属直布罗陀，就不可能进攻西北非。"

　　经过一个多月的紧张准备，战斗就要打响了。艾森豪威尔将军在他的回忆录中生动地叙述了他在 11 月 7 日到 8 日那一晚上和以后的那几天中的焦急不安的情形。这场战役规模之大，天气之变幻无常，法国人态度之复杂以及来自西班牙的危险……所有这一切，对这位司令官来说，无疑是一场严峻的考验。

第八章 8

Dwight D. Eisenhower

登陆北非

第**8**章

登陆北非

　　艾森豪威尔来到直布罗陀后，产生了一种特殊的责任感。这是他有生以来第一次面临着指挥一个战役，而且是如此巨大规模的战役。总司令焦急万分。"火炬"能够使他在军事上扬名，而想到可能遭到失败的后果，难免不寒而栗。

　　总司令的大本营安置在山岩中，四个房间的上方，矗立着一大块花岗石。艾森豪威尔抵达直布罗陀后写道："我的指挥所在直布罗陀、不列颠帝国强盛的象征之中。"伦敦政界人士认为，现在帝国的命运是掌握在可靠者的手里。丘吉尔给艾森豪威尔打电报说："直布罗陀的岩壁掌握在您的手里是不会发生危急的！"

　　艾森豪威尔来到直布罗陀的第二天，就向参加两栖作战的部队发出命令，确定登陆日期为 11 月 8 日。参加"火炬"作战的英美军队共有 13 个师，665 艘军舰和运输舰，其中包括 3 艘战列舰，7 艘航空母舰，17 艘巡洋舰，64 艘其他作战舰艇，分别编成"西部"、"中部"和"东部"三个特混舰队。首批登陆的兵力为 7 个师，其中有美国的 4 个步兵师和两个装甲师，英国的 1 个步兵师，共约 11 万人。此外，还有几个空降营将参加这次行动，其任务是占领敌方防御纵深内的机场和要地。这次登陆的空中保障，将使用 1700 架飞机，其中绝大部分都驻守在直布罗陀。

　　在总司令抵达直布罗陀以前，英美的庞大舰队已驶近目的地。他们决计不惜任何代价保证舰队的通行。由英国港口开出的护航队大部分都必须驶过比斯开湾，穿过所有德国潜艇横行之处。他们必须做到，不仅使从 10 月份初起就开始集结在克莱德湾和其他英国西方港口的大批船只不被敌人发现，而且要使护航队的实际出航时间也瞒过敌人的耳目。盟军做得非常成功。德国人根据自己的情报，误以为盟军的目标又是达喀尔。到 10 月底，已约有 40 艘德国和意大利的潜艇布防在亚速尔群岛以南和以东的地方。它们使一支由塞拉利昂驶回英国本土的庞大的运输船队蒙受重创，共有 13 艘船只被击沉。在当时的情况下，这种损失是算不了什么的。第一批"火炬"运输船队于 10 月 22 日驶离克莱德湾。到 26 日，所有快速的运兵船只均已出航，美国部队也由美国直接乘船驶向卡萨布兰卡。这支由 650 多艘舰只组成的远征军现在全部出动了。它们悄悄地渡过比斯开湾或大西洋，无论是德国的潜艇和空军都没有发现它们。

在一项军事计划完成之后，直到行动开始之前的那段漫长的、几乎是无法忍受的等待期间，就随着那乏味的时钟的滴嗒滴嗒声，一分一秒地打发过去了。当时在地中海，盟军除了直布罗陀之外，没有安身之处。可以用来对非洲西北部实施进攻的地点只有英属直布罗陀。如果没有它，就不可能在北非战场迅速建立必需的空中掩护力量。在进攻初期，直布罗陀的那个小机场既要充作战用的机场，又要充当自英国飞往非洲大陆的飞机的中途机场。甚至直到进攻开始日之前数星期，那里还拥塞着战斗机，并暴露在敌人的侦察机面前，连想伪装一下都做不到。

更糟的是飞机场本身地处西班牙边境，只有一排铁蒺藜网把它同西班牙领土隔开着。从政治上讲，西班牙是倾向轴心国的，不可胜数的轴心国特务们经常窥视着这个铁蒺藜网。艾森豪威尔他们每天都准备着敌人轰炸机的袭击；而当每天都平安无事地消逝过去时，他们都感到困惑不解。他们希望敌人会得出这样的结论，即认为盟军是在再一次"以非凡的雄心试图增援面临困境已达数月之久的马耳他"。

虽然敌人的任何空袭都会带来某些后果，虽然周围环境阴郁沉闷，虽然在即将发动的这个巨大的冒险行动中无数事情都极易出差错，可是在司令部内部，却呈现着一种既紧张又欢快的气氛，这在每一个临时充作办公室的小洞穴里都感觉得到。那是自然的。不出几个小时，盟军就会知道他们在战争中的第一次联合攻势的初步命运了。除开已经在西部沙漠中进行了两年之久的拉锯战，以及在瓜达耳卡纳耳岛上的战斗之外，盟军竟未能在世界任何陆地上进行过超出防御战范围的战争。就拿防御战来说吧，也是充满了悲惨的败绩，其中的敦刻尔克、巴丹、新加坡、泗水和托卜鲁克等地的失败，是令人沉痛难忘的。

就在艾森豪威尔在直布罗陀的洞穴中来回踱步的那些日子里，数以百计的盟国舰艇所组成的快速或慢速的护航舰队正在横渡北大西洋，驶向非洲西北海岸上的一个共同点。三支主力远征队伍，正在纳粹潜艇出没的大海中破浪前进。11月8日，艾森豪威尔接到的第一份交火的报告是令人沮丧的。美国军舰"托马斯·斯东"号载着美军的一个加强营在驶向阿尔及尔的途中，距目的地仅150英里处，于11月7日被德国的鱼雷击中。可是，在军舰被拖曳到就近的港口之前，舰上的官兵都不愿默默等待着。当他们的司令官宣布都上救生艇以争取准时赶到原定发动突袭的海滩时，他们都报以欢呼。然而，自下午弥漫起来的浓雾密云使他们的宏图未能实现，他们无可奈何地登上了驱逐舰和其他护航舰，终于在距原定时间约20个小时之后被送上了岸。可喜的是，这些部队的迟到并没有明显影响部队的登陆计划。

1942年11月7日—8日，英美联军的三个特混舰队分别驶抵阿尔及尔、奥兰、卡萨布兰卡地区，准备强行登陆。正在这时，一件意外的事情发生了。达尔朗海军上将巡视北非回国后，他的儿子突然得了小儿麻痹症，在阿尔及尔住了医院，由于病情危急，促使这位海军统帅于11月5日飞回北非。因此，正当英美即将大举进攻之际，他恰巧在阿尔及尔。这是一个奇怪而麻烦的巧合。罗伯特·墨菲希望他能在盟军登陆前离开。可是达尔朗由于关怀他儿子的病，在阿尔及尔多逗留了一天，住

→英国水手帮助从运输船上放下一名美国士兵，登上一艘开往阿尔及利亚海岸的战舰。

在一位法国官员费纳尔海军上将的别墅里。

近几个星期以来，盟军在阿尔及尔的主要希望寄托在法国军事长官朱安将军身上。他与墨菲的关系一向很密切，但是墨菲并没有告诉他登陆的具体日期。11 月 7 日午夜稍过，墨菲访问了朱安，告诉他盟军登陆的时刻已经来临了。一支强大的英美联军，在占绝对优势的海空军的支持下，即将开到北非，几小时之内即可登陆。朱安闻讯不禁大吃一惊。他原以为他可以控制阿尔及尔的全局。但是，他知道，由于达尔朗在此，他的职权是起不了任何作用的。他知道得很清楚，军政府的一切领导大权都已转移到这位身为维希政府副元首的海军上将手中。只要达尔朗在此，一切手握实权的效忠于维希的法国人，决不会再听从他的命令。

经过商议，墨菲与朱安决定打电话给达尔朗，请他马上到他们这里来。在清晨还不到两点钟的时候，朱安将军打电话唤醒了达尔朗，声称有要事需要面谈。当达尔朗听到了英美联军即将登陆的消息后，他暴跳如雷，气得满脸胀红。他说："我早就知道英国人是愚蠢的，但是我一直认为美国人要比英国人聪明一点。现在我开始认为你们美国人所犯的错误之多，也不亚于英国人。"

达尔朗对英国人的反感是人所皆知的。长期以来，他一直投靠轴心国。1941 年 5 月，他不但同意把达喀尔供德国人使用，而且同意德国人假道突尼斯向隆美尔的军队运送给养。魏刚将军当时制止了这一叛逆行为。魏刚将军当时是北非的负责人，他说服贝当拒绝了德国的要求。希特勒由于当时正在全神贯注于即将进行的对苏战役，所以尽管他的海军参谋人员对此提出反对意见，但他在这个问题上却没有认真。同年 11 月，德国人认为魏刚不可靠而将他免职。现在事过境迁，苏联红军节节胜利，其他反法西斯战场也有新的起色，希特勒的日子越来越不好过。达尔朗的态度虽稍有改变，但他依然是彻头彻尾地效忠于卖国投敌的贝当元帅。因此，尽管墨菲和朱安百般劝说，在大兵压境的情况下，他也只是答应发电报请求贝当允许他自由行事。一连串无情的事件，使他陷于极端困难的处境。

在无可奈何的情况下，11 月 8 日上午 7 时 40 分，达尔朗给贝当发去这样一封电报：

"上午7时30分的情况如下：搭乘英国舰只的美军已于阿尔及尔及其邻近地区实行登陆。守军在几处地点，特别是在港口及海军司令部两地击退了进攻。在其他地点，由于是突然袭击，登陆获得成功。局势在日益恶化，守军不久即无法支持。各方面报告表明，大规模登陆正在酝酿中。"

截止11月8日午夜，美英联军的三个特混舰队分别在阿尔及尔、奥兰、卡萨布兰卡地区登陆。"东部"特混舰队，在英国海军少将布罗斯的指挥下，于8日凌晨1时开始在阿尔及尔及其东、西两面登陆。在西面，英军第十一旅顺利地占领了滩头；在东面，载运美军的船只被意外的浪潮冲离海岸数公里，在黑暗中造成了一些混乱，耽搁了时间。但在天亮后，也就很快地控制了局势。上午11时30分，达尔朗又给他的上级发了一封电报："阿尔及尔可能于今晚失守。"下午5时，他又发出一封电报说道："我军虽尽力阻挡，美军业已进入市区，我已命当地驻军司令朱安将军就阿尔及尔城投降一事进行谈判。"下午7时，阿尔及尔投降了。由这时

↓美国士兵用力将一架防空炮推上阿尔及利亚海滩，而其他美国和英国部队就地待命。虽然法国维希政府的飞机猛烈轰炸这些登陆点，但是并不能阻挡盟军的脚步。

起，达尔朗海军上将就落到美国人手里，朱安将军在盟军的领导下重掌大权。

"中部"特混舰队，在美军弗里登少将的指挥下，也于8日1时许在奥兰登陆。法军在这里的抵抗比在阿尔及尔较为猛烈。登陆部队虽在开始时较顺利地占领了阿尔泽湾和安达鲁斯，但在向奥兰实施向心突击的过程中被阻于半路。两艘载运美军的英国军舰，在强行驶入奥兰港时被击毁，乘员和部队死伤过半。直到9日，美军的进攻仍无进展。

"南部"特混舰队，由美军巴顿少将指挥，在11月8日拂晓前抵达摩洛哥海岸。由于夜间行驶，而且航程较远，所以登陆时间比原计划晚三个小时。美军分别在卡萨布兰卡附近的费达拉、利奥特港和萨菲登陆，一开始就牢固地占领了立足点。有些地点，登陆部队并未遇到抵抗。但随后战斗一度相当激烈，特别是在利奥特港附近。11月9日，美军一面巩固自己的登陆点，一面向纵深推进，但因弹药、油料还堆积在滩头，来不及运给战斗部队，所以部队前进的速度极为缓慢，而法军的抵抗开始加强。在其他地区的战斗也在激烈进行。

11月9日早晨，克拉克将军和吉罗将军飞往阿尔及尔，企图同法属北非当局达成某种协议。他们的使命是要求结束战斗，并希望法国人在进行计划中的对德战争时能给予协助。出乎意料的，非洲的法国人对吉罗将军的冷淡接待，给艾森豪威尔原先的期望泼了一瓢冷水。吉罗根本没有被重视。他作了一次广播讲话，宣布他将领导法属北非，并命令法军停止对盟军作战。可是他的演讲没有发生任何作用。在此期间，艾森豪威尔的司令部同阿尔及尔之间的无线电联系非常困难，可是最后终于收到了一份电报，证实了早些时候的这个消息：达尔朗海军上将正在阿尔及尔！

"达尔朗是法国战斗部队的总司令：一个简单易行的办法是把他逮捕起来。"艾森豪威尔心想，"可是只要达尔朗能够对在土伦和达喀尔的大量法国舰艇发一道必要的命令，我们就有希望立刻减轻地中海的潜在的海军威胁，同时可以随便增添我们自己的水面舰艇。"他又想起在离开伦敦之前，丘吉尔首相曾诚恳地说过："如果我能见到达尔朗的话，尽管我极恨他，但我若能以爬行一英里路来使他把舰队带到盟军这边来，那我也欣然照办。"

艾森豪威尔说，克拉克将军在同法国官兵打交道时，很快就发现法国人有一个传统，即他们无论做什么事，都要披上一件合法的外衣。这在法军中视若神圣。他们断言，他们在1940年的投降仅仅是忠诚的军人服从上级的合法命令的行为。曾与克拉克将军再三会谈的每一位法国司令官，都毫无例外地拒绝采取任何行动使他们的部队投向盟军，除非他们能接到叫他这样做的合法命令。他们的每一个人都曾作过效忠于贝当元帅的宣誓；当时贝当元帅的名字，对北非的思想和行动的影响比任何其他因素都深。这些司令官中，没有一个人认为自己可以不受自己的宣誓的约束或者可以发布任何停火命令，除非他们的合法总司令，那位被他们视作贝当元帅的直接代表和私人代表的达尔朗给他们以必要的指示。

克拉克将军向盟军司令部发回的电报说，如果没有达尔朗参加，就不可能达成和解，而他的这一观点也得到吉罗将军的支持。11月9日那天，克拉克将军奉总司令艾森豪威尔之命，在阿尔及尔圣乔治大饭店会见达尔朗，要求他发布停火令。克拉克身材高大，他俯视着瘦小的达尔朗海军上将。克拉克生气地说，他要强迫达尔朗合作，高声喊叫说，海军上将要不合作，就坐牢。达尔朗坚持要等候贝当的命令。克拉克又发起火来。朱安把达尔朗拉到一边，对他说，抵抗是毫无意义的。达尔朗被迫同意在卡萨布兰卡和奥兰命令停火，但是，他仍然拒绝指示突尼斯的维希法国部队抗击德国人。

11月11日，希特勒也开始调动部队进入以前没有被占领的法国南部。于是，达尔朗宣布，这意味着贝当是"一名俘虏，失去了行动自由"。接着他说："我得到贝当的秘密命令，授权我在这种情况下采取行动。"达尔朗的声明对许多维希法国军官来说，是一个关键因素。因为这一声明使他们可以执行他的指示与盟军合作，而同时保持他们是在服从正式命令的假象。达尔朗的权力就在这里，并且成为艾森豪威尔急于与他达成交易的主要原因。艾森豪威尔相信，达尔朗能够说服突尼斯的法军抵抗德国人，能将法国舰队交给盟军。时间就是生命，因为德国人正在以惊人的效率作出反应。希特勒很快从最初的震惊中清醒过来，正在空运精锐部队和运送坦克去突尼斯。

到了11月11日，艾森豪威尔沮丧地认为"火炬"获得战略胜利的可能性已经消失。一切都决定于在突尼斯的法国人。艾森豪威尔说，只要他们"此刻头脑清醒过来，我们可以避免以后好几个星期的作战，并且在付出许多生命和物资后，我们将得到正是我们想要的东西"。为此，艾森豪威尔命令克拉克急于和达尔朗达成协议。克拉克应当使达尔朗担任北非高级专员，并坚持要吉罗当法国武装部队总司令，朱安当副总司令，负责指挥地面部队。艾森豪威尔最关心的是向突尼斯进军，和德意法西斯军队作战。为此，他需要一个可靠的后方。为了得到这样的后方，他准备与维希法国当局合作，不管它的法西斯名声多么狼藉。他警告克拉克，不允许在阿拉伯部落中引起纠纷，"或者鼓励他们与现行的统治方法决裂"，因为艾森豪威尔不希望发生"任何内部的骚动和麻烦"。在11月13日，艾森豪威尔从直布罗陀飞到阿尔及尔，会见了达尔朗，完成了这笔交易。

当达尔朗协定的实情公之于世后，在英国国内，在自由法国内部，在美国舆论界，引起了强烈的不满。许多人认为，这是一桩卑鄙龌龊的勾当，而其对象"乃是一位与我们不共戴天的仇敌"，因此在他们心目中，在北非登陆的胜利，还有阿拉曼战役的胜利，已因此黯然失色。这一强烈反应使艾森豪威尔吃惊，他已经失去了通常良好的公共关系意识。他感到难过，倒不完全是由于协议被抨击，这在某种程度上他已经预见到，而是由于抨击的猛烈程度。更令他难受的是，人们攻击他是一位头脑简单的将军，在政治的汪洋大海中没了顶。他转而为达尔朗协议辩解，他写信给他的兄弟埃德加说："唯一使我对此事有点气恼的是，竟有人认为我是这样令人难以置信地愚蠢，竟没有意识到我是军事上的权宜之计。"

他写信给他的妻子玛咪说："阿拉伯人是十分难以捉摸的，他们具有爆炸性，充满偏见。这里所做的许多看起来是古怪的事情，正是为了不使阿拉伯人激怒起来暴动。我们是坐在火山上！"为了稳定后方，艾森豪威尔非常害怕发生暴动，他一直只限于婉转地督促达尔朗对反犹太法作些微小的修改。达尔朗要求时间，他辩解

Dwight D. Eisenhower

→ 1942 年 11 月 10 日，举行了一次研究整个北非停火的会议。从左到右是坎宁安将军，克拉克将军，达尔朗将军，艾森豪威尔将军。11 月 13 日，同盟军任命达尔朗将军为北非的法军总司令。

说："如果采取急剧步骤，来改进犹太人的命运，就会出现法国不能控制的穆斯林的猛烈反应。"艾森豪威尔同样认为治理部落是棘手的事情，最好由法国去处理。

艾森豪威尔的参谋长史密斯仍在伦敦，是他首先把英国强烈的敌对反应告诉艾森豪威尔的。丘吉尔称这一协议简直是"晴天霹雳"，而英国外交部说达尔朗的历史这样丑恶，不能考虑让他当北非的常任首脑。

艾森豪威尔对这些来自英国官方的责难十分不满，他迅速地作出反应。11 月 14 日早晨，他给盟国参谋长联席会议发了一份很长的电报，为他的行动辩护。电报说："可以理解伦敦及华盛顿由于与北非法国当局谈判而引起某些混乱。要知道北非生活的第一个现实是，贝当元帅是很有影响的人物。全体法国军官都试图造成这样的印象：他们是在贝当元帅这位人物的保护下生活和行动的。法国人同意只有一个人有权继承贝当元帅，而这个人就是达尔朗。如果不同达尔朗合作，我们将不得不对北非全部进行军事占领。这在时间和人力、物力方面的耗费将是巨大的。"他在另一份电报中，告诉丘吉尔："请放心，我经常地听从你的明智忠告，我没有完全被这里如此之多的骗子们捆住手脚，蒙住眼睛。"

丘吉尔看了艾森豪威尔的申辩电报，11 月 17 日致电罗斯福说："我应该让你知道，与达尔朗所签的协定引起了强烈的愤怒。我越考虑这个问题，就越相信它只

---

① 吉斯林（1887—1945）：挪威法西斯党党魁。1931—1933 年任挪威国防部长。1933 年建立民族统一党（法西斯党）。1940 年协助德国侵占挪威。1942 年充当傀儡政府元首。1945 年法西斯德国在挪威的统治瓦解后，以战犯罪被处决。吉斯林一词后成为内奸的代名词。

能是一种仅仅由于战事急迫而不得已才采取的权宜之计。人们会以为我们愿意和当地的吉斯林①之流妥协，这种看法不仅在法国而且会在全欧洲给我们的共同事业带来不良的政治影响，我们对此决不能忽视。"

电报给罗斯福留下了强烈的印象。与此同时，美国陆军部长史汀生和总参谋长马歇尔却要求罗斯福支持艾森豪威尔。此外，马歇尔举行记者招待会，在会上他严厉批评美国记者。他说，计划估计"火炬"的登陆作战，美国的损失将高达 18000人，但事实上只有 1800 人，这样达尔朗协议使美国少伤亡 16200 人。他告诉新闻界，他们对艾森豪威尔和达尔朗协议的抨击是非常愚蠢的，这会上英国人的当，他们会要求由一个英国人来代替艾森豪威尔。如果这种抨击继续下去，会使美国在世界上的声誉处于从未有过的低下地位。

根据各个方面反映的情况，罗斯福总统于 11 月 18 日，也就是在收到英国首相电报后的第二天，发表了一项公开声明。罗斯福代表盟国强调指出："未来的法国政府决不能由法国本土或海外的任何个人来成立，它只能在法国人民被同盟国的胜利所解放后，由法国人民自己来成立。目前在北非和西非所作的安排，仅是由于战事紧迫而不得已采取的一种权宜之计。"

罗斯福的声明在很大程度上解除了人们的忧虑，同时也使艾森豪威尔感到宽慰。11 月 20 日罗斯福写信告诉丘吉尔说："昨天我私下对报界讲了一个流传在巴尔干的古老的希腊教会的格言，因为它似乎适用于我们目前的达尔朗—戴高乐问题，这句格言是：'我的孩子们，在大难临头之际，你们可与魔鬼同行，直到你们下桥为止。'"

然而，达尔朗协议所付出的代价，远远超过艾森豪威尔个人的不安和对他声誉的损害。这个协议造成了长期的影响。苏联领导人怀疑英美和法国维希分子背后有默契。法国抵抗运动领袖戴高乐也对此强烈不满。他说："如果盟军在'解放'一个国家与现在投敌的官员们签订协议，抵抗还有什么意义?!"这个协议不仅伤害了抵抗运动成员的感情和士气，而且对日后戴高乐与美国的长期合作也产生了严重影响。

由于艾森豪威尔在阿尔及尔被政治问题所纠缠，使他不能及时向突尼斯进军，而这时德军却继续在突尼斯集结。结果盟军强行攻占突尼斯城的打算遭到严重失败。到了 12 月份，在艾森豪威尔指挥下有将近 15 万人，但仅有 3.1 万人在前线。他自己估计德军有 3 万人在突尼斯城内和附近，其中作战部队是 2.5 万人。盟军向突尼斯推进的速度过慢，当他们抵达时，双方交锋，吃了败仗。

军事上受挫，使艾森豪威尔大伤脑筋。他写信向妻子诉苦说："我从来没有像现在这样拼命工作过，但却没有取得好的结果。"为了扭转战局，12 月 22 日，艾森豪威尔出发上前线，他亲自了解情况，他希望发动一次攻击。圣诞节前夕，他和安德森将军视察作战部队。连日阴雨使农村变成一片沼泽。无论哪一种类型的车辆都不可能离开公路行驶，而在公路上行驶也是够困难的。艾森豪威尔决定推迟发动进攻。他向盟国参谋长联席会议报告说："目前暂时放弃全力出击的计划，是迄今为止我最失望的事情，是一项痛苦的决定。"抢先到达突尼斯的竞赛已经输掉。他

Dwight D. Eisenhower

→ 1942 年 12 年 23 日，海军上将达尔朗被年轻的戴高乐分子邦内·德·拉·沙佩勒刺杀身亡。图为盟军高官和仪仗兵围在达尔朗的棺材旁。

面临着一场持久战。

圣诞节前夕，当夜幕降临时，艾森豪威尔在安德森野战司令部食堂吃晚饭。当他开始用餐时，一名通讯兵送来一份电报："达尔朗被刺身亡。"达尔朗这个维希头目，虽然口口声声说忠于他的祖国，要真诚与盟国合作，但他却继续为非作歹，不听忠告。达尔朗继续任用维希官员，甚至那些同纳粹密切合作而声名狼藉的人。另一方面他把阿尔及尔的戴高乐分子关入监狱，封闭了他们的《战斗报》，这就更加激起法国人民对他的仇恨。1942 年 12 月 23 日，达尔朗被年轻的戴高乐分子邦内·德·拉·沙佩勒刺杀身亡。此后，吉罗便掌管北非的军政事务。

达尔朗之死，大快人心，完全是咎由自取，正如克拉克将军所说的："在我看来，达尔朗上将之死是上帝的旨意……把他从政治舞台上清除掉，就像刺破脓疮一样。他起到了他的作用。"达尔朗之死，也为艾森豪威尔解除了一个政治上的包袱。

12 月 22 日马歇尔命令艾森豪威尔："授权你的部下去处理国际外交问题，集中你的全部精力于突尼斯的战斗。"由于达尔朗已死，艾森豪威尔觉得他可以这样干了。

9 突尼斯大捷

Dwight D. Eisenhower

第9章

突尼斯大捷

虽说达尔朗遇刺身亡，稍稍缓和了政治紧张局势，但并没有完全消除法国爱国人士和当地人民群众，对英美和通敌者合作、特别是对维希分子在法属北非全部留任的强烈不满。

人民最不满意的是，虽说"解放了"，但是反对法西斯德国和维希政治制度的积极分子，仍然没有被释放出狱。在盟军当局的默许下，在阿尔及尔的中央监狱里，还在监禁着27名共产党人——法国国民议会代表。艾森豪威尔只对法国抗战力量对维希分子的镇压表示抗议，而对被监禁的共产党人的呼吁却置之不理。只是到了1943年2月，迫于世界进步舆论的压力，这些反法西斯人士才被从监狱和集中营里释放出来。

然而，在北非当地的居民，仍处于无权的地位。他们迸发出来的愤怒情绪使反希特勒同盟各国大为震惊。盟国的第一次进攻战，竟然落得与附敌分子公开进行合作。罗斯福和丘吉尔连忙推卸责任。他们试图把艾森豪威尔变成替罪羊，迫使他把盟国在北非的政策的全部责任承担下来。其实，艾森豪威尔在阿尔及尔采取的任何实际步骤，都是根据美国国务院的指示。可是，这并不能改变他的处境。对采取与附敌分子进行合作的不受欢迎的决定，所应负的道义和政治责任实际上落在他的身上。他对因公前来阿尔及尔的弟弟米尔顿说："如果我是个普通营级指挥官，在敌人的火力下率领士兵投入战斗，一切就要简单得多。"

艾森豪威尔决定在突尼斯开展一场大规模的攻势，来转移国内外人民的注意力。在1943年1月底，西方盟国在北非集结的军队有50多万人。但由于盟国武装力量在突尼斯动作迟缓，使德国统帅部得以调集大量的部队，为盟国后来的攻势造成一定的困难。

从华盛顿传到盟军总部的谣言说，为平息民愤，美国总统将要牺牲艾森豪威尔。丘吉尔对突尼斯前线进展迟缓感到不快。据说罗斯福认为保留艾森豪威尔"在政治上是不明智的"。当艾森豪威尔在一月初任命马塞尔·佩鲁顿为阿尔及利亚总督时，又掀起了另一次抨击的浪潮；因为佩鲁顿曾任维希政府的内政部长，是一名臭名昭著的法西斯分子，人民群众怎能容忍这样的人担任他们的总督呢？但艾森豪威尔却在日记中这样写道："佩鲁顿的任命在国内引起了一片痛苦的咆哮。他们想要谁？他是一位有行政经验的人，而天晓得，在非洲法国人当中，很难找到许多像他这样的人。"与此同时，吉罗又逮捕了戴高乐在北非的自由法国分子，引起又一次抨击浪潮，以致玛咪写信警告他，"头头们正在准备把你撤职"。他的联络副官布彻在记录上也这样写着："我告诉他，他的脖子已经套在绞索上！"

而最有可能的是，当艾森豪威尔的部队与向西跟踪追击隆美尔部队的英军会师时，在沙漠作战的英军总司令哈罗德·亚历山大将军，可能成为盟军总司令。这样艾森豪威尔就将回到英国，或者回到华盛顿。确实，看起来出现这种情况是完全可能的，因为亚历山大比艾森豪威尔的军衔高，并且打了大胜仗，有着丰富的经验；再者，就是英国将有第八和第一两个集团军在突尼斯作战，而美国仅有一个军。

在地位不稳的压力之下，又加上不可能完成的工作进度的沉重负担，艾森豪威尔的情绪很坏，经常发脾气，很容易冲动。在他的影响下，盟军总部的士气是低落的。他在圣诞节从突尼斯前线赶往阿尔及尔时，又患了重感冒。有一个多星期，整天躺在床上，吃饭很少，滴酒不沾，一支接着一支地吸烟，这使他的感冒和病痛加重。

↓罗斯福在艾森豪威尔陪同下到卡萨布兰卡前线视察。

艾森豪威尔的前途将在卡萨布兰卡会议上决定下来。从 1943 年 1 月 14 日至 24 日，罗斯福、丘吉尔各带一批军政要员，前来这一新解放的海港城市开会，以便对 1943 年的战略取得一致的意见，并对英美联军指挥权的问题作出适当的安排。1 月 15 日，艾森豪威尔到卡萨布兰卡去了一天，报告他的战区的形势。开始，他给罗斯福的印象不好。罗斯福对他的顾问霍普金斯说："艾克看上去紧张不安。"霍普金斯解释说，这是由于他乘坐的飞机出了问题。飞越阿特拉斯山脉时，艾森豪威尔乘坐的 B—17 飞机两台发动机失控，他几乎要跳伞。再加上他的感冒尚未痊愈，以及对在突尼斯的竞赛中失败感到失望，他给罗斯福"紧张不安"的印象也就不奇怪了。

艾森豪威尔对他前途的担心很快就消失了。因为经过英美两国首脑的讨论，丘吉尔和罗斯福一致同意不仅让艾森豪威尔继续指挥"火炬"行动的部队，而且待英国第八集团军开抵突尼斯边境线后，也归艾森豪威尔指挥。他们作出这一决定有许多原因。马歇尔仍然是艾森豪威尔坚定的支持者，这对罗斯福是很有份量的。丘吉尔和罗斯福都知道，他们至少同艾森豪威尔一样，要对达尔朗协议负责。他们两人对艾森豪威尔在卡萨布兰卡的汇报留下了深刻印象。他们对艾克工作感到满意的是，他继续致力于同盟的事业，他使一个混合参谋班子在一起工作的神奇办法。虽然英国在突尼斯投入优势的兵力，但丘吉尔知道，法国军队是不会接受一个英国人来指挥的。因此突尼斯战役，非得由艾森豪威尔继续担任盟军总司令不可。

为了加强突尼斯战役的统一指挥，盟国参谋长联席会议任命亚历山大为地面部队副总司令，坎宁安海军上将为海军副总司令，空军元帅阿瑟·特德为空军副总司令。艾森豪威尔则为负责全面工作的总司令。这样解决指挥方面问题的办法，使马歇尔感到高兴，因为艾森豪威尔继续担任盟军最高指挥官；这也使带头提出这样安排的布鲁克高兴，因为这样一来，便把日常作战活动控制在艾森豪威尔的英国副手们的手中。这位英军参谋总长直率地承认："我们把艾森豪威尔推到高高在上的统帅宝座，这样他就可以不受约束地将他的时间用于解决政治和盟国间的问题，而我们则把我们的司令官安插在他的手下，处理军事局势和恢复严重缺乏的必需的干劲和协调。"

英国三位副总司令的军阶都比艾森豪威尔高。艾克的实际军衔仍然是中校；他佩戴三星中将军衔是临时性的，而他的副手们都是佩戴四颗星。但是艾森豪威尔从不被军衔吓住，他与他们建立了亲密的个人关系，彼此合作得很好。在卡萨布兰卡，他和亚历山大作过一次长谈，印象很深。丘吉尔称之为亚历山大的"从容大方、面带笑容的风度、和有感染力的信心"，使艾森豪威尔如同使任何人一样，感到有吸引力。英国参谋总长布鲁克希望这三位副总司令会使艾森豪威尔靠边站，但是他的希望破灭了。这首先是由于艾森豪威尔本人。他抵制了将英国的委员会指挥制度强加在地中海作战指挥上的一切企图。1 月 20 日，盟国参谋长联席会议发出指示，由副总司令实际掌管作战。艾森豪威尔口授一份措词激烈的电报，反对这样侵犯他的指挥体制，并且坚持维护统一指挥的原则。他的参谋长史密斯要求把电报写得缓和一些，但是艾森豪威尔只允许改变语气，不能更改电文的内容。只要他在位一天，他决心行使他的职权。

为了帮助艾森豪威尔维护统一指挥，美国参谋总部准备推荐他为上将。2 月 10 日传来晋升的消息。四颗星的军阶在当时美军中是最高的。在 1943 年时，只有马歇尔和艾森豪威尔才是上将。二年前，艾森豪威尔当时是一名临时任命的上校；他告诉他的儿子约翰，他预期将以这个军衔退休。对他的参谋人员，他压低新军衔的重要性，而对他的妻子则表现出恰如其分的谦虚。他对玛咪承认说："任何配得上担任高级指挥职务的人，对于他肩负的巨大职责深为担心，而他自己的能力又如此经常地显得与他的职务不相称，因此对世人所称的成功或晋升并不特别介意"。他说，身居这样职位的人，"孤独是不可避免的"。此外，在他这一级的地位上，"风险总是非常大的，而惩罚是以丧失生命或者给国家造成大大小小的灾难这种形式表现出来的"。总之，他告诉玛咪，

"晋升的结果使我觉得十分自卑，但是我并不认为我已经功成名就，而仅仅是开始"。他保证，要永远尽最大的努力来履行他的职责。

卡萨布兰卡会议的结果，不仅使艾森豪威尔没有丢官，反而得到晋升。他指挥的范围和规模有了扩大，但也给他带来了新问题，尤其是同法国人的关系问题。在达尔朗被暗杀之后，北非法国人与维希方面的唯一联系中断了。艾森豪威尔在让吉罗接替达尔朗时明确指出，实际上他是北非的唯一当权者，但他必须"自愿地忠诚地与盟军合作"。吉罗利用他的权力，在监狱中关满了反维希的法国人。罗斯福由于受到报界几乎一致的对在北非实行维希统治手段的不断抨击，而感到为难，他要求艾森豪威尔加强控制，并使政权自由化。

罗斯福的强硬政策遇到的主要问题是，没有人可用来取代吉罗。戴高乐是明显的人选，但他一直在愤怒地攻击达尔朗协议，而罗斯福又对戴高乐持"不信任"的态度，因此双方隔阂很深。在卡萨布兰卡，艾森豪威尔，还有丘吉尔，请求罗斯福

↑ 1943 年，艾森豪威尔在他的司令部——阿尔及尔的乔治饭店。此时他刚升为四星上将，而在两年前他只是一名临时任命的上校。

不要去触发一场危机。罗斯福作了让步，同意丘吉尔把戴高乐从伦敦带到卡萨布兰卡来和吉罗和好，举行"强迫的婚礼"。其结果是一张两位身材颀长的法国将军握手照片登在英美报纸上，除此之外，什么都没有。戴高乐空手回到伦敦，双方关系没有得到什么改善，美国仍然重用吉罗统治北非。

为了进行突尼斯战役，艾森豪威尔不愿激怒法国人。为此，他不惜破坏他自己统一指挥的原则。1942年12月末，朱安指挥的法军在位于北面的英军和位于南面的美军之间，进入在突尼斯的阵地。艾森豪威尔想由安德森来指挥三国部队，但是朱安和吉罗两将军坚持法国人不能接受英国将军的命令。后来艾森豪威尔放弃自己的想法，允许法国人自行作战。由于法军装备陈旧，战斗力很弱。整个一月份，德国人利用这一形势，对法国人发动好几次小规模试探性进攻，不断逼着他们后退，迫使艾森豪威尔零敲碎打地派遣增援部队。

1月24日卡萨布兰卡会议结束之后，艾森豪威尔加紧积蓄力量，整顿部队，准备向隆美尔发动一次强大的攻势。这时，美国的军用物资、装备源源运抵前线。随着飞机数量不断增加和使用前方机场，盟国空军开始从德国人手中夺取了制空权。造成的直接结果是，德国人感到越来越难以切断盟军的供应线，或保卫他们自己的供应线。此间，艾森豪威尔最担心战线的南端。部分由于这是隆美尔的防区，部分由于这是他的脆弱的漫长供应线的末端，但主要的还是由于这一地区是由没有流过血的美军防守。在这里布防的美国第二军团的四个师，除了在11月间同维希法国部队有过一两天交锋之外，都没有作战经验，都是匆促组成派到北非来的。他们在美国没有时间进行认真训练，他们战备观念极差。

在一次视察时，艾森豪威尔吃惊地发现，一支部队已经进入阵地两天，但是仍然没有布雷。军官们说，他们准备在第二天解决。艾森豪威尔狠狠地骂了他们一顿，然后指出，当德国人进入防御阵地时，他们必须布雷，机枪进入掩体，部队在两小时内进入一级战备状态。

1943年2月11日，盟军总部的情报处长，英国的艾里克·E·莫克勒—弗里曼准将报告说，阿尔尼姆正从隆美尔非洲军团那里得到增援，将在短期内在第二军防线北端的丰杜克发动主攻。艾森豪威尔闻讯即驱车至A战斗群司令部，部署战斗。

→1943年3月20日至5月13日，盟军在突尼斯对德、意联军展开进攻，5月7日分别攻占突尼斯城和比塞大港。25万德军于5月13日投降。至此，盟军已在北非全部肃清德、意军队。图为英国步兵在美国坦克火力掩护下向突尼斯推进。

←英军第八军团由风笛吹管手引路，穿过利比亚边境进入突尼斯。

在月光下的沙漠中漫步，他往东看，刚可以分辨出黝黑山峦中一个隘口，那就是法伊德山口。在山口的那边，隆美尔的非洲军团正在集结，但是在山口里毫无动静。在凌晨3时30分左右，艾森豪威尔驱车前往弗雷登达尔的司令部。他在两个小时后抵达时才知道，他到法伊德山口半个小时后，德国人通过山口向A战斗群发动进攻。艾森豪威尔仍认为，主攻的方向在北面，这可能是佯攻。他决定驱车回到他的君士坦丁前进指挥所，在那里他可以密切注视整个战线。

当他在2月14日中午前后到达君士坦丁时，他获悉从法伊德发动的进攻是主要方向。隆美尔的坦克部队消灭了美军一个坦克营，击溃一个炮兵营，并且孤立了美军残余部队。艾森豪威尔要安德森调丰杜克的B战斗群投入战斗，可是安德森坚持莫克勒—弗里曼的情报是正确的，德国的主攻将在北面，而拒绝这样做。艾森豪威尔花了一天时间，试图派别的援军到法伊德地区，但是由于距离较远，公路情况不佳，根本不可能支援被围的A战斗群。2月15日，隆美尔继续进攻，摧毁美军坦克98辆，半履带车57辆和大炮29门。2月16日，敌非洲军团扑向另一山脉和穿过其中的卡塞林山口时，安德森调出B战斗群的一个营，向南进攻隆美尔的侧翼。结果这一营也被德军吃掉。艾森豪威尔在日记中写道："所有这一切结果，都成了零敲碎打的行动，而敌人前进是由于在坦克数量上大大超过我们。"美军在第一次战斗中打得很糟糕，既不能恰当地加固阵地，又在慌乱中放弃阵地。

虽然损失沉重，但是艾森豪威尔并不灰心。通过和敌人主力的几次交锋，有效地提高了部队的作战能力。同时也进一步了解了敌人。2月21日，隆美尔率部越过卡塞林山口。艾森豪威尔认为，敌人此举构不成威胁，反而更多地造成挨打的机会。因为此时，艾森豪威尔已在进攻点上集中了大批兵力，特别是大炮火力方面的优势。现在隆美尔仅有一条漫长的、通过狭隘山口的补给线，隆美尔暴露出了弱点。艾森豪威尔向马歇尔保证："我们有足够力量阻止他前进，并准备歼灭他。"

艾森豪威尔催促安德森和弗雷登达尔立即向隆美尔的侧翼发动进攻，抢占山口，切断非洲军团的后路，然后消灭它。但是，安德森和弗雷登达尔不同意艾森豪威尔认为隆美尔已成强弩之末的结论；他们期待着他发动另一次攻势，坚持采取守势来对付隆美尔进攻。隆美尔接受了必然的事实，当晚开始退却。退却是成功的，盟军丧失了稍纵即逝的良机。从战术意义说，隆美尔取得了胜利。他以不大的代价，使美军伤亡5000多人，摧毁成百辆坦克和其他装备。但在战略上一无所得，而且实际上帮了艾森豪威尔的忙。

艾森豪威尔统率的英美大军，在完成作战准备后，于1943年3月下半月发起进攻。这时亚历山大指挥的第十八集团军群，至少有20个师又两个旅，人员和装备齐全。而德意联军只有14个师又两个旅，人员和装备的缺额很大，每个师平均人数不超过5000人，且又处于亚历山大和蒙哥马利两支大军之间，态势十分不利。隆美尔认为，轴心国的军队若再留在非洲，就等于"明显的自杀"。3月9日，隆美尔请他的属下阿尔林将军代理指挥军队后，便返回欧洲养病，并向其"元首"要求迅速从北非撤军。结果隆美尔成了希特勒眼中的"悲观主义者"，从而失去了对非洲军团的指挥权。

3月20日，英美联军以蒙哥马利的第八集团军为主力向敌人的主要阵地——马雷特防线展开进攻。这条防线是法国人在战前防备意大利人侵突尼斯而修筑的一条长达20英里而且组织严密的防御系统。现在意大利人竟在此防守，以对付英国人！在它临海的末端，陡峭的瓦迪济佐是主要防线，正面一道防坦克战壕和铁丝网，从前线直到马特马塔的山丘为止。没有可能进行迂回行动，除非取道通往特巴戈山和梅拉布山之间那条峡道的一条弯路。如今，敌人已在这个隘口修筑了工事，并由德国装甲师和意大利步兵占领着。

→ 1943 年 4 月，突尼斯战役后，丘吉尔、蒙哥马利在阿尔及尔总部会见盟军将领。

但是，鉴于马雷特阵地前线的实力，即由包括两个德国师的六个师防守，并有第十五装甲师作为后备，蒙哥马利便决定在他的计划里包括一支侧击纵队，以便突破这个隘口，并在敌军主要前线后方站住脚跟。一切准备就绪之后，就在3月20日午夜以前，由第三十军在马雷特防线的沿海地区发动了一次主要进攻。第五十师跨过了瓦迪济佐，并且取得了立足之地。但攻占这里的隘口要塞的确比预期的还要困难。次日全天，这个师守住了阵地。但在3月22日，德国第十五装甲师和德国步兵的猛烈反攻迫使他们撤退了。当晚他们撤到了瓦迪济佐的对面。

4月6日，英国第八集团军又为一次新的进攻作好了准备。瓦迪阿卡利特本身是一个很大的障碍，北面有群山居高临下，因此整个战线形成了一条自然的强固的防御阵地。蒙哥马利以他特有的风格利用了炮兵。在黎明前，英国第五十一师和第五十师以及第四印度师，在密集的炮火支援下，不顾强烈的抵抗而发动了进攻，敌军也进行了坚决的反攻，所以直到傍晚才攻克这一堡垒。就这样，在盟军的连续打击下，德意军面临被合围的威胁，不得不北撤马雷特防线的守军，并于4月中旬退至突尼斯北部，终于成了"瓮中之鳖"。

1943年4月19日，盟军集中优势兵力发起总攻。英军第八集团军自南向北实施突击，美英联军自西向东发起进攻。4月25日，艾森豪威尔的副官布彻写下这段话："艾克目前的情况有点像母鸡在孵蛋。他在等待鸡蛋孵化，而心里在嘀咕，能不能破壳而出。"这个壳是德军在比塞大—突尼斯的桥头堡，而三支强有力的部队，英国第八和第一集团军以及美国第二军，正在企图突破它。尽管敌人的补给日

←1943年，艾克在办公室阅读玛咪给他的来信。

益短缺，英国两个集团军却没有多大进展。这就要看美军的了。在4月的最后一个星期，艾森豪威尔巡视了前线，他所见到的情形使他高兴。他断定美国第二军军长布雷德利将军"干得很不错"。他很高兴听到一名英国老兵说，美军第一步兵师"是他所见到的最好的作战部队之一"。第九步兵师和第一装甲师也打得很出色。然而第三十四步兵师可就是另一个样子了。它的士气低落，在卡塞林山口战役中表现不好，需要振作起来。

为了在战火中锤炼这支部队，并从实战中转变它的战斗作风，艾森豪威尔要布雷德利分配给第三十四步兵师一个重要目标，并务必保证它拿下这个阵地。布雷德利军长遵照执行。他把609高地这个战略要点派给第三十四步兵师。这一阵地不仅受到它本身的高度和炮火的掩护，还受到邻近高地炮火的掩护，这使盟军在通往高地的山道遭受交叉火力的封锁。

4月30日，攻击向前推进。战士艰难地一步一步向上爬，在交叉火力前倒下去。艾森豪威尔对亚历山大说："我真诚地希望第三十四步兵师今天攻占609高地，这对该师和整个战役都会有很大好处。"到了第二天上午，美军该师占领这一高地。德军疯狂地反击，但是第三十四步兵师恢复了自尊，击退了敌人的进攻。艾森豪威尔坚持使用第三十四步兵师的决心得到了良好的结果。不仅在突尼斯战役，而且在整个战争中，第三十四步兵师立下了功勋。

随着609高地的攻占，英军开始运动。到5月的第一个星期，阿尔尼姆的桥头堡已缩小到紧挨着比塞大和突尼斯两市的周围地区。5月7日，安德森的部队进驻突尼斯；在同一天，布雷德利的第二军攻占比塞大。在这一战斗中，盟国空军又作出了一次十分出色的努力，一天之内，竟出动飞机2500架次之多。几个星期以来，轴心国空军已逐渐溃败，在这一危机面前，只能出动飞机60架次作为报复。战事的高潮已近在眼前。在海上和空中已经建立了彻底的无情的封锁。敌人在海上的活动已经停止，空军的努力亦已告终。守军在向德国最高统帅部报告中哀求道："守不住了！在敌人的胜利中，英美空军起了决定性的作用，从而在突尼斯导致德意桥头阵地的毁灭。现在我们已经到了上天无路、入地无门的地步，愿上帝保佑！"

就在对敌人展开围歼的日子里，艾森豪威尔在前线度过了这个战役的最后一个星期。这使他难以忘怀。他在写给妻子的信中说："每当我感到烦恼时，我会想到战士们浑身泥浆，坚持在突尼斯寒冷的山地上、在寒冷雨水和污泥中战斗，奋勇冲杀的情景，就使我心情平静下来。"五月份，他在美国报刊上读到一篇关于他母亲的文章。这篇文章强调艾达的和平主义信仰，以及冷嘲他儿子成为将军。艾森豪威尔对这些所谓"和平至上"的报刊文人的议论十分反感。

为此，艾森豪威尔写信给他的兄弟阿瑟，信中说他们的母亲"在信仰上所得到的幸福快乐，比报界所发表的任何令人生厌的俏皮话，对我来说更有意义"。他接着谈到和平主义者，他说，"我怀疑他们这些口头上空谈憎恨战争的人，是否会像我这样地痛恨战争"。他说，和平主义者"也许没有看到过在战场上腐烂的尸体，没有闻到腐烂的人肉的恶臭。他们没有到过挤满重伤员的野战医院"。艾森豪威尔说，他同和平主义者的区别是，他憎恨纳粹更甚于战争。还有"我对战争的憎恨，永远比

←1943 年艾森豪威尔在突尼斯检阅法军。

不上我这样的信念：当出现战争危险时，我们每人都有责任……去执行我们政府的命令"。或者，正如他对他的儿子所说的那样，"在反法西斯战争中唯一不可宽恕的罪行，是不尽你的责任"。

5 月 13 日，在盟军的强烈打击下，轴心国在突尼斯的残余部队投降。艾森豪威尔统率的盟国武装部队，共俘虏敌军 27.5 万人，其中一半以上是德军。这一胜利，与三个半月前苏联红军的斯大林格勒大捷，遥相辉映。各方贺电向艾森豪威尔飞来。1943 年底，他被选为"美国第一父亲"。艾森豪威尔在评论这一决定时说，他对此表示感谢，美国的父亲们可以为在突尼斯取得胜利的儿子们感到骄傲。

5 月 19 日，丘吉尔应美国众议院议长的邀请，为突尼斯大捷，在美国国会发表了演说。他说：

"在北非，我们的建树比我们预期要好些。取得出人意料的胜利，因而结果是事半功倍。在这一点上，我们不得不感谢希特勒的军事知识。……

"希特勒和墨索里尼两位独裁者的非洲远征，使他们的国家伤亡和被俘的士兵达 95 万。此外，近 240 万吨的船舶沉没了，近 8000 架飞机击毁了，这两个数字都不包括被击伤的船舶和飞机的数目在内。敌人还损失了 6200 门大炮，2550 辆坦克和 7 万辆卡车……在达到战争的这一里程碑的时候，我们可以说，'挽回了一个大陆的局势'。"

第十章 **10**
Dwight D. Eisenhower

向意大利
进军

第10章
向意大利进军

　　突尼斯大捷之后，盟国远征军的进军矛头究竟指向哪里，在英美之间为此发生了分歧，而且愈演愈烈。

　　在基层，美国与英国士兵之间滋长了一股强烈的敌对情绪。在上层，英国军官对双方作风上的差异感到吃惊，尤其对美军军官乱搞女人感到不理解。一名英国军官说："我们没有美国人的那种原始需要以证明我们是男子汉。"而美国人则模仿英国人的音调，在英国人从容不迫、落落大方的态度面前显得局促不安。英国人似乎总是棋高一着。一个叫本·索布里奇的美军上校在1943年独立纪念日的一番话概括了美军的态度。他说："我们应该庆祝7月4日，这是我们打败英国人的唯一记录，从那以后我们就再也没有什么运气了。"

　　那一年在突尼斯，当英美军队为进攻西西里而作好一切准备的时候，他们之间的关系就紧张起来了。战区指挥官艾森豪威尔曾试图使双方的激动情绪冷却下来，但美军第七军长乔治·巴顿却嘲弄了他的这种做法。一次在与战区副指挥官埃弗雷特·休斯一起吃午饭的时候，巴顿曾指责艾森豪威尔太糊涂。"在战场上过于亲英，"巴顿说，"我曾告诉艾克，总有一天会有记者回到美国捅你一家伙，说你与英国的合作是按着他们的调子行事。"休斯本人对英国人也是疑虑重重。他在日记中提到巴顿受到很大的限制，只能过问计划的制订，不能过问其他。双方对进军的矛头早就存有不同的看法。后来巴顿还向休斯抱怨两名高级英国将领哈罗德·亚历山大爵士和伯纳德·蒙哥马利爵士态度傲慢。休斯说："巴顿不喜欢亚历山大，也不喜欢蒙哥马利。上帝，我希望我们把自我为中心的观念忘掉一会儿。"

　　在两国总参谋部之间，对进军的重点也存有不同的意见。1943年4月，当突尼斯战役快结束时，艾森豪威尔开始考虑西西里以及西西里以外的问题。他告诉马歇尔，攻占西西里后，他打算进攻撒丁岛和科西嘉岛，利用它们作为进攻意大利西部的跳板。他知道扩大地中海攻势范围，直接违背马歇尔和陆军部作战处人员的战略部署。确实，要是他仍在作战处，他毫无疑问也会同意结束地中海的作战行动，以便集中力量集结部队进行横越海峡的进攻。但是作为一位战区司令官，他不能不倾听英国人、特别是英国首相丘吉尔的意见。但马歇尔却认为，击败意大利将是弊多利少，因为盟军的船只必须用来支援居民，单是用煤一项，每年需要 1000 万吨，还有大量的食品。意大利一旦被盟军占领，可以提供轰炸德国南部的机场，但这远远不值得去花这么大的力气。马歇尔对艾森豪威尔说，"早晚必须作出决定性的努力，从英国进攻欧洲大陆"，如果在地中海西西里战役之后不再发动攻势，实施"围捕"行动就会更快些。

同年 5 月，盟国参谋长联席会议在华盛顿开会决定这一问题。他们争论了两个星期。参谋长们最后同意在 1944 年横渡英吉利海峡进攻欧洲大陆，但是没有对西西里战役后在地中海的行动作出决定。这一问题留待艾森豪威尔去解决，由他酌情制订出最好能使意大利退出战争，并牵制最大量的德国部队的作战计划。

既然由艾森豪威尔司令官决定，丘吉尔就飞到阿尔及尔，劝说艾森豪威尔对意大利发动进攻。布鲁克和其他参谋军官，还劝说马歇尔陪着首相一道前往，形成了上级来恳求下级的奇特场面。首相在这里逗留了一个星期，不断对艾森豪威尔施加影响，要求他不去进攻撒丁岛，而进攻意大利本土。丘吉尔说，进攻撒丁岛"只是为了方便"，而进攻意大利本土才是"一场光荣的战役"。光荣来自占领罗马，这将是"非常伟大的成就"。艾森豪威尔在 5 月 30 日抱怨说："昨晚首相用三种不同的方式三次重申他的意见。"

马歇尔既不想进攻撒丁岛，也不想进攻意大利本土。他敦促艾森豪威尔一旦西西里战役结束，就开始在地中海减少兵力。他不信任英国人，怀疑他们对横渡海峡发动进攻的决心。而英方却坚持盟军应把他们的海、空军用来封锁德国，而"地面战斗让俄国人去干"，盟军乘机扩充在地中海和巴尔干半岛的势力。对此，艾森豪威尔感到左右为难。

在这一段期间，艾森豪威尔还受到法国问题的"折磨"。达尔朗被刺后，罗斯福把法国局势说成是"可怕的一团糟"。美国企图削弱戴高乐的力量，但没有成功。五月中，在被德国占领的法国内部，抵抗运动成立委员会，并宣布效忠戴高乐。在沙漠中与英国军队并肩作战过、支持戴高乐将军的法国部队，渗入阿尔及尔，在吉罗的人中间进行争取工作，取得了巨大的成功。居住在阿尔及尔的法国知名人士要求由戴高乐取代吉罗。六月间吉罗屈从于他的顾问们的压力，会见戴高乐。他们同意成立一个法国全国解放七人委员会，由吉罗和戴高乐两人共同担任主席，吉罗保留武装部队总司令的职务。不久，两人便发生了争吵。戴高乐想用他的人来代替维希政府的旧官员，并要求废除反犹太法律，而且还要从吉罗手中把军队的控制权夺过来。

6 月 10 日在法国全国解放委员会的一次会议上，戴高乐说明他的立场，未能争得多数，从而蓄意发作起来。他"非常遗憾"地宣布，"他不能再与委员会发生任何联系"，并且辞职。戴高乐的辞职使罗斯福高兴。他认为现在这位自由法国的领导人被排除在外了。罗斯福总统告诉艾森豪威尔，"戴高乐这种情况早晚要出现的"，而现在就出现，比晚出现好，因为"戴高乐变得使人几乎难以容忍"。但是，在阿尔及尔的戴高乐追随者们认为，在当时的法国不可能没有戴高乐。法国全国解放委员会对戴高乐辞职的反应是，将委员会扩大为 14 名委员，戴高乐重新担任两主席之一，对武装部队的控制权由戴高乐、吉罗、朱安和其他两人组成的小组委员会掌管。在新的委员会中，戴高乐占有多数，看来他正在完全控制法国的事务。

对于这一现状，罗斯福非常不满。他打电报给丘吉尔说："戴高乐使我受够了，我们不可能和他在一道工作。"丘吉尔不同意，并说盟国必须找到与戴高乐一起工作的办法。这就是通过艾森豪威尔。丘吉尔认为，可以利用艾森豪威尔来控制戴高乐。

艾森豪威尔不同意美国总统的意见。他一想到同戴高乐决裂就胆战心惊。在阿尔及尔，他能够在他的周围到处感到戴高乐的政治力量。他担心，如果戴高乐被迫退出法国全国解放委员会，北非会出现内战。他正在准备进攻西西里，不能在他的后方出现混乱。他设法使罗斯福冷静一些，他请求总统不要再弄出新的危机，并答应去会见吉罗和戴高乐，坚持仍然要吉罗指挥法国的武装部队。

结果，戴高乐的傲然态度完全出乎艾森豪威尔的意料。会见时，戴高乐开门见山地说："我是以法国总统的身份到这里来的。如果你有意向我提出请求，请放心，我事先已准备使你满意……"艾克于是很有礼貌地要求戴高乐，让吉罗指挥法国武装部队。戴高乐非常气愤地回答说："法国军队指挥权的问题，是法国政府权限范围内的事，不是你们的事。"艾森豪威尔重申他的立场，对此戴高乐问道："你是一名军人，你认为一位领袖的权力，如果要仰仗某一外国的鼻息，还能存在吗？"他承认艾森豪威尔在经管着用美国装备重新武装的法国军队的工作，处于有利的地位，但是戴高乐提起第一次世界大战时，美军使用的是法国的大炮，驾驶的是法国卡车和法国飞机。他问："我们因此而要求过美国任命这名或那名领导人，或建立这样或那样的政治制度了吗？"

说实在的，艾森豪威尔对提出这一要求是感到为难的，这只是由于罗斯福的压力才这样做的。本来，他不想过问法国的政治，他比丘吉尔，更比罗斯福清楚地知道戴高乐在法国人民中的影响。他对戴高乐，正如戴高乐对他一样，有着一种"无可奈何的钦佩"。他们两人从来没有成为密友，但是他们互相尊重。戴高乐钦佩艾森豪威尔的直率和诚实；艾森豪威尔钦佩戴高乐的能力和他毫不动摇地献身于解放法国的事业。

在进军西西里之前，6 月 22 日艾森豪威尔给马歇尔送去一份关于"当前形势"的长篇分析报告。他强调进攻西西里时拥有一个巩固后方的重要性。他请马歇尔注意，不要让罗斯福的行为酿成危机。他建议承认法国全国解放委员会是法国临时政府，认为这个问题比吉罗的地位更重要。丘吉尔和艾森豪威尔的政治顾问们也都认为，承认是最好的解决办法。但是罗斯福给艾克发去了一份严厉的指责电报，警告他"无论如何你都不能承认这个委员会"。艾森豪威尔坚持认为，"某种有限的承认"将会是有益的。在 8 月，罗斯福终于对艾森豪威尔所提的方针作了某些妥协。在毫不隐讳地宣称不会"给戴高乐一匹白马让他进入法国，成为法国政府的首脑"之后，罗斯福采取承认法国全国解放委员会"对承认其统治权的法国的海外领地施

↑1943年8月，美军向位于西西里北部的巴勒莫进军。

行政权"的立场。

　　法国问题这样解决后，艾森豪威尔就着手实施代号"哈斯基"的西西里作战计划。在进攻该岛之前，艾森豪威尔主张先攻占位于突尼斯和西西里之间的班泰雷利岛。这座岛屿有意大利的重兵把守。海岸都是岩石，没有沙滩，唯一的通道是一个狭窄的海港。艾森豪威尔想把这个岛作为盟军的机场和前进基地。副总司令亚历山大根本反对攻占这座岛屿。海军司令坎宁安起先同意亚历山大的意见，认为太冒险了。空军司令特德也这样认为，但是特德想要飞机场，他是艾森豪威尔的副手们中第一个率先支持这一行动的。

　　经过盟军的飞机对这个岛屿实行三周的猛烈轰炸之后，坎宁安的意见改变了，他同意艾森豪威尔的看法，意军士气低落得不堪一击。但是亚历山大还是反对。负责指挥突击的英国将军也反对，他说艾森豪威尔的计划行不通，而伤亡将是巨大的。他说班泰雷利是一个小型的直布罗陀，到处布满枪炮，认为这一计划充满了"阴郁不祥的预兆"。艾森豪威尔则坚持不惜任何代价，必须占领这个岛屿，但是反对意见异常强烈。因此他决定在突击前亲自侦察一下。6月7日晨，他和海军司令坎宁安乘坐皇家海军"曙光号"，驶往班泰雷利岛。这艘军舰一直开到海岸，然后向敌人打了几炮。只有两门意大利海岸炮回击，而且都打歪了。艾森豪威尔对坎宁安说："安德鲁，如果你和我坐上一艘小艇，我们自己就能占领这个地方。"艾森豪威尔回到阿尔及尔，就命令按计划发动攻击。经过一昼夜的激战，守军11000多人就投降了。盟军没有任何伤亡。

首战成功，艾森豪威尔兴高采烈。7月7日，艾森豪威尔飞往马耳他坎宁安的指挥所，亲自指挥"哈斯基战役"。7月10日凌晨，3200艘大小军舰和运输船只，载着16万英美军队，在1000架飞机的掩护下，对西西里岛东南部发动进攻，实行两栖登陆。7月10日，守卫西西里的意军是23万人，德军4万人。意军有11个师，但他们编制不足，其中7个师是海岸防卫队，多半是胡子兵，士气沮丧，战斗力很低。德军有两个坦克师，其中一个是精锐的戈林党卫师。由于7月9日下午刮起七级西北风，海上波涛汹涌，所以士兵们晚上都趁机睡大觉去了。他们在床上翻身时得意地说："谢天谢地，今天夜里他们无论如何来不了。"

英美军队出奇制胜，登陆相当顺利。只是由于美国飞行员缺乏两栖作战的训练和经验，在朦胧的月光下把一些海上沙洲误认为海岸滩头，过早地投下了一些伞兵战士，使他们葬身海底，作了无谓的牺牲。

盟军登陆以后，岛上意军队的抵抗加强了，尤其是德军拼命抵抗，以掩护他们的主力撤退到意大利本土。在东海岸，英军遭到德国法西斯军队的猛烈抵抗，进展缓慢，到8月5日他们才攻克卡塔尼亚。此后，整个英军战线向前推进到埃特纳火山南面和西面的山坡。在中部和西部，美军进展较快。7月23日攻下巴勒莫以后，巴顿将军挥戈东进，于8月16日先于英军占领了西西里首府墨西拿城。第二天，8月17日上午10时，最后一名德军已被驱逐出西西里。在这次攻占西西里的战役中，英、加、美官兵伤亡和失踪者共为31158人，其中美军损失7445人。意德军的损失共165000人，其中被俘132000人。逃亡意大利本土的有100000人以上。

↓ 1943年5月16日，艾克给他的老朋友乔治·巴顿将军授三星上将军衔。

在巴顿进入墨西拿的当天，艾森豪威尔的军医递交给他一份医生的报告。报告说，一个星期前，巴顿在视察一所野战医院时，大发脾气。当时他看到一名青年士兵，显然没有病。巴顿想知道为什么他来住院。那个士兵回答说："我神经有毛病。我再也受不了炮弹的爆炸声。"说完便哭泣起来。巴顿又叫又骂，打了他两个耳光，骂他是胆小鬼，命令医生们不准他住院。

艾森豪威尔读了这份报告，给巴顿将军写了一封长信。他在信中开头就说："我

→在西西里岛登陆战中，受伤的同盟国部队的士兵躺在船上撤离。

清楚地懂得，为了达到预期的目标，有时采取坚定和断然的措施是必要的，但是不能原谅粗暴，不能辱骂伤员，也不能在下级面前控制不住自己的脾气。"艾森豪威尔命令巴顿写深刻的检查，并向挨打的士兵道歉，向医院里的护士和医生道歉。艾森豪威尔为了保护这位能征善战的将军，将医生的检举报告没有交军法部门，而保存在自己的秘密档案中。巴顿按照艾森豪威尔的要求道了歉，随后写信给艾森豪威尔："我无法用言词来表达我使你很不愉快的悔恨和忧伤。你是我感激不尽的人，我心甘情愿为你献出我的生命。"

西西里战役结束后，在丘吉尔的要求下，接着向意大利本土进军。

7月19日，盟军对罗马进行首次空袭，对其军事目标和铁路车站造成了严重破坏。本来，意大利在北非、地中海、西西里岛接二连三的惨败，就早已加深了墨索里尼政权的军事、经济和政治危机。这样一来，人心更加慌乱。

意军兵员缺乏，士气低落，兵力分散。在国内担任防御的47个师战斗力很差。在苏德战场上作战的意军在第八集团军的22万人，只剩下8万人。在法国和巴尔干担任占领任务的意军，在当地游击队的打击下，已不能自拔。它的"盟友"纳粹德国，在斯大林格勒惨败后，无力对意军进行大规模的支援，反而对意大利横征暴敛，意大利人民怨声载道。

由于连年战争，经济日益恶化，1942 年意大利的工农业生产分别比战前下降了 35% 和 20%。就是在这种情况下，身患胃溃疡病、性情暴躁且有神经质、意志颓丧、反应迟钝的"领袖"墨索里尼，还决定动员 100 万人，强迫 14 岁到 70 岁的男子和 14 岁到 60 岁的妇女为国家服役。但人民厌倦了，军队士气涣散，反战情绪普遍增长。贫穷的意大利帝国已无法继续进行战争了。在这种形势下，意大利统治集团内部决定抛弃墨索里尼来摆脱危机，维护资产阶级政权。

早在 1943 年 5 月初，沉默寡言、谨小慎微的意大利国王埃曼努尔就在估计形势，伺机行事。他暗自作了如下的笔记："德国在进入战争的第五年时是疲倦而沮丧……罗马尼亚和匈牙利是军心颓丧……南斯拉夫处于全面暴动状态……丹麦和挪威的全体人民都是反德的……俄国看来很强大，有丰富的资源和人力，有很好的军事和民政领袖。""盟国无疑是了解意大利军队的可怜状况的，除了几辆德国坦克以外，没有装甲部队。"他还说："我们决不要忘记对英美政府领袖作出各种有礼貌的姿态。"现在国王觉得时机已到，便同总参谋长安布罗西奥将军和巴多格利奥元帅等人联系，成为酝酿推翻墨索里尼的政治势力的核心。同时，在法西斯党内，一些元老也对墨索里尼不满，准备召开从 1939 年以来就一直没有举行过的法西斯党的决策机构——最高委员会会议，以此作为向他们的领袖提出最后通牒的手段。随着败局的发展，两个密谋集团加紧了他们推翻墨索里尼的活动。

这时盟军的进攻和希特勒的要挟又加速了事态的发展。1943 年 7 月 17 日，盟国飞机轰炸了罗马等城市，并散发传单，号召意大利人民抛弃法西斯和纳粹"领袖"，向盟军体面投降。7 月 24 日下午 5 时，法西斯最高委员会开会。这是一次与墨索里尼摊牌的会议。该党的元老、前外交部长和驻英大使迪诺·格兰迪提出了一项决议案，内容包括要恢复宪制，国王应掌握更大的权力，指挥军队；墨索里尼只是党的领袖，不应再主持国务等。经过激烈的讨论，7 月 25 日凌晨 2 时 30 分通过了决议案，19 票赞成，8 票反对，1 票弃权。投赞成票的包括墨索里尼的女婿、外交部长齐亚诺。这时墨索里尼站起来说："你们挑起了政权的危机。简直糟糕透了！"他愤怒地宣布会议到此结束。但是墨索里尼没有想到，不仅会议到此结束，他在意大利 21 年的独裁统治也在这一天结束了。

7 月 25 日下午 5 时，国王埃曼努尔在萨沃伊宫接见了墨索里尼，宣布废黜他的一切军政职务，由巴多格利奥组织新政府。国王说："事情再不能这样继续下去了。军队反对你，阿尔卑斯山轻步兵在唱一支歌子，歌中说他们不再以墨索里尼的名义去打仗。"然后国王继续说，在他看来，巴多格利奥可以应付局势，并将组成一个新的政府。墨索里尼争辩说，军队将在最后考验中支持他，他的去职将是"丘吉尔—斯大林集团的胜利"。但是，国王非常坚决，一再重复说："我很遗憾，没有别的解决办法，只能如此。"墨索里尼就这样被拘禁了。虽说后来他被希特勒解救，当了一个时期的傀儡，但是大势已去，法西斯的末日就要到了。

次日，巴多格利奥在电台上宣布墨索里尼下台的消息，并声明"战争在继续进行。意大利……信守它的诺言"。但是这一声明既不能使德国人也不能使盟国相信，只是把意大利人民弄糊涂了。大家都希望意大利脱离战争。

如何利用"意大利的背叛"成为艾森豪威尔将要考虑的问题。他想急于利用这一机会进行谈判，但是罗斯福不想采取主动。罗斯福电告丘吉尔，他认为应当使意大利人接受"尽可能接近无条件投降"的条款。如果这一方案起作用，就不会再有达尔朗协议，而巴多格里奥是意大利的达尔朗。美国总统对英国首相说："没有你和我的批准，我们的战场指挥官绝对不能规定任何一般性的条款。"丘吉尔倾向于不提任何条件与意大利谈判。他给罗斯福回电说："现在墨索里尼已经垮台，我愿意与能履行诺言的非法西斯的意大利政府谈判。"但是他也坚持要限制艾森豪威尔的权力。7月28日，罗斯福在电台发表广播演说，强调说："我们对意大利的条件仍同我们对德国和日本的条件一样不变，这就是无条件投降。我们将不同法西斯主义以任何形式打交道。"

就在罗斯福和丘吉尔商谈时，希特勒行动了。墨索里尼垮台的当天，德国人立即赶调部队进入意大利北部，其中包括从法国调来的两个师，计划占领罗马以南的意大利。此间，艾森豪威尔也想立即采取行动，脑子里装满了计划和打算，要利用墨索里尼垮台所造成的有利局势。如果协议能帮助他迅速地、不付出多少代价就占领意大利半岛，他愿冒个人风险和另一名欧洲的反动将领再做一次交易。

在此之前，丘吉尔就抱怨他的进攻计划过于小心谨慎。"雪崩"行动(进攻的代号)计划在那不勒斯以南的萨莱诺登陆。丘吉尔希望更往北，更靠近罗马。艾森豪威尔曾向丘吉尔解释，进攻部队要有以陆地为基地的战斗机掩护，这是非常重要的，而萨莱诺是以西西里为基地的战斗机最大航程的极限。艾森豪威尔向丘吉尔保证，他要避免零敲碎打，以便直接扑向敌人的要害，但是部队的上空必须要有战斗机。现在墨索里尼垮了台，只要能对意大利采取适当措施，使艾森豪威尔部队在德军大批部队进入"不朽之城"(罗马)之前赶到那里，就使奔袭占领罗马有了可能。这将如八个半月前在突尼斯一样，又是一场竞赛。

抓住这个时机，艾森豪威尔想通过无线电直接地向意大利提出建议，答应让他们得到体面的和平，并强调盟军是作为解放者来到意大利，"使你们摆脱德国人，并从战争的恐怖中拯救出来"。在墨索里尼垮台的那天晚上，他起草的投降条款上，就"准许意大利得到和平，和允许萨沃伊王朝和巴多格利奥继续执政"。这些条款比无条件投降优厚得多。因此，所有艾森豪威尔的上级都不高兴，每一封电报都说艾森豪威尔必须在投降条件上增加这一条或那一条。麦克米伦指出："可怜的艾森豪威尔在受到折磨。"夹在两国政府之间、左右为难的艾森豪威尔向玛咪承认："在我年青的时候，我常常阅读关于军队将领们的书，我羡慕他们享有我以为是行动上和决策时的自由。多美的想法！而对我提出的这些必须予以满足的要求，使我成为奴隶而不是主人！"但是，等到艾森豪威尔拟订出他的上级可以接受的协定时，德军已把19个师调进意大利。耽误战机的这笔帐，是用鲜血来偿付的。

艾森豪威尔原想利用意大利人的合作，加速战争的进程。9月6日他决定派第82空降师司令泰勒少将秘密前往罗马，同巴多格利奥作最后安排，视情况需要作些变动，并要巴多格利奥遵守诺言。后来，泰勒安全抵达罗马，结果发现意大利军队吓得要死。他们坚持认为，派来罗马的盟军力量太小，抵挡不住德军的进攻，意大利不能给盟军第82空降师提供机场，他们也不能公开发表与盟军合作的声明。当艾森豪威尔看到这一电报时，非常愤怒。他满脸通红，嘴绷得紧紧的，两眼闪光，全身肌肉收紧。他抓起一支铅笔，把它折断，又拿起另一支，又折断。咒骂，喘了口气，接着开始口述给巴多格利奥的答复：

"我要按原定时间广播停战协定。"这一时间就是当天晚上6时30分，离当时不到12个小时。"如果你不能按原先同意的那样合作，我要向世界公布这件事情的全部记录。你们不执行已签署的协议所规定的全部任务，将对你们的国家造成最严重的后果。你们今后的任何行动都不能恢复对你们的信任，因而结果将是你们的政府和国家的解体。"

在晚上6时30分，艾森豪威尔按计划在阿尔及尔的无线电台上发表广播演说。"我是盟军总司令德怀特·D·艾森豪威尔将军。意大利政府已经使它的武装部队无条件投降。我以盟军总司令的身份，已批准军事停战协定。""停战立即生效。"他敦促意大利武装部队"帮助盟军把德国侵略者从意大利本土驱逐出去"。当他讲完后，在阿米尔卡的无线电技术人员立即收听罗马电台。巴多格利奥没有发表声明。过了十分钟后，艾森豪威尔将巴多格利奥声明全文通过阿尔及尔电台广播出去。声明命令意大利武装部队停止一切对盟军的敌对行动，敦促他们去同德国作战。一个小时后，巴多格利奥才被迫在罗马电台广播了同一内容的声明。艾森豪威尔才勉强感到满足。他"耍了一点手腕，可是他赢了"。但是，他不知道他赢了多少，因为没有人能说出意大利的帮助起多大作用。现在艾森豪威尔处于进攻前的等待时期，这是很使人恼火的时期，而他只能祈祷。

英美联军在向滩头阵地进发。德军准备控制罗马。9月8日，当盟军司令部和巴多格利奥政府公开发布停战宣言后，驻意大利的德军，奉希特勒的命令立即包围了罗马，解除了意军武装，占领了意大利大部分领土。意大利王室和巴多格利奥内阁阁员，仓皇乘坐两艘潜艇于9月10日清晨从罗马逃往布林的西避难。以后在盟军占领区成立了一个反法西斯的意大利政府机构。10月13日，巴多格利奥政府对德

↑艾克和他的司机兼助手，也是他的情人凯·萨默斯比在阿尔及尔。

↑1943 年 9 月 3 日，意大利政府签订停战协定。9 月 8 日，巴多格利奥政府向盟军无条件
投降。图为卡斯戴雷（中间）在签署停战协议的仪式上，同艾森豪威尔将军握手，左边是
他的参谋长史密斯将军。

宣战，同时英、美、苏三国政府发表宣言，承认意大利为共同作战一方。

由丘吉尔起草的后经罗斯福和斯大林同意的英美苏三国联合宣言如下：

"英国、美国和苏联三国政府，承认巴多格利奥元帅所声明的意大利王国政府
的立场，并且接受意大利国家和武装部队的积极合作，将它们看作在对德战争中的
一个共同交战国。9 月 8 日以来的军事事件，以及德国人对待意大利民众的残暴行
为，终于导致了意大利对德国的宣战。事实上，这已经使得意大利成为一个共同的
交战国。美、英、苏三国政府，将要在这个基础上，继续同意大利政府一道工作。
三国政府承认意大利政府关于把德国人驱逐出意大利以后，服从意大利人民的意志
的诺言。不言而喻，意大利人民通过宪法手段，来决定他们最后所希望的民主形式
的政府这一绝对的和充分自由的权利，决不容许遭到任何损害。

"意大利政府和联合国家各国政府之间的共同交战国关系，不能自行影响最近
签订的条件，这些条件仍然保持充分的效力，而只能由盟国政府根据意大利政府对
于联合国家的事业可能提供的援助，在彼此间取得协议后进行调整。"

墨索里尼的垮台和意大利退出战争并对德宣战，标志着法西斯轴心国的解体和
国际反法西斯联盟的又一伟大胜利。酝酿已久的横渡英吉利海峡的"霸王"行动
（前称"围捕"）就要提到议事日程了。

第十一章 11

Dwight D. Eisenhower

"霸王"行动
之前

"霸王"行动之前

1943 年 8 月，罗斯福与丘吉尔在加拿大魁北克会晤。这次会议讨论的主要议题，是在欧洲开辟第二战场的日期。第二次世界大战史上的转折点，英勇的斯大林格勒战役已经过去。伟大的库尔斯克战役刚刚结束。苏联红军正信心百倍地从波罗的海到黑海的漫长战线上展开进攻。盟国在欧洲开辟第二战场的必要性越来越迫切了。魁北克会议通过了在 1945 年 5 月底到 6 月中旬期间，英美军队在法国北部登陆的决定。

随着战局的发展，意大利战场已成为次要战场，而为跨越海峡发动进攻的集结兵力的工作正在积极进行，盟军总部关于更换司令官的事，传说纷纷。流传得最多的说法是，马歇尔到伦敦来担任总司令的职务，而艾森豪威尔回华盛顿接替他的工作。有一天在进早餐时，布彻和史密斯谈论艾森豪威尔可能成为陆军总参谋长时，艾克说，这是一个"极大的错误"，因为他"在气质上不适合这种工作"。他担心这一工作要毁了他，他对政治家们没有耐性，因为他不能在"逻辑上已经证明对方的立场站不住脚后"，还耐着性子继续争论，而且他对议会那一套烦人的程序也受不了。

这时，离总统选举还有一年，艾森豪威尔的前途出现了另一个可能性。共和党在寻找总统候选人和罗斯福竞争。麦克阿瑟显然是一名候选人，于是掀起一场争取选他作为候选人的浪潮。不可避免地，艾森豪威尔的名字也开始突然出现。艾森豪威尔的哥哥阿瑟写信告诉他，麦克阿瑟的声誉之所以受到危害，是因为他拒绝否认他有政治野心。他敦促艾森豪威尔强烈否认他有政治野心。艾森豪威尔告诉他的哥哥，他看到"报纸上漫不经心的、没有经过很好考虑的"关于所谓他当候选人的报道，他觉得这种情况对于其名字"比较经常在报刊上出现"的任何人都可能发生。他认为没有必要发表声明，因为这样做，反而显得幼稚可笑。他要做的，是消极的抵抗，他不容许把他的名字同任何政治活动联系在一起。

艾森豪威尔明白，马歇尔是完成像横渡英吉利海峡和在法国登陆这样重要任务的最合适的人选。所有在他周围的人，在各自的回忆录中都谈到这一点。他认为任命马歇尔担任这个工作是唯一正确的决定，但同时对于他回去搞参谋工作则不合自己的心意。他认为参谋长的工作并不使他感到仰慕。他相信在这个活动场所会遭到失败，因为他不是政客。然而，在华盛顿，参谋长联席会议领导人坚决反对任命马歇尔为欧洲盟军统帅。海军、空军和其他兵种的司令蛮有道理地认为，在战争最重要时期，替换马歇尔对西方盟国今后军事力量的发展会产生极其有害的后果。在最后解决统帅问题时，罗斯福最终还是重视美国武装力量的多数指挥人员和顾问的意见。

就在这个时候，罗斯福在去开罗参加盟国参谋长联席会议的途中，来到地中海。艾森豪威尔飞往奥兰迎接总统，然后陪同他到突尼斯。他们在那里乘车巡视了最近的和古代的战场，并作了一次长谈。罗斯福迅速地从一个话题转向另一个话题，有一次他提到"霸王"行动。罗斯福说，他不愿想象在华盛顿没有马歇尔，但是他又说："你和我，艾克，都知道内战时期参谋长的姓名，但是不干这一行的美国人，就很少有人知道。"他认为完全应该让马歇尔有机会作为野战部队司令而名垂史册。

11月21日，罗斯福一行飞往开罗。他们在那里同英国人对1944年的作战和未来指挥上的安排争了三天。英国人坚持必须加速地中海作战地区的军事行动，但美国人却主张尽快在欧洲开辟第二战场，按原先商定的计划，实施"霸王"行动。在德黑兰三巨头会议上，斯大林关心的仍是开辟第二战场的问题。罗斯福向他保证，1944年春天肯定要开辟第二战场。斯大林要求知道由谁担任这一战役的总司令。罗斯福回答说："美国还没有任命'霸王'战役的统帅，但我相信在最近三四天内，当我们一回到开罗就会任命的。"

果然，在德黑兰会议结束的第二天，罗斯福在同有关方面商量后，就要求马歇

↓ 1943 年 11 月 28 日—12 月 1 日，丘吉尔、罗斯福、斯大林在德黑兰举行英美苏三巨头会议，发表《德黑兰宣言》。

尔为他给斯大林发电报。罗斯福口授，由马歇尔记下。"总统致斯大林大元帅，"开头是这样写的，"已经决定立即任命艾森豪威尔将军指挥'霸王'行动。"接着罗斯福签了名。这是在战争史中最令人垂涎的指挥职务。这给艾森豪威尔创造了绝好的机会。如果没有这样的机会，他很可能只不过是许多著名的盟军将领之一，而不是第二次世界大战的伟大统帅之一，和后来成为美国总统。

罗斯福所以挑选艾森豪威尔担任盟军总司令，除了马歇尔不能长期离开国内外，还有许多原因。"霸王"行动，像"火炬"行动一样，将是一次联合作战行动，而艾森豪威尔已经表明他能建立和领导一个统一的参谋班子，成功地指挥英美部队联合作战。没有别的将军曾做到过这点。英国海军上将坎宁安，现在是盟国参谋长联席会议成员、英国海军大臣，他对艾森豪威尔说，把两个国家的部队合在一起，编成一支队伍，他认为这是很了不起的一件事，因为两国部队的组成、人员的素质不同，对参谋工作的看法不一样，而且有着基本的"显然不可调和的主张"。坎宁安说："我认为除了你，没有人能干得了。"

罗斯福作出这一选择的另一个有关的因素是，艾森豪威尔颇孚众望。每一个人都喜欢他，甚至当他们不同意他的决定时，对他的开朗性格也作出积极的反应。他开怀大笑，有感染力地咧着嘴笑，随和的态度以及一贯的乐观精神，是极富魅力的。同样重要的是，他身体强壮，足以经得起长时间的艰苦作战的磨炼的压力。他53岁，身体结实，晚上只睡四五个钟头，对感冒或流感能挺得过去，能在精疲力尽

→1943 年 12 月
7 日，艾森豪威
尔被任命为指挥
"霸王"行动的
盟军最高统帅
后，举行新闻发
布会。

的时候振作起来，并保持乐观的情绪。

有人说，艾森豪威尔的言词、举止、动作，尤其是他的眼睛，都能显示出他的机智。当他听他的副手讨论未来的战役时，他的眼睛带着询问的神情，很快从一张面孔移到另一张面孔。他的注意力非常集中。他的眼睛常常流露出他的心情。当他生气的时候，他的眼光是冷淡的；高兴时，眼光热烈；在思考时，眼光尖锐逼人；当心烦时，眼光呆滞。首先，他的眼光表示他的高度自信，这种自信既不是盲目的，也不是自高自大的。在"火炬"和"爱斯基摩"战役前，他是他自己所作决定的尖锐的、有洞察力的批评家。像有成就的橄榄球教练研究前一星期比赛的相片一样，他的自我批评是探索性的和积极的，目的在于消除错误，改进工作。他已经作出，并将不得不作出无数的决定。这些决定关系到千百万人的生命，关系到战役的胜败。为此，他极为谨慎小心，他必须把一切情况估计在内，考虑到种种可能的后果，然后采取行动。这就是他指挥的实质。

艾森豪威尔被任命为"霸王"行动总指挥的消息，使盟军总部的广大官兵和同事们大为兴奋。1943 年 12 月 27 日，艾森豪威尔为在阿尔及尔的盟国记者举行了最后一次招待会。在回答他看来战争将在什么时候能结束这个问题时，充满乐观主义精神的总司令说："我相信 1944 年我们将打赢在欧洲的战争。"

一切结果是再好没有了。艾森豪威尔不只摆脱了调到华盛顿做参谋工作的不愉快的前景，而且有权指挥第二次世界大战中西方盟国最重要的战役。还有一件喜出望外的事在等着他。马歇尔给艾森豪威尔往阿尔及尔发了一个电报："即刻起程回家，与夫人团聚，远征军总司令部的公务暂时委托他人代理。"艾森豪威尔决定飞回美国，度假两个星期。他在 1943 年最后一天中午启程。在他离开地中海之前，写信给他的一位朋友："我在这里度过了艰苦的一年，是该与家人团聚的时候了。"

1944 年元月 2 日清晨 1 时 30 分，艾森豪威尔匆匆抵达华盛顿。玛咪只是在几个小时前才知道他要回来。当她的丈夫急急忙忙赶往沃德曼·帕克饭店来到她面前时，她还没有入睡。艾森豪威尔夫妇谈了一整夜，谈到老朋友的情况，谈到艾森豪威尔的任命，谈到儿子的进步和许许多多其他事情。玛咪注意观察丈夫身上的变化，他比 18 个月前离家时明显的老了，但他比以前更持重，对战争的前途、对肩负的重任充满信心。早饭后，艾克要到陆军部去见马歇尔参谋总长，说完他就走了。这次他回国，名义上是休假，实际上是在运筹"霸王"战役。时间对他说来是珍贵的。在以后的两个星期中玛咪才知道，他已经习惯于突然结束谈话或会晤，这并不是因为他变得粗鲁，而仅仅因为他已经养成习惯，并且希望他周围的人理解，他必须接着去解决下一个问题。作为妻子，玛咪理解这些，她虽然一刻也不愿离开丈夫，但她必须以大局为重，全力支持丈夫的工作。

在陆军部，艾森豪威尔作为盟国远征军最高统帅，电令他的参谋长史密斯将军提前去伦敦，研究英国弗雷德里克·摩根中将制订的计划。摩根把艾森豪威尔在 1942 年制订的"围捕"计划作为出发点。他被迫把开始突击的兵力的规模定为三个师，因为盟国参谋长联席会议答应供他制订计划用的登陆艇数量有限制。艾森豪威尔大约在一个月前看过摩根的计划，当时他曾说过，攻击的正面过窄，应当加宽。

史密斯得出相同的结论。他打电话给艾森豪威尔说："绝对必须扩大进攻正面。"史密斯说，如果必须为"霸王"行动获得登陆艇，就应当放弃原定在法国南部同时进行的代号为"铁砧"的登陆。艾森豪威尔在马歇尔的办公桌上复电说，他完全同意史密斯的意见：必须用五个师的兵力发动突击。但是他希望用临时拼凑和尽可能从别处压缩的办法，得到同时进行"铁砧"和"霸王"所必须的登陆艇。万不得已时，他才会放弃"铁砧"，但是不管发生什么情况，"霸王"行动必须有五个师的突击力量。

这件事情办完之后，艾森豪威尔才和夫人到外地去度假。1月6日艾克夫妇登上马歇尔的铁路专车，到"白琉璜喷泉"。马歇尔在那里为他们准备了一幢幽静的房子，完全不与外界来往。但是这不全是悠闲的轻松的假期，因为艾森豪威尔两次说漏了嘴，把玛咪称为"凯"，这使玛咪大发雷霆。艾森豪威尔红着脸解释，凯对他来说算不了什么，只不过是他在一年半中看到的唯一女人；因此，自然地偶尔说出她的名字来。玛咪认为这种解释太不能令人满意。所以这次度假搞得非常不愉快。

三天之后，艾森豪威尔从琉璜喷泉乘飞机到堪萨斯州的里莱堡，然后乘一小段路程的汽车到曼哈顿去看望年迈的母亲和久别的弟兄们。玛咪不能坐飞机，回华盛顿去了。曼哈顿是堪萨斯州立学院的所在地，米尔顿刚刚担任院长。艾森豪威尔的母亲艾达从阿比伦赶来，而阿瑟和他的妻子从堪萨斯城坐汽车前来。罗伊在1942年突然去世。埃德和厄尔住得太远不能来团聚。米尔顿提醒德怀特，自从他们的父亲戴维死后，他们的妈妈艾达丧失记忆力，因此不能对她希望过高。可是在艾森豪威尔拥抱她的时候，身材瘦小、满头白发的艾达使他们惊奇。"哦!是德怀特啊!"她喊了一声，又笑又哭。她又像以往喜欢开玩笑，并且和大家一起又说又笑。当天下午米尔顿的家中充满了欢笑声。艾森豪威尔的兄弟对他的老练、自制、沉着自信和坚定的决心留下很深印象。阿瑟说："现在你看着艾克，就不得不为他的敌人感到一点遗憾。"

艾克和母亲、弟兄们作了短暂会晤后，于第二天飞回华盛顿。他为"霸王"行动拜会了三军的高级将领。盟国参谋长联席会议尚未决定空军部队归艾森豪威尔指挥。而且，这些空军将领又十分傲慢，各有自己的战略。哈里斯要通过对德国城市进行轰炸来使德国屈服；而斯帕茨则是要通过有选择地毁灭某些重工业，特别是石油生产工业，来迫使德国投降。他们两人都不认为"霸王"行动是必要的。斯帕茨的部下曾说过，只需要20或30个整飞行日，他们就可以结束这场战争。在艾森豪威尔看来，这简直是危险的无稽之谈。

艾森豪威尔认为，在德国放下武器之前，必须在陆地上打败他们。因此"霸王"行动是这场战争中有巨大意义的战役。在最初的阶段中，盟军地面部队在法国处于一比十的劣势；只有空中优势才使"霸王"行动有可能实施。艾森豪威尔想抽调深入德国作战的轰炸机，用于直接有助于"霸王"行动的目的。为此他必须亲自领导皇家空军轰炸机部队和美国空军第八航空队。他和马歇尔讨论局势，并指出，他认为哈里斯和斯帕茨，至少应当在发动进攻之前有几个星期受他指挥。马歇尔对此虽表示同意，但并没有真正的落实。

"霸王"行动主要是在法国的领土上进行，若想取得这一战役的胜利，必须得到戴高乐的有力支持和法国人民的配合。为此，艾森豪威尔又于1月12日，前往白宫拜访了罗斯福。他看到总统患流感，躺在床上。他们谈了两个小时，主要是关于法国和德国的事情。他看到华盛顿对戴高乐的态度，使他感到不安。就在离开阿尔及尔之前，艾森豪威尔曾与戴高乐举行了一次被称为"求爱"的会见。艾森豪威尔对戴高乐说："我必须得到你的帮助，我来就是为了请求你的支持。"戴高乐说："好极了! 你真是个男子汉! 因为你知道如何说'我错了'。"在艾森豪威尔心中想的是法国抵抗运动。他指望抵抗运动在预定发动进攻之日进行破坏活动，提供德军的情报。他知道，抵抗运动只听戴高乐的。史密斯和戴高乐曾拟订出一份协定，抵抗运动将接受盟军司令的领导，而艾森豪威尔则答应法国部队参加解放巴黎的战斗，和由法国全国解放委员会负责管理法国解放区的民政事务。

　　然而，令人沮丧的是，艾森豪威尔发现白宫并不愿和戴高乐打交道。罗斯福顽固地认为："法国人民不会服从戴高乐，把戴高乐强加于法国人民的任何企图会引起内战。"艾克认为总统的态度是不现实的，他很有礼貌地把这意见告诉总统，可是罗斯福不为所动。艾森豪威尔后来说，由于盟国，特别是罗斯福对戴高乐所采取的错误政策而造成的困难，是他在预定发起进攻之前不得不面临的"最使他伤脑筋"的问题之一。

　　与其说回国休假，不如说是同有关方面运筹"霸王"行动的问题。但使他遗憾的是，虽然到处奔波，有些重要问题并没有得到妥善、满意的解决。玛咪对她的丈夫一心扑在"霸王"行动上，又急于返回伦敦，只有很少时间和她在一起而感到不悦。看着他收拾行装，又要作长期的离别，她的心几乎碎了。她说："艾克，战争打完了就回来，我经受不起再次离开你。"一个星期后，艾森豪威尔写信给她："尽管

←1944年1月，在伦敦举行盟国远征军最高统帅部高层会议。与会者有：布雷德利（左一）、特德（左三）、艾森豪威尔（左四）、蒙哥马利（右三）等。

113

情况似乎有点恼人，但是我觉得回家还是很高兴的事。我认为，这正是因为我们分离时间太长。可是我们还没有来得及真正亲热，我却又要登上旅途。不过我的结论是：这次回家还是很有收获！"

一回到伦敦，艾森豪威尔就为"霸王"战役的一些问题所纠缠。但最伤脑筋的是，盟国参谋长联席会议在战略问题上仍不能取得一致意见。他们对于罗马陷落后，在地中海采取什么行动有很大的分歧。英国想在亚得里亚海发动一次两栖进攻，从右面打击；美国则赞成在法国南部的里昂湾，从左面打击。美国人认为，从左面打击可以绕过阿尔卑斯山，使部队可以从地中海通过罗纳河谷向德国进军，而在东面，在亚得里亚海，只会遇到更多的山地。"铁砧"行动将从两方面直接支援"霸王"行动，既把德军牵制在法国南部，又打开马赛港，使盟国远征军得到极其需要的后勤支援，而且可使更多的美军和法军参加解放法国的战斗。但是，艾森豪威尔作为盟国远征军总司令，他最关心的是保证"霸王"行动的成功。他提醒马歇尔："从铁砧预定发起进攻日期到该日之后的 60 天内，这个行动将把盟国可能投入的一切人力物力都吸收进去。"最后马歇尔经多次和英国人商量，在 4 月份同意推迟"铁砧"行动，从而把地中海的登陆艇抽出来，供"霸王"行动使用，满足了艾森豪威尔的要求。

→ 1944 年 5 月中旬，艾森豪威尔与丘吉尔及皇家空军马克斯韦尔·泰勒将军在一起。

空军的指挥问题，仍是艾森豪威尔和英国人争论的焦点问题之一。在这一场争论中，马歇尔支持艾克；而丘吉尔则支持哈里斯等人。艾森豪威尔向首相施加压力。最后丘吉尔提出一个折衷方案，轰炸部队"配属于"盟国远征军最高司令部执行某些具体任务，但是最高司令部的飞行计划要得到盟国参谋长联席会议的批准。艾森豪威尔强烈反对，并且拒绝一切不能完全指挥轰炸机部队和美国战略空军的作战行动。如果他的上级扣住轰炸机不放，拒绝把全部力量投入"霸王"行动，艾森豪威尔对丘吉尔说，他就"干脆回家"。这样一来，英国人又作了些让步，答应给艾森豪威尔以"监督"轰炸机部队的权力。马歇尔建议把"监督"改为"指挥"。英国人不接受。3月22日，艾森豪威尔通知盟国参谋长联席会议，如果问题不能立即得到解决，他就请求解除他的指挥职务。丘吉尔把艾森豪威尔的观点带到英国战时内阁会议上。他雄辩地谈到艾森豪威尔的沉重负担，不要再给他增加压力。可是，他又说，他从没有想到空军为了掩护登陆部队，要对法国北部德军阵地以及防区实行狂轰滥炸，这样法国人民将遭受重大损失。于是，他要把这一问题留给罗斯福去解决。最后罗斯福答道，军事上的考虑必须是首要的。这样一来，艾森豪威尔将按照总统的意见去办。

在紧张备战中，艾森豪威尔的工作十分繁忙，他在伦敦居住经常受到打扰，因为丘吉尔、美国大使和其他"重要人物"觉得可以随便在什么时候打电话找他，而且总部的工作人员觉得伦敦夜生活的诱惑很难抵挡。为了排除干扰，2月份艾森豪威尔把总部迁到郊区的布歇公园。这里比较清静，他可以很好地工作、思考和休息，有时也可打一两场高尔夫球和阅读"西部"小说而不会受到打扰，甚至可以单独同凯亲热一番。

"霸王"行动是直接对敌人有准备设防阵地进行直接的正面攻击。德军战线，或称为"大西洋壁垒"，是连成一气的。德军占有压倒优势的兵力和便利的陆地交通线，所以艾森豪威尔的部队不能希望去压倒他们。艾森豪威尔的有利方面是有制空权和制海权，与第一次世界大战的炮火相比，这次盟军轰炸机和军舰可以以更大的规模轰击敌人的战壕。他们还准备集中兵力，采取重点突破的办法，尽快在诺曼底登陆。

为了赢得这一战役的胜利，作为数百万大军的统帅，必须知己知彼，必须统筹兼顾。只有他的操心是没完没了的，只有他承担着指挥的沉重的负荷。他的联络副官布彻在5月12日写道："艾克看上去精疲力尽，疲惫不堪。他显得过度劳累。自从我和他一起工作以来，他现在看上去比任何时候都更加衰老。随着预定发起进攻日期的临近，每天都出现数不清的问题——有许多是没有解决的，有些是不可能解决的——他的身体状况将会变得更坏。"但是布彻认为，最后一切都不会成问题，艾森豪威尔能够经得住。"幸亏他有一种能力，好好地睡上一个晚上，就恢复过来了。"

艾森豪威尔在写给妻子玛咪的一封信中，表达了临战之前他深藏在内心的一些感情。他憎恨战争，不愿意把士兵派去送死。他告诉玛咪："我多希望这场残酷战争很快结束。"在空战中的伤亡已经是够大的了，而当"霸王"行动开始时，伤亡将更大。计算人员的损失是一件"非常难受的事情"。想到"多少年轻人与世永别",就使他沮丧。虽然他锻炼出了一副"铁石心肠",但是他绝不能"看不到这样的事实:发回家的消息,给全国各地的家庭带来痛苦和不幸。母亲、父亲、兄弟、姐妹、妻子和朋友们难于保持轻松的达观态度和对世事永恒公正的信念。战争要求人们具有真正坚强的性格,不仅要求英勇奋战的士兵们,而且要求必须牺牲他们最优秀的成员的各个家庭"。

随着战役的临近,艾森豪威尔的工作更加忙碌了。他号召将士们加紧训练,作好战备。他说:"战备工作多一分,将来的牺牲和损失就少一分。"他在预定发起进攻之前,花了很多时间到现场去视察部队。他要让尽可能多的士兵见到他。他设法亲自和成千上万的士兵谈话。从2月1日到6月1日,这四个月内,他视察了26个师、24个机场、5艘战舰和无数的仓库、工场、医院以及其他设施。他会让士兵们在他作简短讲话时,不按队列聚集在他的周围,然后绕场一周和他们握手。

1944年春,艾森豪威尔在桑德赫斯特皇家军事学院,向即将毕业、出发上前线的军官们发表了即席演讲。他谈到有关的重大问题,他使每一个人认识到,他们自己的幸福、美好的生活,直接与"霸王"行动的成功联系在一起。他要他们记住桑德赫斯特的伟大传统。他告诉这些新任命的军官们,必须像父亲一样对待他们的士兵,即使这些士兵的年龄比他们大两倍;他们必须为士兵们排忧解难,在士兵们有越轨行为时,不要冷淡他们。在回到他所喜欢谈的题目时,他说,连队必须像一个大家庭,而他们是一家之长,必须保证部队紧密团结、顽强、训练有素、装备良好,随时准备投入战斗。

为了领导这些士兵,艾森豪威尔需要50多个师一级的指挥官。他不插手英国或加拿大的将军们的挑选,但是他坚持要由他挑选美国将军。他认为师一级的指挥在战争中是最重要的。在他看来,这个位置比军或集团军一级的指挥,负有更大的责任,更能有所作为。师是能够作为一个单位作战的,是指挥官能够施加其个人性格影响的最大建制单位,是士兵们能够认为是自己的部队的最大组织。艾森豪威尔希望他的指挥人员尽可能有作战经验,但是要得到这样的人是不容易的,因为美军大

→在目力所及的地方,排满了坦克、装甲车等。它们全部是为在诺曼底登陆而准备的。

部分成员都还没有参加过战斗。因此，他选拔军官的原则，首先要忠于反法西斯战争事业，具有英勇顽强的战斗精神；第二，要有较好的组织才能和指挥才能；第三，要身先士卒，发挥战斗模范作用。由于艾森豪威尔的热心推荐，马歇尔推选布雷德利为美国第一集团军司令。艾森豪威尔挑选巴顿为后续部队的第三集团军司令。这些将领英勇善战，在"霸王"战役中发挥了重要作用。

5月15日，艾森豪威尔手下的司令官们在古老的圣·保罗学校开会，也是战前动员。圣·保罗学校在韦斯特·肯辛顿，是蒙哥马利的第二十一集团军群的总部所在地。这是一个隆重的、但规模不大的会议。盟国远征军最高司令部发出精致的正式请帖。出席会议的有英王、首相、元帅和其他显要。艾森豪威尔致简短的欢迎词，接着由地面部队司令蒙哥马利主持会议。

蒙哥马利向出席会议的指挥员们介绍了阵前敌军的情况。他一开始就提醒大家这样一个问题：德国人在法国有赫赫有名的隆美尔元帅指挥的60个师，其中10个是装甲师。蒙哥马利称他的敌手是"一位精力充沛和意志坚强的司令官。自从他在1944年1月份到职以来，情况起了很大变化。他最擅长发动破坏性攻击，他的专长是搞破坏，他对每一个战役都经过了精心布置，决不打无准备之仗。他将竭尽全力把他的坦克部队尽量靠前，阻止我们坦克登陆"。

"敌人认为，通过设置水力障碍物，固定的海岸防御工事和广泛的加强据守的战壕体系，可以将盟军遏止在滩头上。然后，隆美尔把他的增援部队调上来。"蒙哥马利说，隆美尔在这方面的能力是非常强的。据他估计，隆美尔第二天可能将9个师投入争夺诺曼底的战斗，而到第三天，将投入13个师。到预定发起进攻日之后的第六天，隆美尔将以全部10个装甲师进行反攻。与此相比，盟国远征军部队的集结是非常缓慢的，因此德国人期待着把"霸王"行动的部队赶回海里去。

"尽管有这些暗淡的前景，但是，我们对夺取这一战役的胜利，具有充分的信心。"蒙哥马利说，"突击滩头我们已经作了充分的准备，在预定发起进攻的当天就深入内地，到处开花并迫使战斗向着对我们有利的方面发展。在第一天有可能深入内地32英里抵达法莱士，并派遣装甲纵队迅速向卡昂挺进。因为这样一来将打乱敌人的计划，在我们集结兵力时，使敌人不能接近。我军必须迅速抢占空间，并在内地牢牢站稳脚跟，然后沿着海岸向塞纳河推进。"

蒙哥马利讲话后，英王作了简短的讲话。接着丘吉尔要大家"按照开始缓慢但结束迅速的时间安排进行"。他说，勇敢、智慧和坚定是人类的优秀品质，比武器装备更为重要。

这次会议进一步鼓起了将士们的勇气，驱散了丘吉尔长期以来的疑虑。1944年初，丘吉尔还怀疑横渡海峡的进攻是否明智。有一次他对艾森豪威尔说："当我想起诺曼底的滩头上挤满了英美两国优秀的青年时，我产生了怀疑……我产生了怀疑。"5月初，艾森豪威尔与丘吉尔共进午餐。他们分手的时候，丘吉尔首相变得感情激动起来。他含着眼泪说："我和你一起把这件事做到底；如果失败了，我们一起下台。"但是，圣·保罗会议后，丘吉尔告诉艾森豪威尔："我对这一事业正变得坚定起来。"

第十二章 **12**

Dwight D. Eisenhower

横渡
英吉利海峡

横渡英吉利海峡

横渡英吉利海峡，是世界历史上规模最大的一次两栖作战。随着日期的临近，各种工作都在紧张地进行。

关于登陆地点，艾森豪威尔和他的参谋部曾和有关方面进行了反复的商量和比较。当时，在法国西北部有三处比较合适的登陆地区，即康坦丁半岛、诺曼底和加莱地区。为了选择最佳方案，参谋情报人员曾多次深入现场进行勘察。从康坦丁半岛登陆虽易成功，但该岛地形狭窄，登陆后不易展开兵力向纵深发展。加莱地区距英国海岸最近点只有33公里，有其登陆的有利条件，但该地区距英国海港较远，运送人员和物资不便，同时又是德军重点设防地区，登陆必遭激烈抵抗。加之这一地区缺乏内陆通道，即使登陆成功，也不易向纵深发展。诺曼底地区与前两个地区相比，登陆条件优越得多。这里沿海地势开阔，可同时展开26个师至30个师，距英国西南海岸的各大港口较近，便于输送部队和物资，德军在这里兵力薄弱，登陆容易成功。这里虽然缺乏良港，但可用人造港补救。因此，艾森豪威尔在权衡利弊之后，决定把在法国西北部登陆地区选在诺曼底。

为了确保在诺曼底登陆成功，盟军已在英国南部地区集结了大量兵员和各种物资。到1944年6月开战前夕，盟军已准备好了大量的军队、飞机和舰只等，计有39个师，美国还有四五十个师正源源不断地运来。各种飞机13000多架，战列舰6艘，低舷重炮舰2艘，巡洋舰22艘，驱逐舰93艘，小型战斗舰159艘，扫雷艇255艘，各种类型的登陆艇1000多艘，连同运输舰只船舶共达6000多艘。总之，盟国陆海空三军及后勤人员总数是287万人。

在登陆前夕的一周内，盟国空军对敌人最重要的交通线中心进行了密集轰炸，炸毁了82个具有战略意义的铁路枢纽，这就使德国人无法迅速调配后备队和向告急的地区派出增援部队。在普利茅斯、波特兰、朴次茅斯，以及英国的许多其他大小港口，登陆艇准备开始作战。看来，为保证登陆成功的一切都已考虑周全。用艾森豪威尔的话来说："强大的军队像卷着的弹簧一样绷得紧紧的，等待着释放它的能

D
w
i
g
h
t
D.
E
i
s
e
n
h
o
w
e
r

量和飞越英吉利海峡的时刻到来。"

但是，可以干预事件进程的有一个无法控制的因素——天气。因此艾森豪威尔从3月开始就进行了独特的登陆演习。每星期一他从气象站收到本周星期三的预报。最高司令官在收到必需的情况后，既向空军司令、海军司令，也向其他军事服务人员征求意见，假如在星期三登陆，天气对他们的行动计划要作哪些修改。到了5月，考虑到天气预报情况，对横渡英吉利海峡和进行登陆的行动应作哪些必要的修改。他们就此积累了一定的经验，但这种经验远不能令人相信会获得成功。它再次证明了，这种预报工作远远不够十全十美。

从6月1日至5日，在每一次的指挥官会议上，因作出令人万分苦恼的决定使艾森豪威尔感到困扰。一种使人焦虑的低气压笼罩着海岛，实施空中行动的条件突然恶化。阴沉的云层密布，大风掀起了英吉利海峡的巨浪。尽管如此，艾森豪威尔在6月2日仍下令低速攻击舰起航。第二天，天气预报的消息仍很糟糕。凯·萨默斯比在她的日记中写道："艾森豪威尔的心情非常忧郁，他延缓作出最后决定。"

6月3日夜晚，艾森豪威尔在索斯威克别墅的餐厅会见他的司令官们和皇家空军斯泰格上校，后者是艾森豪威尔的主要气象情报人员。斯泰格带来不好的消息，气象方面高压情况在消失，出现低压。6月5日的天气将是阴有暴风雨，云层0至

→英国皇家空军上校斯泰格，一位阴郁的苏格兰人，他在最后时刻做出了坏天气将会有一个短暂中止的预报，这使得盟军最后决定发动进攻。

500 英尺，风力 5 级。更糟糕的是，天气在很快恶化，因而 24 小时以上的预报是非常不可靠的。要作出最后的决定还为时太早，但必须把命令下达给运送布雷德利的部队到奥马哈和犹他滩头的美国海军，因为他们的航程最远。

第二天早晨，十分寒冷，云层越来越低。凯·萨默斯比在记事本上写道："气候没有好的变化。数千艘各型船只早已入海，现在又不得不被召回。特德在指挥官们的特别会议上说，天气太坏，空中援助有困难。海军将领拉姆齐的态度是模棱两可的。蒙哥马利再一次主张马上动手。艾森豪威尔却又一次拒绝铤而走险。他乘车回到了自己的野外居室，阅读起星期日的报纸和最新的西部小说，借以转移和缓和自己的焦急心情。到了下午，港湾又开始被返回的舰艇挤得满满的。没有一个人把进攻又被推迟的事通知空军指挥官斯巴茨，尽管情报处长马洛里曾答应过他，万一发生这种情况，就亲自打电话告诉他。"

6 月 3 日凌晨，布雷德利将军乘车从他在布里斯托尔的指挥部来到朴次茅斯，并见到了柯林斯将军。柯林斯的第七军团计划在卡朗敦附近的犹他滩头登陆。一艘专用汽艇把他俩送到了海军少将柯克的指挥舰——"奥克斯塔"巡洋舰上，布雷德利冷静沉着，谨慎小心，逻辑性强，富有自信心。

与此同时，乔治·巴顿将军也来到朴次茅斯。他看来更镇静自若，不为天气所困扰，对登陆充满信心。此人身材略显细长，皮肤晒得黝黑。由史汀生陆军部长派往英国报告登陆欧洲战役情况的上校 W·H·S·赖特，在布里斯托尔的一个晚上，用了很长时间同布雷德利一起仔细地观察了巴顿将军的举止。赖特在报告中说："巴顿给人的印象是：能驾驭自己时间，但却动辄大发脾气、任意训人，对自己的言行缺乏严格的控制。"

就在前两天，巴顿继打士兵之后，又陷入不愉快的事情之中。在布里斯托尔讲话时，他公开讲出了显然在为数不多的几个英美将军间不止一次讨论过的话题。这位将军直截了当地说："战后不列颠和美国将统治世界。"翌日，这位武夫的话被刊登在英美所有中央报纸的第一版上。最高司令官怒不可遏。艾森豪威尔绝对禁止巴顿会见记者和对报界发表谈话。巴顿郑重地允诺服从这个命令，并决心"修正"错误。他告诉记者说，在他所指的"统治世界的大国中"也有俄国。巴顿在世界政治中的"操练"，在外交上惹出了麻烦。

在焦躁不安的期待中，盟国远征军是箭在弦上。6 月 4 日，星期天，上午 4 时 30 分，艾森豪威尔在索斯威克别墅会见他的部下。斯泰格说，海上情况将比预期的略为好转，但是，阴天使空军不能动。蒙哥马利仍然坚持说，无论怎样都应当干下去。艾森豪威尔指出，"霸王"行动是由并不占压倒优势的地面部队来进行的。这次战役之所以可行，只是由于盟军的空中优势。如果没有这一有利条件，登陆是太冒险了。他问在场的人是否有不同意的。当没有人表示反对时，他宣布推迟 24 小时。

6 月 4 日那天晚上，艾森豪威尔在索斯威克别墅餐厅再次和蒙哥马利、特德、史密斯、拉姆齐、斯特朗等高级军官会晤。这个餐厅很大，一边放着一张大桌子，另一边放着安乐椅。墙上挂着一张巨大的英国南部和诺曼底的地图，上面满是大头针、箭头和标出盟军和德军位置的其他符号。面对着风雨交加的天气,军官们懒洋洋地靠在安乐椅上,喝着咖啡闲谈着。斯泰格上校约在9时30分带着最新的气象报告走进来。他说:"天气出现转机!"斯特朗将军回忆说,大家对他的预报"发出一阵欢呼声。从来没有见过将军们这样高兴地欢呼"!斯泰格继续说,正在下着的倾盆大雨,将在两三个小时内停止,接着是36小时好转的天气,风力中等。虽然受到云层的妨碍,但轰炸机和战斗机可以在6月5日至6日间的星期一晚间出动。情报处长马洛里评论道,这看来对空军只是一个较好一些的夜晚。特德叨着烟斗,用力喷出一口烟同意说,使用重型和中型轰炸机是危险的。艾森豪威尔针锋相对地指出,盟军可以派出大批战斗轰炸机!

这的确是个千载难逢的时机!然而,风云莫测,艾森豪威尔无论作出什么决定都是有风险的。他背着手,低着头,在房间里踱步。突然间他抬起头来,盯住参谋长史密斯。史密斯说:"这是一场赌博,但这是一场可能最好的赌博。"艾森豪威尔同意地点点头。他接着又问蒙哥马利:"星期二不进行,你认为怎样?"蒙哥马利挺起身子,盯着艾森豪威尔的眼睛答道:"我说要干!"然而空军司令特德再次表示这是危险的。最后艾森豪威尔收住脚步,环顾一下他的司令官们说:"问题是你们能把这一战役在树梢上挂多长时间!"这时,史密斯作为艾森豪威尔的参谋长,深深理解"完全知道成败取决于他个人决定的一位司令官,在作出重大决策时的孤独和寂寞"。窗外风雨交加,似乎根本不可能进行这次战役。艾森豪威尔冷静地衡量着各个方案,到晚上9时45分时,他说:"我确信必须下达命令。好,让我们干!"

接着,艾森豪威尔就以盟国远征军最高统帅部的名义,向全军发出了如下的《进军令》:

盟国远征军陆、海、空三军的战士们:

你们就要出发去参加我们为之奋斗了许多个月的"伟大十字军远征"。全世界都在注视着你们。全世界热爱自由的人们时刻期望着你们,并在不断地为你们祈祷。你们同其他战线上的英勇盟军和战友们一起,一定会摧毁德国的战争机器,消灭纳粹对欧洲被压迫人民的残酷统治,保障我们自由世界的安全。

你们的任务不是轻而易举的。你们的敌人训练有素、装备精良、作战顽强。他们将要殊死搏斗。

但今年是1944年了!自从纳粹在1940年至1941年获得胜利以来,形势已经大变。盟军奋不顾身、英勇作战,已使德军遭到惨重失败。我们的空中攻势大大削弱了敌人的空军力量和地面作战能力。我们的国内战线,在武器和弹药方面给我们提供了绝对的军事优势,并给我们准备了可以随意使用的大量受过训练的后备部队。潮流已经改变了!全世界自由的人们正在共同走向胜利!

我对你们的勇敢精神、忠于职守和作战能力深信不移。我们必将赢得完全胜利!

祝你们平安!让我们大家祈求全能的上帝为这个伟大而光荣的事业祝福吧!

命令发出后，各路司令官们从椅子中一跃而起，冲出门外赶往他们的指挥所。30 秒钟后，大厅里空荡荡的，只剩下艾森豪威尔。其他人的离开和他的突然孤独是有象征意义的。一分钟前，他似乎是世界上权力最大的人，千百万人的命运决定于他命令。但是从他下达命令之时起，他就失去了权力。在以后两三天内，他几乎什么都改变不了。无论是他，或任何人都不能使进攻停下来。带领着连队奔向奥马哈滩头的一位上尉，或在犹他滩头的一位副排长，他们在眼前所起的作用比艾森豪威尔还大。

命令在 1944 年 6 月 6 日早晨 4 时 15 分发出。进攻开始了。艾森豪威尔始终作着成功和失败的两手准备。他细心地用铅笔写下了几行字。他当时这样做的原因是：如果进攻不妙，他将忙得腾不出手来写公报。他开始写道："我们在瑟堡—勒阿弗尔地区登陆失利，没有能占领一个令人满意的立足点，部队被迫撤退。"艾森豪威尔舔了舔铅笔，划掉了几个字并补上："我把部队撤了下来"。他往下写道："我决定在此时此地发起进攻，是根据所得的最好的情报作出的。陆军、空军和海军都竭尽职能，表现出极为勇敢和献身的精神。如谴责此次行动或追究责任，应由我一人承担。"

当天晚些时候，凯·萨默斯比驱车把艾森豪威尔送到了索思西南的帕腊德—皮尔码头。艾森豪威尔想看看部队上船的情况。不巧的是，美国兵不在这里上船。但是，呼喊声"好心的老艾克"却此起彼伏。就这样，登陆西欧的舰队启航了，此次不会有变化了。

下午 6 时，艾森豪威尔离开朴次茅斯突然驱车去访问纽伯里附近的三个飞机场。在那里，马克斯韦尔·泰勒将军的第一〇一空降师的穿着怪模怪样黑斑服装的伞兵们，正准备登上他们的飞机。虽然艾森豪威尔座车上的小五星已被遮盖了起来，但当他被人们认出来时，即刻爆发了一阵欢呼声。他喜欢这场面，跨步迈过背包、枪炮和装备，与士兵们交谈了起来。艾森豪威尔告诉他们不要担心，他们有最好的装备和指挥官。一名中士说："口每，我们才不担心，将军! 现在该是德国佬担心的时候了。"一名二等兵尖声地说："注意，希特勒，我们来了!"

↓ 在朴次茅斯附近盟国远征军最高统帅部的司令部——索斯威克别墅里，艾森豪威尔在图书馆下达了最后的进攻命令。

看到这些生龙活虎、即将奋勇冲杀的战士们，艾森豪威尔想起马洛里昨天写下的预言：这些空降部队的 3/4 以上将立即遭受伤亡。但是，他们在瑟堡半岛上的行动计划对于成功地登上犹他滩头是必不可少的。而且艾森豪威尔曾经明白地表明他的意见，同样地下达空降命令。

华盛顿时间差不多是凌晨 5 点。陆军部长亨利·史汀生在床上

Dwight D. Eisenhower

→1944 年 6 月 6 日，艾森豪威尔将军为即将在诺曼底登陆的美军士兵鼓舞斗志。

辗转反侧，不能成寐，他在朦胧中摸索着打开了收音机。随着电子管的灯丝炽热发光，从扬声机中传出了声音。一位广播记者在现场报道说，他是和第一批伞兵部队一起飞行并亲自看着他们跳伞的人。史汀生对此大为激动：这场战役开始了。对他而言，这是显示他个人胜利的好事。自从丘吉尔在 1941 年珍珠港事件之后，第一次访问美国起，他就为实施"霸王"战役而游说。实际上，这是他在那次会议上提出的议事日程中的首要问题。他和马歇尔等人就为促成这些战役而竭尽全力。就是这位史汀生，他在 1943 年 7 月访问英国之后，就建议罗斯福总统要毫不犹豫地取得美国的全面指挥权。

现在，经过长期的准备与绞尽脑汁的思索与激烈的争执之后，"霸王"战役总算按预定的时间开始了。它将使 20 万人登上舰只和飞机，横渡英吉利海峡。不管此后会发生什么事情，但这件事情本身，却是一项伟大的壮举。在登陆日这天，艾森豪威尔为实施"霸王"战役拥有 39 个师的兵力。他拥有的空军可以投入 8000 架轰炸机对付敌人。由海军上将拉姆齐为他准备的海军有 284 艘军舰，以及 4000 多艘登陆艇和其他舰只。但艾森豪威尔手中最宝贵的财富却是人：陆海空三军几乎有 300 万人，时刻准备听取他的调动。一支难以想象的庞大的军事力量，将要去袭击一片小小的海滨地区。为此，部队的所有分队聚集起来，将要挤着穿过五个"针眼"——诺曼底地区被叫做斯沃尔德、朱诺、果耳德、奥马哈和犹他等海滩。

此时此刻，战斗的胜败取决于参加战斗的指挥官们。他们在前线与自己的士兵生死与共。一个名叫诺曼·科塔的美国陆军准将，就是这样的一位指挥官。他是第二十九步兵师的副师长。在登陆日的前一天，即6月5日下午的两点钟，他把自己的参谋人员召集在美国军舰"查尔斯·卡罗尔号"上的军官起居室内，向他们发出告诫："这是一次与你们迄今为止所经历的任何一次军事演习不同的行动。我们过去在斯莱普顿沙滩力图加以纠正的那些小小失误，将会扩大并酿成事变，你们乍一看，会把这些事变看作是混乱的……你们是会碰上混乱的局面。登陆艇将不按规定的时间进入航线，士兵们在错误的地点登陆。有些人将根本上不了岸……总之，我们要把情况估计得严重些、复杂些，要随机应变，前赴后继，切勿不知所措。"诺曼·科塔被证明是一位有预见的军事指挥官。

在进军中，铁锚链条的嘎嘎声，铁锚投入英吉利海峡黑色水面时所击起的

↑ 1963年，艾森豪威尔重返诺曼底。

水浪声，很大很大，以至于在美舰"贝菲尔德号"上的海军少将唐·穆恩和约瑟夫·科林斯将军互相交换了一下眼色。此时，他们离法国海岸还有整整12海里，他们感到紧张不安，似乎难以做到不使上述的噪音惊醒犹他滩头上的德国守兵。科林斯和穆恩在四天之前就把自己的指挥所转移到了舰上。事前，他们对战士进行了充分的思想动员，对战备也进行了认真检查。现在战舰在波涛汹涌中前进。他的部队将在发起攻击时间——上午6点30分，也就是在4小时之后，天亮后一小时左右就去攻打犹他海滩。那时候，潮水将退落下去，这就使作战部队有可能冲在前面，扫除隆美尔设置的已暴露出来的滩头阵地障碍物。

当美国的运输机中队正从法国大陆飞回，几乎是从桅顶上低掠而过时，他们前面天空中轰响如雷鸣。这些飞机往返穿行，在敌人防线后方——犹他海滩后面的一些极其重要的目标上空投下了伞兵。科林斯记得，在西西里岛降落时，就有此类飞机20架被高射炮击落，因此，一阵恐惧的冷颤侵袭了他的心头。但枪炮寂然无声，飞机安全地飞了过去。

在古色古香的海军部大楼背后的城堡下50英尺处——伦敦作战情报中心，海军上尉麦克米金在40号房间值夜班。上午3点左右门打开了。进来的人身穿一件双排纽扣水兵短上衣，脚穿一双高出睡衣裤脚的高筒靴。他的脸清楚地表明，这是海军大臣坎宁安。他那幽灵般的眼睛睡意惺忪，很想睡上一觉。麦克米金说："还有三个小时登陆艇才能按预定时间到达海滩。"这位海军上将说："我回头再来。"

东方天际渐渐地泛出了鱼肚白。美国的部队运输舰"查尔斯·卡罗尔号"在浪头高达20英尺的海峡波涛中慢慢驶去。舰上的步兵部队来自科塔将军的第一一六团。他们早就离开了军舰，在离水面很高、悬挂在吊艇架上的20艘小型登陆艇中等待着。5点20分，舰上的扬声器不停地广播道："放艇!"于是，吊艇架的绞车嘎嘎地响了起来，小艇开始往下放。在那紧张的时刻，看上去仿佛是海浪把小艇从军舰的两侧掀了出去。接着，它们在水面上漂浮不定，直至螺旋桨发挥作用为止。它们在黑暗中上下翻腾，然后穿过一段漫长而波涛汹涌的海面，朝着预定集结的地区和奥马哈海滩驶去。现在，已经有更多的小型登陆艇聚集在运输舰的周围，以便运载第二批步兵部队。官兵们攀着粗糙而又潮湿的货网往下溜去，跳进登陆艇。此刻，登陆艇犹如野马，猛然弯背跃起，冒着敌人炮火在海浪中颠簸前进。

登陆行动的总计划是用海军和空军的轰炸来摧毁敌人的防御工事，从而掩护攻击舰向前推进。然后，一批坦克登陆，以直捣对方的滩头防御工事，并掩护战斗爆破组人员排除海滩障碍物、扫清通道。接着，一批批步兵、炮兵和卡车在每一条通道上，在海滩上，在横穿150英尺峭壁的山凹里，都挤得满满的，然后在海滩后面

→在诺曼底登陆的美军。

的一些道路上分路进击。

当科塔将军的小型登陆艇靠近那片透过能见度的薄雾而显露出来的海滩时，他看到了一片长长的、与海岸线平行的、由海滩障碍物与柱桩组成的地区。此时，他大吃一惊。这些障碍物尚未清除——第一四六水下爆破特别营的工兵们，却在预定地点以东2000码的地方登了陆。本来，16条通道上的障碍物应该完全清除掉，但爆破队仅扫清了5条，而且其中4条还不能明显地看得出来，以致只有一条通道可供随时使用。在这样的情况下，要使任何人员和物资上岸，是极端困难的。一艘步兵登陆艇冲上了海岸，在放下登陆斜板之前，它就被火舌吞没了。一块炮弹片击中了一个等着下斜板的士兵身上挂的火焰喷射器。当20毫米口径的厄利肯式自动高射机枪子弹箱被击中时，这艘登陆艇就燃烧了起来，并像爆竹一样发出劈里啪啦的响声。一艘小型登陆艇企图冲过系有线地雷的柱桩，对着它撞击了三、四次，终于使地雷脱开了柱桩。艇长再一次加大引擎油门，清除了障碍物，放下了斜板。迫击炮的炮火呼啸而下，尼贝尔沃费火箭爆炸成了铁铲大小的碎片，把部队分割成了两半，断绝了联系。

敌人的防御仍然十分有力。情报机关没有侦察出来的一个德国师——第三五二步兵师开到了这个地区。因而科塔的士兵在这片海滩上面对着敌军的两个团，也就是说，德国兵比盟军多一倍。科塔看到了突击队员头上戴着的钢盔的背面上的桔色

↑1944年7月，盟军的大量增援部队在诺曼底登陆。

127

钻石标志，对他们叫道："你们是突击队员。我知道，你们是不会使我失望的。"于是，这个突击营的 500 名士兵冲了上去，占领了那个设防的高地。大约 18 辆幸存的 DD 型坦克，在相隔 100 码的地方，面对内陆，对着敌人的阵地开火，掩护部队前进。

6 月 6 日上午 8 点，艾森豪威尔在自己的指挥所里得到了进一步的报告。凯·萨默斯比写道："除了杰罗将军登陆的海滩之外（那里十分猛烈的炮火使得难以登陆），其他海滩登陆的行动都按预定计划进行。"艾森豪威尔给马歇尔发了一份简短的电报，告诉他，看来一切顺利，并且说他前天所视察过的英美部队，士气高涨，能完成任务。"从他们眼中可以看出战斗的激情。"这一天，艾森豪威尔一直在房子里踱来踱去，他的情绪随着收到的情况报告而一会儿高兴，一会儿不安：英国和加拿大部队登陆的滩头遭到显然轻微的抵抗；美军在其他滩头的阵地已经巩固；在奥马哈的部队则遭到德军惊人的猛烈炮火轰击而寸步难行。至 6 日晚，已有 23000 名空降部队空投到诺曼底。当日白天，57500 名美军和 75215 名英、加军队士兵已经先后登陆。这样一来，第一天就有 156000 名盟军士兵已经突破希特勒大肆吹嘘的"大西洋壁垒"。

6 月 7 日早饭过后，艾森豪威尔登上英国布雷舰"阿波罗号"去视察滩头阵地。"阿波罗号"紧靠奥马哈滩头下了锚。布雷德利到舰上来讨论形势。情况良好，部队从滩头阵地向内陆推进，但是还有使人担心的地方。德军在顽强抵抗，幸亏他们难以对战斗进行增援，因为桥梁和铁路运转中心都被炸毁。法国抵抗运动的贡献远远超出艾森豪威尔寄予的期望。可是空军并没有有效地压制海岸炮台，炮弹继续倾泻到滩头阵地，但是海军的炮火支援不断地发挥越来越大的作用。

过了五天，6 月 12 日，艾森豪威尔陪同前来视察的马歇尔总参谋长、英国国王和阿诺德将军，乘坐一艘驱逐舰，登上奥马哈滩头阵地。他们中午在布雷德利总部吃丙级口粮，同一些军长和师长讨论最近的作战情况。马歇尔称赞艾森豪威尔的胆略和指挥艺术，但不是当着他的面，这是他的特点。总参谋长向罗斯福总统报告说："艾森豪威尔和他手下的人冷静而自信，以非凡的效率完成了无比巨大和复杂的任务。"

奥马哈之行象征着"霸王"行动的成功。这样多的重要人物能够安全地登上法国，清楚地表明滩头阵地是牢固的。盟军方面已经有十多个师投入战斗，而且每天还在增加。人工港湾已经就位和启用。虽然还有问题，但这伟大的进攻已经收到了效果。艾森豪威尔在 6 月 5 日上午作出的发动"霸王"行动的决定，其戏剧性已足以使任何人感到满足，但是还有更多的事情在发生。6 月 19 日，一场强烈的暴风雨袭击了法国海岸，摧毁一座人工港湾，使装卸工作陷于停顿。就在这时，气象专家斯泰格写信对艾森豪威尔说，如果他在 6 月 5 日决定把进攻推迟到 6 月 19 日，他将遇到 20 年来最坏的天气。艾森豪威尔在这封信底下草草地写了几行字："谢谢。感谢战争之神，我们在该出发时出发了！"并把信送给斯泰格。

艾森豪威尔在天气上的赌博已经得到报偿。丘吉尔说："历史上最困难、最复杂的战役已使盟军重返欧洲大陆。"

第十三章 **13** *Dwight D. Eisenhower*

滩头受阻

第**13**章

滩头受阻

盟军冒着恶劣的天气，以暴风雨般的行动突破希特勒的"大西洋壁垒"之后，再往前进就遇到了困难。位于右翼，也就是在西面的美军，发现他们在一个由灌木篱笆、河岸和坍陷的公路分隔开的许多小块田地的国家里作战。坦克部队不能展开，而步兵必须逐一地越过篱笆前进，进展十分缓慢，而且代价很大，蒙哥马利部队在左翼，他答应在第一天就攻占卡昂，但是到6月底，还没有攻下来。旗开得胜的欢腾不到两个星期就冷了下来。

"争夺滩头阵地之战"是一个不间断的、猛烈的战斗阶段，这场战斗除了攻占瑟堡外，仅仅能占领很少的地方。但正是这个阶段为以后辉煌壮丽的解放法国和比

→1944年6月14日，阿诺德将军，厄内斯特·金将军，艾森豪威尔将军和马歇尔将军视察了奥马哈滩头战斗地带。

←一个载有一吨烈性炸药的V－1飞弹准备以时速400英里飞向伦敦。

利时之战作了准备。蒙哥马利获悉他在沙漠中的老对手隆美尔将在战术上指挥防守部队，就预言敌人行动的特点是把从师一直到营、甚至到连的任何立即可用的部队都投入连续的攻击。

在那个时期，天公也不作美。6月19日新建成的人工港遭受了强风暴的袭击。在四天的时间内，它差不多使一切滩头上的登陆活动停止下来，因此严重干扰了所有的军事行动；风暴来势之猛，使攻击战的进展极为困难。当时联合王国和欧洲大陆之间的海上交通完全中断，盟军在滩头阵地上修筑的小型跑道根本不能降落飞机。美军战区内奥马哈滩头上的"桑葚"人工码头被毁坏得无法修理。大量的船舰和小艇搁了浅，或者被刮到海滩上。艾森豪威尔说："如果不是以前空军进行'隔离战役'所收到的效果，那么这时候德军就有了理想的反攻条件。和以往一样，在这里还要强调空军威力对地面战斗的决定性作用。"

在风暴结束的那一天，艾森豪威尔乘飞机亲自察看了滩头战线的现场。他发现共有300多艘舰艇遭到毁坏，其中一些破坏得很厉害，无法修复。风暴袭击时，美国第八十三师仍在滩头附近的船上。大批士兵下船根本办不到，因此在整个风暴期间，这个师经历了最困苦和艰难的时刻。在他们最终都上了岸的那一天，艾森豪威尔巡视了该师的士兵，发现他们许多人还在晕船，疲惫不堪。攻下瑟堡后，立即开始重建港口的工作。德军已对港口进行了严重破坏，并在港口及其入口处布下了大量的各种各样的水雷。有些新型水雷必须要深海潜水员潜入海底拆卸后才能扫除。瑟堡港的扫雷兵和深海潜水员的工作，是战争中引人注目的、英勇的事例之一。

就在英美两栖部队在海滩推进受阻的时候，盟军的前进基地又遭到希特勒飞弹的袭击。1944 年 6 月 12 日，叫做 V—1 的第一枚飞弹落在伦敦。V—1 飞弹，是一架小型的无人驾驶飞机，它以很高的速度按预定路线飞行，并靠内部机械设备中止航程。它装有大量炸药，靠接触爆炸，其爆炸力非常大。第一枚 V—2 飞弹到 8 月初才使用。它是一枚火箭，射入高空，以很快的速度下降，它来到的最初警告就是它的爆炸。在飞行时，既无法听到它，又无法看到它，更无法阻截它。

V—2 飞弹在它直接命中建筑物时，破坏力特别大。由于速度快，它深深地穿到地下，巨大的爆炸力直接向上发挥。因此落到空旷的地方效果较小，但命中一座建筑物时，其爆炸力大到可以把建筑物差不多彻底炸毁。

由于飞弹袭击，伦敦战区就变得比任何人所能预料的更为可怕。正是艾森豪威尔从前线飞回的那天晚上，沿东南海岸出现了某些凶险的征兆。空袭警报器在多佛的峭壁上尖声鸣叫，那儿有几个加拿大师正待命进入诺曼底。加拿大人慌慌张张地跑出来，只见红色曳光弹，像喷泉似地在沿海岸数英里长的夜空中喷射。多佛的火箭炮立即发射，当弹壳碎片通过灌木丛雨点般落下时，士兵们发现一道亮光划破夜空，从海峡对岸迅速地朝他们射来，与探照灯的光柱恰恰画成三角形。当这种武器飞过时，天空中充斥着低沉的隆隆声，像一台空转的发动机，但声音要大数千倍。更多的飞弹飞来了，当它们下落时，喷火式战斗机中队升空迎击，但用机关枪平射带有一吨烈性炸药的弹头，是冒险的举动。那天加拿大人就看到有一架喷火式飞机被炸得粉碎，掉了下来。

6 月 15 日，盟军首脑们在他们下榻的都铎王朝宅邸中很早就上床休息了。快到

→ 1944 年 6
月，盟军在诺
曼底登陆。

半夜，响起了空袭警报。空军司令阿诺德开始并不在意，几分钟之后，轰隆一声，整座建筑物都摇晃起来。一刻钟之后，又这样来了几次。凌晨 6 点左右，他听到一阵响亮而有节奏的发动机声，类似风琴的和谐的旋律。越来越近了，这声音正好在头顶上方消失。到底是怎么回事? 过了几秒钟，一阵可怕的爆炸把他震得掉下了床。

上午 9 点 10 分，有电话告诉阿诺德说，把他从床上震到地下的砰然巨响，是一枚飞弹爆炸。飞弹关闭发动机后，穿出云层，然后缓慢运转，在爆炸前大约飞行一英里半。希特勒的秘密武器的第一次袭击开始了。300 枚飞弹射向伦敦，200 枚已经命中伦敦及其郊区。到了 9 点 30 分，一切都探听清楚了。阿诺德跳上汽车，开车去看看飞弹有什么残留物。

飞弹在一个小村庄的百码之外着陆。一吨铝剂炸药爆炸的强大气浪，震坏了所有的窗子，屋顶像风吹稻草似地被掀落，树木折断，200 多村民受伤，许多人伤势严重。弹坑周围散布着残留物。阿诺德估计这种武器大约有 27 英尺长。他那内行的眼睛，辨认出躺在一团柔软的控制电缆和绝缘套管中间的残破的陀螺仪罗盘，还有许多手指大小的干电池。有一块翼板的残片表明曾被防空火力击中，但因不需驾驶员操纵，这飞行器仍继续飞行前进。

阿诺德估计，这种飞弹大约需要 2000 人时制造一枚，大致需 600 美元。他的粗略估算，指出一个恶梦般的可能性: 如果纳粹能每一分钟或两分钟发射一枚导弹，并有 48 个发射设施，那末他们就能每天向伦敦发射 4 万枚这种飞弹。他取出笔记本，在上面写道: "这就将造成恐怖、忧虑，最后破坏整个英国的正常生活秩序，并打乱作战部署。没有人能预料它们将要打击哪里。你能听到它们呼啸着飞来，而很难躲避它们。有一枚飞过艾森豪威尔将军的司令部，当时我们正在那儿。"

艾森豪威尔本人由于这种新武器的使用而感到沮丧。他一直为盟军在诺曼底进展迟缓而放心不下，对意味着希特勒可能重新赢得主动的每一个刺激都很敏感。此外，当飞弹从安在法国的发射设施飞来时，布歇公园(艾森豪威尔司令部所在地)位于这些致命的飞弹的飞行路线右方。第一次空袭警报持续了一整天。起先艾森豪威尔还保持镇静。半夜一点钟，警报器再次呼叫时，他正躺在床上看书。"我宁愿呆在这儿，"他对布彻说，"我不愿意整晚来回跑掩蔽所。"距离很近的一声巨大爆炸驱散了这种漫不经心。他只好躲入掩蔽所，在冰凉的水泥地上过夜。第二天醒来时，他咒骂希特勒搞出这种秘密武器，他的头脑被新粉刷的掩蔽所里散发的气味熏得昏昏沉沉。

英国战时内阁同样一片惊慌。丘吉尔极端关心这种以 "弩" 为代号的秘密武器。6 月 19 日他拉住艾森豪威尔谈了 90 分钟，请他除了最迫切的军需品之外，给秘密武器的发射地点予以最优先的注意，直至 "我们能够肯定，盟军在这一特殊威胁方面取得明显上风"。的确，导弹折磨着人们的神经。布彻写道: "我所认识的大多数人，由于失眠而迷迷糊糊，听到关门声或者摩托车和飞机发动机的声音就神经过敏。"飞弹的 95% 都落在离斯特拉森 12 英里以内，斯特拉森是距伦敦只有 5 英里的属于伦敦的近郊区。

飞弹的袭击和风暴的破坏，大大影响了盟军向法国内地的推进。现在必须再次对卡昂发动进攻，但蒙哥马利又一次推迟出击日期。艾森豪威尔忍不住了。6 月 18 日，他写信给这位将军："我已经尽力加强战斗部队和弹药供应，抽调各种人员，从各仓库调拨军需物资给你。"但为了照顾两国关系，他又鼓励蒙哥马利说："我完全理解，你需要储备适当数量的炮兵弹药，不过，我非常希望，一旦攻击开始，能有一股维持很久的势头。"

蒙哥马利送给艾森豪威尔一份请求书。请求书中写道："我们将在今后两周或更长时间内艰苦作战，我衷心地请求你帮助，别让访问者前来。我要牢牢地掌握战斗，因为这是在这一时期里极其重要的战斗，要使事态按我们希望的方式发展，不能混乱，不要让我们自己被任意摆布。我没有时间接待来访者。"他的意思明显地是指艾森豪威尔本人，或许还包括戴高乐将军。

这时，加拿大第二军团仍在多佛附近待命渡海开往滩头阵地，延期是令人失望的，有点悲剧意味。大家都知道，在滩头阵地人员拥挤不堪，这已经不是什么秘密了。早在 6 月 20 日，加拿大第二军团的参谋缪尔·甘布尔就接到电话说，他妻子马格丽特在前晚 7 点钟被 V—1 飞弹炸死了，这是许多军官都害怕的事。甘布尔茫然若失。他是在那天早晨刚从泰晤士河畔沃尔顿的家中返回部队的。

蒙哥马利力求部队保持冷静。他相信，只要能保证军队使用合适的装备，他们就会很好地作战，就不难击败德国人。6 月 24 日他告诉他的参谋长："我注意到了那些报告，它们散布关于英国装备、坦克等等的性能与德国相比较的种种流言。在目前这种时候，我们不能允许有任何这一类的东西。我们已经有了很好的据点，我们已经建立起自己的力量，明天我们要扑向敌人。任何损害自信心和士气的事都必

↑在离卡昂 2.5 英里的拉·比尤德，盟军受到了阻击，英军第一军团 59 师的士兵用步枪掩护冲向门口的战友。在这场巷战中，59 师 1000 多名士兵伤亡。因为此处的延误，盟军进攻卡昂比原计划推迟了 33 天。

须无情地予以粉碎。"

　　蒙哥马利这样讲也是有一定道理的。英国部队的士气在德军炮火下遭到挫伤。第四十九师的一个营被非常猛烈的迫击炮和榴弹炮的炮火完全轰垮了。两个星期后，该营军官只剩下 12 名。营长和班排长以上的军官在营指挥所里被炸死，有两个连队只剩下一名军官。3/4 的人在炮击开始时或战友死伤时就引起歇斯底里反应。歇斯底里病蔓延开来，有些年轻士兵甚至在自己方面的大炮开火时也要发病。纪律也瓦解了，准尉和军官们不佩带领章和肩章。一名中校营长向蒙哥马利报告："我有两次不得不站在一条道路的尽头，拔出我的左轮手枪对着往后败退的人……三天前一名逃跑的少校被打死了……因为我命令他帮我在迫击炮火密集时阻止士兵乱跑，而他自己却逃跑了。"接着他又说："我拒绝再去断送那些好端端的生命了。"他强调说，有两位同僚也同意他的意见。蒙哥马利报告陆军部，他已解散该营，因为它不再适合战斗。他手书了一条附注："我认为这个营长显示出失败主义者的心理状态，不是个'合适的小伙子'。"蒙哥马利非常需要一次伟大的胜利来恢

　　↓卡昂至法莱塞的公路被炮弹炸得面目全非。一位加拿大伤员正在接受救护。在几步远的地方一辆德军坦克正在燃烧。在这条 21 英里长的道路上，加拿大第一集团军用了 9 天时间、以2000 人伤亡的代价才突破德军封锁。艾森豪威尔认为，这是一个了不起的胜利。他说："在卡昂地区前进 10 英尺，等于在别的地区前进 1 英里。"

复他的部队对他的信赖。

6月25日，英国第三十军团终于在卡昂区开始取得了有限的进展。但是，蒙哥马利却为此向艾森豪威尔报告说："尽管天气极端恶劣，出现暴雨，云层很低，……战斗将整天整夜继续进行，我准备在东翼向敌人摊牌，决一死战。"但是，不知是因为拖拉还是出于需要，蒙哥马利在出击前等了很长时间，以至对方又增加了两个装甲师，并使纳粹有时间挖战壕。经过激烈战斗，英国第三十军团的进攻沿维莱博卡日到卡昂一线停顿了下来。同时发起的第三师对卡昂北部的进攻也在6月27日停止。

艾森豪威尔对此十分不满，但他却能克制自己，没有大发雷霆。可是蒙哥马利却为自己辩解说，他从来没有打算在直通巴黎的道路上的卡昂突破滩头，他的战略是固守他的左翼，而让布雷德利在右翼突破。批评他的人都指责他由于在卡昂失利而改变计划；而蒙哥马利自己坚持认为，他一直计划把德国装甲部队牵制在卡昂前，而让布雷德利迂回包抄他们。关于这一点，军事专家们之间掀起一场激烈的争论。空军将领特德认为，蒙哥马利的说法是"弥天大谎，纯粹是胡说八道"。他敦促艾森豪威尔或者下令蒙哥马利向前推进，或者把他调走。

艾森豪威尔对此问题的处理却是十分慎重的。他不赞成蒙哥马利处理战斗的方法，但他在诺曼底不发布强制的命令，来保证战斗按照他要求的方式进行。美国根深蒂固的军事传统之一是，给战术指挥官以高度的独立性，艾森豪威尔对此坚信不疑。作为最高统帅，他只能指出大的方针政策，而不是指挥具体战斗。在整个6月后半月和7月，他鼓励蒙哥马利进攻卡昂，但他并不坚持。而蒙哥马利也不断允诺"突击"德军，但他的豪言壮语并没有化为有力的行动。艾森豪威尔对此很不高兴。蒙哥马利把进展不力的责任归咎于布雷德利，说美军应同时在北面进攻瑟堡和在南面进攻古当斯。蒙哥马利说："布雷德利不想冒这个危险。"蒙哥马利又以他那种典型的高傲的绅士口吻说："我不得不沉住气带动美军，让他们有时间去作好准备。"

6月27日，布雷德利攻克瑟堡，这又将了蒙哥马利一军。这样一来，盟军将领之间的相互斗争和背后攻击更为激烈。有人说，蒙哥马利所以迟滞不前，主要是保存实力，让美军承受重大伤亡；其次是，希特勒 V—1 飞弹对英国的神经产生了破坏性的影响。六七月间，V—1 飞弹使 5000 人死亡，35000 人受伤，击毁 3 万多幢房屋。更糟的是，盟军情报机关预料，德军将很快把 V—2 飞弹，世界上第一枚中程洲际导弹，投入使用。盟军对其发射场的轰炸没有产生满意的结果。要想摧毁德国人的发射场，必须从地面上把它清除掉。丘吉尔对飞弹非常恼火，以致在 7 月初建议使用毒气袭击发射场。艾森豪威尔回答说，他拒绝成为一个使用毒气的人："看在上帝的份上，让我们提醒自己，使用我们的理智。"但是必须立即采取某些措施。

7月1日，艾森豪威尔赴诺曼底，看看他能做些什么来激励司令官们。他对布雷德利说，他只带着一床铺盖，一名副官和一名勤务兵。他"只需要一条遮着一块油布的战壕"。他待了五天，视察部队和战场，同布雷德利和军长、师长们交谈。他们都不愿意艾森豪威尔在他们那里，因为他们的军、师司令部都是德军零星炮火的目标。艾森豪威尔的老朋友、第十五军军长韦德·海斯利普，干脆要艾森豪威尔离开。他说，"不要认为我担心你可能死亡。我只是不想让人说，是我让最高统帅在我这个军的区域内遭到不幸。你想被打死，请别死在我的阵地上。"

有一次艾森豪威尔征调了一辆吉普车，由他的英国副官詹姆士·高尔特和一名勤务兵陪同，没有人护送，亲自驾车在乡间转来转去，甚至设法在德军防线后面转了一会儿。没有发生意外的事情。可是他不知道他曾深入险境，直到他抵达第九十师师部后，别人才告诉他到过什么地方。美国士兵很高兴看到他们的总司令来到前线，当艾森豪威尔的汽车经过时，士兵们欢呼跳跃，大大地激发了战士们的情绪。

总司令来到前线的第四天，在一个战斗机场得悉，空军要执行一次飞行任务。艾森豪威尔说，他想一道去，从空中看看这个灌木丛生的国家。和他一起来的布雷德利不同意，但是艾森豪威尔坚持要去。他爬上野马式战斗机时，最后说了一句："好，布雷，我不飞往柏林去。"但是他却飞越了德军防线。《纽约时报》对此写了一篇特别报道，标题是：《艾森豪威尔飞越纳粹防线》。当他回到布歇公园时，他对灌木丛中没有什么进展感到失望，甚至感到没有希望从这个可怕的国家中脱身。特德和史密斯两人都对他说，这完全是蒙哥马利的过错。他们坚持要艾森豪威尔迫使他采取行动。特德埋怨说，蒙哥马利不公正地把他自己的失败归咎于空军，他还说："陆军看来没有准备自己去打仗。"艾森豪威尔也请丘吉尔"说服蒙哥马利骑上自行车开始登着走。"巴顿见此情况，意见更大，他在日记中写道："艾克被英国人捆住了手脚还不知道。可怜的人！"在远征军最高司令部，普遍不安地感觉到艾森豪威尔根本管不了蒙哥马利。

然而，蒙哥马利总是不断保证要发动巨大攻势，取得巨大战果。7月12日，他对艾森豪威尔谈到另一次代号为"快活林"的攻势。他要求空军予以全力支援。7月18日"快活林"战役打响。在开始阶段，由于空军的大规模轰炸，进展顺利，但是蒙哥马利在损失401辆坦克和伤亡2600人之后停止了进攻。英国第二集团军已经攻克卡昂，占领了几平方公里土地，根本不像一次突破。艾森豪威尔对此甚感不快，大发雷霆。他说："花了7000多吨炸弹，才占领7英里。每英里要付出1000吨炸弹的代价。像这样，盟军很难有希望越过法国。"特德指责蒙哥马利要对"英军这次失败"负责，而远征军最高司令部的军官们嚷嚷着，为什么不把蒙哥马利封为贵族，送进上议院，或者让他当马耳他总督。

在史密斯和特德的敦促下，艾森豪威尔写了一封信给蒙哥马利。他说："时间就是生命。"他催促蒙哥马利恢复进攻。许多美国军官认为蒙哥马利之所以踌躇不前，是由于英国人力紧张。英国不再能补充第二集团军的人员损失，因此承担不起一次全面进攻的伤亡。艾森豪威尔认为，现在发动进攻从长远来看会减少伤亡，并指出美国在欧洲的部队最终会比英国多，"但是在我们部队的数量上相等时，我们必须并肩前进，共享荣誉和分担牺牲"。实际上，艾森豪威尔已把突破前沿阵地的任务，寄希望于布雷德利身上。

第十四章 14 *Dwight D. Eisenhower*
全面突破

第14章

全面突破

　　诺曼底战役的一个首要的紧急任务是，在瑟堡和奥恩河口之间的地区建立一个有适当供应线的可靠滩头阵地，然后向敌人发动大规模进攻，把战事推向前进。

　　原来艾森豪威尔希望在 6 月 23 日，或者说在进攻欧陆开始日之后的第 17 天，控制住敌人在格朗维尔—维尔—阿尔让唐—法莱士—冈城的主要侧面，并使这个地区牢牢地掌握在盟军手中。结果这一计划，由于天气恶劣和德军的顽抗，连连受挫。

　　"这虽是事与愿违，"艾森豪威尔说，"但必须承认，打仗不是一厢情愿的事。这是战斗，是一再反复的互相较量，因为作战双方都想占领阵地和夺取其他有利条件，从而使各自的对手遭受最大限度的损失。"

　　"在这种情况下，冈城地区在敌人看来是重要的，所以敌人便用重兵防御。因此，要夺取这个地区暂时是不可能的，如果一定要夺取，那么至少要进行一场代价非常高的战役。"艾森豪威尔进一步指出："自然，形势的发展造成了困难。如果我们在突击一开始就成功地取得了冈城南部的广阔地带，那么，美军向阿弗朗什地区的进攻，将仅仅是一场对德军的追击战，而不像当时那样成为一场艰巨的战斗。这就是说，如果一开始在我们左翼取得较大的胜利，那么在右翼就能较容易地取得一条满意的冲击线，从这里发动这个大旋转进攻。"

　　7 月 20 日，希特勒总参谋部的一些人员企图谋杀希特勒，可他幸免一死。于是，希特勒立即命令部队发射他的"复仇武器"——V—1 型飞弹。他们准备用双倍数量的飞弹袭击伦敦，以便不使任何人认为希特勒当时地位虚弱。

　　当晚，逼近伦敦的飞弹发出震耳欲聋的响声，使盟军总部的参谋人员直到次日凌晨 5 点才入睡。艾森豪威尔感到很烦恼。他让那些他喜欢的将军们在掩体中睡上一觉，就像休斯把几箱威士忌分给了他那些在非洲的老朋友们一样。7 月 21 日，艾森豪威尔给他的妻子玛咪写信说："炸弹，炸弹，还是炸弹啊！"

　　自 7 月初以来，奥马尔·布雷德利就在潮湿的乡间小树林里顽强战斗，但进展

艾森豪威尔

Dwight D. Eisenhower

↑1944 年 7 月 5 日，盟军最高指挥官艾森豪威尔（左）在诺曼底会见策划并执行盟军突破计划的两个属下：美军地面部队司令布雷德利中将（中）、第七军团司令柯林斯少将（右）。

甚慢。真是寸步难行！德军猛烈抵抗。美国第一集团军的伤亡已达 62000 人，其中死去的近 11000 人。露天墓地上停放着一长排一长排的尸体，正等待着穿黑衣服的收尸队来埋葬。这就是僵局的含义。大约在 7 月 10 日，布雷德利告诉柯林斯将军，他为打破这种僵局有了个主意。他计划用饱和轰炸来为柯林斯的第七军团通过敌人的防线开出一条路来。这一想法使他的参谋人员不以为然地挑起眉毛，因为英军最近已作过类似的尝试，结果发现他们的炸弹坑给坦克的前进带来了麻烦。柯林斯却同意冒险干一下。

就这样，一个"眼镜蛇"行动的计划产生了。7 月 20 日，下达了决定性的战斗命令。他们计划投入 4 个步兵师和两个装甲师，进行地面攻击，并将得到大量的美国空军支援。在部署作战计划的那些日子里，在北面乔治·巴顿将军带着一支实力雄厚的部队正在待命，这些兵力将用来在德军防线内扩大缺口。布雷德利对柯林斯将军说："乔，此事如按期进行，一周后我们就可到达阿弗朗什。"

布雷德利和他的战术空军司令彼蒂·奎萨达一同飞往伦敦，以便同盟军空军指挥官们商议轰炸事宜。具体说，布雷德利的计划是以 2000 架飞机的炸弹量连续对 7000 码宽、5000 码长的矩形阵地进行轰炸，把德军战线炸成一片血红地毯。这个矩形的边缘离美国部队阵地最近也有 2000 码。三个步兵装甲师将穿过这个矩形阵地和美国阵地之间形成的空隙地带进行强攻。他们可以加固两侧兵力，来对付敌人的反攻，而两个装甲师则齐头并进穿越那个空隙地带，向南驰骋进入法国的开阔地区。这个计划听起来不错，但气候条件、保密情况、时间选择和轰炸目标的精确程度都必须无懈可击。然而，这四个条件很难同时具备。进攻的时间，原定 7 月 19 日，但因天气恶劣而推迟了。

就在当时，空军将领特德正在伺机指责蒙哥马利。代号"赛马场"计划的失败，为他提供了指责蒙哥马利的炮弹。那天晚上，他打电话给艾森豪威尔，汇报了他刚获悉的一个令人沮丧的事实：蒙哥马利非但没有加紧进攻，实际上却阻止了装甲师的继续推进。当艾森豪威尔还在朴次茅斯之际，蒙哥马利就为"赛马场"计划给他打过一份很乐观的电报。凯·萨默斯比就艾森豪威尔对此事的反应写道："迄今为止，英军那边的大进攻颇为顺利。""艾克只希望蒙哥马利继续往前推进。"当特德把事实真相告诉艾克时，由于蒙哥马利自吹自擂的战报而产生的愉快心情顿时变成恼怒。"赛马场"计划受阻于德国人。受阻和僵局之间是没有多大区别的。正当蒙哥马利感到难受之际，丘吉尔给他发来了一份电报，说要来视察。蒙哥马利立即给艾森豪威尔打了一份语气很果断的电报，说他不想让首相来此。蒙哥马利知道，他指挥的这次进攻不顺利，所以他不需要望而生畏的目击者。

就在这个时候，美国陆军部长亨利·史汀生在视察了瑟堡的美国部队后，就战局的发展同艾森豪威尔商谈了半个多小时。从史汀生未公开的笔记里可以清楚地看出，他的视察有其潜在的意图。那年是总统选举年，他必须想办法来对付美国民众的下列看法，即美国现在被迫承受着不必要的损失，甚至是在孤军作战，或者说主要是在为英国利益而战斗。他本人一到欧洲就觉察到，美国人对英方的努力不能抱有幻想，并对计划把未来的第九军置于蒙哥马利的指挥之下深感忧虑。他也注意到，布雷德利和艾森豪威尔对此也颇感烦恼，但都极力忍耐和克制。他们期待蒙哥马利进行一场能经受考验和带动未来战局的进攻。史汀生指出："我告诉艾森豪威尔，这决非是恐英者对英国的批评，而是由于英国限制兵力而产生的实际问题。"他还谈到了"在总统选举年里可能因此而产生的与美国民众的关系问题"。史汀生劝艾森豪威尔尽快把他的指挥部迁到瑟堡半岛，以防止国内对蒙哥马利这个角色份量产生过激的批评。

这天晚些时候，艾森豪威尔获悉，参加"赛马场"行动的英国坦克，袭击了德军的一支曾经狙击过他们并使其遭受重大伤亡的反坦克武器的掩护部队。蒙哥马利以一个戏剧性的记者招待会来掩盖他过去的行动。他在会上宣布，自登陆日以来，德国兵死伤已达 156000 名，但他没有提及他在"赛马场"行动中只俘虏 2500 名德国兵，或者说，他没有提及自己以对每英里扔下 1000 吨炸弹的代价只推进了 7 英里这一情况。事实上，"赛马场"行动已告失败。

对目前的战局，艾森豪威尔伤透了脑筋，他千方百计想突破德军防线，加快战事发展。其实，当时总的形势对盟军是非常有利的。到 1944 年 7 月初，盟军在诺曼底登陆的士兵已集结到 100 多万人。其中包括 13 个美国师，11 个英国师和 1 个加拿大师。在同一时期，他们把 566000 多吨物资和 171500 多车辆运上了岸。这虽是一项非常困难和耗费精力的工作，但一旦完成，将使盟军对敌人发动全面进攻打下了坚实的物质基础。

与盟军力量相比，此时，德军在诺曼底布置了 26 个师，其中 6 个是装甲师，用来抗击盟国远征军陆续到达的 30 多个师。由于盟军处于攻势，他们在地面上的优势是有限的。另外，德国第十五集团军由于"坚毅"行动的牵制，在加来海峡按兵不动。但是到了 7 月下旬，"坚毅"行动趋于暴露，这使德军的增援能力大于盟军。对艾森豪威尔较为有利的方面，是继续掌握了制空权。布雷德利计划利用这一点，在"眼镜蛇"战役中突破德军防线。一旦突破，艾森豪威尔便打算立即将部队从英国调来，正式成立巴顿的第三集团军，并派该集团军急赴布列塔尼，打开那里的港口。

空军受制约的是天气。只有在适当的条件下，才能使用这一武器。"眼镜蛇"战役第二次推迟于 7 月 21 日开始。艾森豪威尔将在该日飞往诺曼底，亲自观看战役的开始。天阴，空中只有他这架 B—25 在飞行。在他抵达时，雨下得很大。布雷德利告诉他，进攻已经取消，并且狠狠地说："在这样的天气还飞行，简直不要命！"艾森豪威尔扔掉湿透的纸烟，微笑着说，他担任最高统帅的唯一乐趣是，没有人能不让他飞行。眼看一刻不停的大雨，他接着说："当我牺牲的时候，你们应该在雨天保存我的尸体，然后在暴风雨中把我埋葬。这样的鬼天气真要我的命！"

第二天雨还在下，空战不可能进行，他又飞回伦敦。到了 24 日，他还在等待晴天。他打电报给布雷德利，催促他当天气许可时，全力出击。他说："在这个时机

→盟军最高统帅艾森豪威尔(中)和副统帅特德空军元帅(右)正在听取地面部队司令蒙哥马利上将的报告。

突破，会使总的损失减少到最低限度。"又说，他要第一集团军"以几乎不顾一切的干劲去寻找一切有利战机"。如果突破成功，"战果将是无法估量的"。

战役开始时，艾森豪威尔要求第二集团军率先进攻。他给布雷德利的电报发出后，就飞到蒙哥马利的司令部。正如参谋长史密斯所指出的，艾森豪威尔所要求的是，"整个盟军协同行动，全线出击，这将最后把我们的部队投入具有决定性的行动中去。他在整条战线上跑上跑下，像一名足球教练一样激励队员进攻"。这一切使蒙哥马利和英军总长布鲁克十分反感。蒙哥马利说，如果每一个人都要进攻，无人再有力量来进行决定性突破，或扩大战果。布鲁克抱怨说，艾森豪威尔"显然……有某种在整个战线上进攻的思想，这想必是美军的教条"。

为了推动战局的发展，以及他希望好好地看一下"一次巨大胜利"的开始，艾森豪威尔再次飞往诺曼底。大规模的空袭——将近2500架轰炸机投下4000多吨炸弹——这一场面令人难忘。但艾森豪威尔当晚回到伦敦总部时情绪低落。投弹不准造成好几百名美国士兵的伤亡。在前线视察的美国地面部队司令莱斯利·麦克内尔将军不幸遇难。此外，地面进攻看来进展缓慢。唯一令人鼓舞的消息来自布雷德利，他说他确信第二天部队将有重大进展。他把柯林斯的第七军摆在关键的地方，因为他认为柯林斯"有胆识，有雄心"，并且柯林斯不留一手，把他的预备队在第二天全部投入战斗。空袭已经把敌人打得晕头转向，摧毁了敌人交通线。临睡前，艾森豪威尔写信给布雷德利说："你已经得到堆积如山的物资，我们必须使敌人一刻也不能喘息，直到我们达到目的。然后，将他们粉碎。"到了7月27日，柯林斯已推进到古当斯，而在柯林斯右翼的第八军，在特罗伊·米德尔顿的指挥下，攻克了

↓美军在挖掘埋在废墟中的战友，1944年7月25日，在被称为"眼镜蛇"行动的提前的空袭中，他们被盟军的炸弹误炸。这次误诈造成约600名美军伤亡。

格朗维尔和阿弗朗什。

布雷德利的部队已经切入敌阵，很快就将取得完全突破性的胜利。布鲁克继续埋怨艾森豪威尔缺乏战略意识，但是艾森豪威尔坚持到处发动进攻，使法国之战进入关键时刻。如果德军不能恢复他们的防线，美军将通过缺口蜂拥而入，在他们后方自由活动。艾森豪威尔完全意识到关键时刻已经到来，把巴顿的部队紧急调到欧洲大陆准备扩大战果。他还继续对蒙哥马利施加压力。7月28日，他告诉这位傲气十足的英国将军："时间对我从来没有这样重要。我们不应等待天气或诸事齐备……我强烈地感觉到，现在用3个师进攻比5天后用6个师进攻更为有利。"他催促蒙哥马利一个小时也不要浪费。蒙哥马利开始也有了迫切感，命令丹普西要不顾一切，"不怕伤亡，加紧活动"。他说："必须随时随地尽可能骚扰、攻击、袭击敌人。"

为了推动战局发展，乘胜扩大战果，艾森豪威尔决定在8月1日组建巴顿的第三集团军。到了那时，考特内·霍奇斯将军将接任美国第一集团军司令，而布雷德利将升任由第一、第三两个集团军组成的第十二集团军群司令。直到远征军最高司令部在欧洲大陆设立前进指挥所为止，布雷德利将继续接受蒙哥马利的作战命令。但实际上是艾森豪威尔在直接指挥陆上战斗。

8月1日，巴顿出动了，并开始横扫布列塔尼。死水一潭的前线恶梦结束了。艾森豪威尔十分高兴地说："这是了不起的好消息。"8月2日，就在午餐前，布彻在布歇公园的大厅里见到艾森豪威尔。最高统帅笑容满面。他说："如果截听到的情报是可靠的，我们要席卷布列塔尼并在诺曼底把德军分割开来。"于是他作出重大决定。在"霸王"行动前所作的计划，非常强调布列塔尼和它的港湾的重要性。巴顿的部队原来准备集中在布勒斯特，但是，由于德军左翼空虚，艾森豪威尔决定只派巴顿集团军中四个军之中的一个军，向布列塔尼挺进，而使"部队的主力，集中力量去完成消灭德国的任务，并尽可能扩大战果"。像布雷德利，巴顿不需要去特别催促，蒙哥马利却需要这样。因此，艾森豪威尔要蒙哥马利务必使所有的指挥官都知道，"在紧急情况下，我们会用飞机空投大量物资给他们"。艾森豪威尔强调，不论发生什么情况，都不许失去进攻势头。他在8月2日打电报给蒙哥马利："只要你还有一颗子弹，我知道你就会继续打击下去。"

当英国的第二集团军和美国的第一集团军继续进攻、牵制和消灭诺曼底的德军时，巴顿的第三集团军快速前进，在8月3日攻占雷恩，并在五天以后推进到离巴黎差不多只有一天路程的勒芒。空军尽力支援第三集团军，战斗机和战斗轰炸机保护两翼，而重型轰炸机则继续在德军防线后方封锁敌人的交通。法国抵抗运动的活动大大增加了德军的困难。德国人只能在夜间调动部队。他们的补给严重不足。

为了加强对盟军的反击，希特勒给接替隆美尔的根瑟·冯·克鲁格元帅增派部队(隆美尔在他的指挥车遭空袭时受伤)。希特勒亲自指挥，这迫使他使用无线电报，因此"超级"就能截听到全面计划和大部分具体细节。所以当克鲁格于8月6日夜进行攻击时，艾森豪威尔知道他有多少兵力和他的意图。六个德国装甲师攻击美国一个步兵师，即第三十步兵师，这个师的部队很快被包围了。如果没有超级情报，这个规模的进攻，如此微弱的抵抗，又是在这样的关键地区，会在盟军最高统帅部引起恐慌。然而相反，由于截获"超级"情报，艾森豪威尔把这次进攻看成是歼敌的一次好机会，根据他的看法，德军正在钻进他设计的圈套。

8月7日，艾森豪威尔在诺曼底设立了前进指挥所，这是在苹果园中用帐篷架起来的司令部，靠近格朗维尔，离莫丹不到25英里，几乎就在敌酋克鲁格的通道上。艾森豪威尔指示布雷德利用少量部队固守莫丹，而将能调动的每一个作战师都火速调往南面。他们用美军炮兵支持突击部队的两侧，并调来战斗轰炸机。艾森豪威尔对布雷德利说："如果德军暂时从莫丹突破到阿弗朗什，从而切断向南穿插的部队，我们将用空军每天给先头部队空投2000吨补给。"第二天上午，艾森豪威尔电告马歇尔："敌人的反攻，使我们看来有极好机会包围和消灭大量敌军。"

8月13日，艾森豪威尔以盟国远征军总司令的名义，向全军发出通报，号召他们英勇顽强，坚决歼灭敌人。命令说：

"由于只有用最大限度的热情、决心和快速行动才能抓住这个机会，所以我向你们提出最紧急的呼吁。

"我要求所有飞行员担负起自己的直接责任，日夜不停地打击敌人，不能使他们安全地作战或逃跑。

"我要求所有水兵保证不让任何一部分敌军从海上逃跑或从海面取得增援，并且保证供给我们陆地上的战友所需要的枪炮、船只和船员。

"我要求所有步兵，下定敌人不投降就叫他灭亡的决心向指定目标前进。土地一经占领，一英尺也不能放弃，战线一经建立，一个德国兵也不让逃跑！"

敌人面临全歼的危险。于是拼命地为保持行将封闭的包围圈缺口的畅通而战斗，企图尽可能免遭溃败的灾难。德军司令官特别注意解救他们的装甲部队，而当德军几个装甲师的一小部分逃回塞纳河彼岸时，损失了大部分装备。德军8个步兵师和两个装甲师几乎全部被歼、被俘。

法莱士战场，无疑是德军最巨大的"死亡阵地"之一。所有的道路、公路和战场都被击毁的装备以及死亡的士兵和牲口所阻塞，所以要通过这个地区特别困难。在这个包围圈封闭后的48小时内，艾森豪威尔巡视了整个战场。他说："那里的景象只有但丁才能形容。你完全在死尸和烂肉堆上一气行走几百码而没有踩到别的东西。"

这场胜利来之不易。艾森豪威尔知道，德军不到完全丧失抵抗力时，是不会放弃战斗的。他知道德国在1944年将比以前任何一年生产出更多坦克、大炮和其他武器，因而远征军要进行艰苦的战斗。在他给妻子的信中，一再提起这个问题。8月11日，他告诉她："不要轻信报纸。胜利虽然是美好的，但是，只有彻底消灭残暴的德军，战争才能结束。"法莱士战役之后，当人们更加盼望德国崩溃时，艾森豪威尔说："我真不明白国内的人怎能这样自我陶醉于结束我们这里的战斗，我们还要经历很多苦难。上帝啊，我恨这些德国人！"

继法莱士战役之后，盟国远征军席卷法国。蒙哥马利的第二十一集团军沿着海岸线向比利时长驱直入，而第一和第三集团军向东直指巴黎。各路大军奋勇杀敌。巴顿将军的部队一马当先。

第十五章 **15** *Dwight D. Eisenhower*

横扫
布列塔尼

第15章 横扫布列塔尼

诺曼底德军防线的被突破，使希特勒大本营十分惊恐。1944年7月31日深夜，也就是巴顿将军的第三集团军突击前夕，德军参谋长约德尔和副参谋长沃尔特·沃利蒙特为首的七名军人鱼贯走进地图室，去聆听纳粹元首希特勒长达一小时的训话。

这天夜里，希特勒情绪十分低落，一直面壁沉思，他再也不是凭那糊涂直观的可怕方式来指挥作战的梦幻式的战争巨头了。这一回，他终于能按照战争的实际情况来理解战争。现在希特勒以惊人的清晰头脑认识到在科唐坦半岛底部的交战预示着什么，他从美国第八军的隆隆坦克声中听到了给他敲响的丧钟。

希特勒沉思了20多分钟终于开口了。

"约德尔，假如我们丢掉法国战场，我们就丧失了潜艇战的出发点，丧失了我们正从法国取得许多对于我们战事极其重要的财富，包括我们所能希望得到的唯一剩下的钨。"希特勒停了片刻，又若有所思地说："显然，我们必须优先考虑这一问题，在目前的情况下，在法国展开一场大战是绝对不可能的。我们已力不从心，只能设法重新组织力量，但也只能达到有限的程度。事实上，我们应当立即干脆撤出海岸，把我们的机动部队撤退到一条稳固的防线，进行坚守。但局势已经明朗……我们的力量已不足以防守哪怕是一条狭窄的阵线。"

"我们必须头脑清醒，"他说，"只有当我们能获得空中优势——哪怕是短短的一段时间，我们才有可能在法国争取局势的好转。然而，我认为，我们必须不惜一切代价在德国境内完整无损地保存我们新的航空部队，用来作为最后的一张牌，至于在何时何地把这最后一张牌打出，我还不能说。"

"因此，我们必须给西方集团军群的每个成员灌输一种思想，即无论如何必须以最坚韧不拔的意志来进行搏斗，处处寸步不让，因为对我们来说，打运动战已不可能了。"希特勒最后结束他的训话时，几乎是8月1日凌晨1点了。"啊!"他叹了一口气说，"我是多么想去西线!但纵使我有最真诚的意愿，我还是去不了。"7

月 20 日，希特勒在腊斯登堡挨炸后，耳朵受伤，因此不可能坐飞机。惊吓之后，身体更加虚弱，他可以站一会儿，也可以说一会儿话，但必须很快坐下来。

这就是当时的希特勒。在 1944 年的夏季，他仍有权力指挥德国部队展开历史上一次决定性的战役。他已骨瘦如柴，只能顾影自怜。然而，他还能运筹决策，发号施令。尽管他意识到战争局势已发展到无法解决的地步，但他仍继续一意孤行。

就在这一天晚上，德军西线总司令冯·克卢格元帅在圣洛南面的前线临时指挥所里。他是德军统帅部中最先看清局势急转直下、已不可收拾的人员之一。克卢格心头的焦虑愈积愈重。早在 7 月 21 日，在同第五装甲集团军的汉斯·埃贝巴赫将军和纳粹党卫队第一装甲军军长泽普·迪特里希在法莱士召开会议之后，他在给希特勒的信中既是提出警告，又是承认失败。

"昨天我同卡昂战区的司令官们进行了讨论，"冯·克卢格写道，"很遗憾，有迹象表明，鉴于敌人已完全掌握了制空权，我们已束手无策，无法抗衡敌军强大的歼灭威力，除非我们放弃战场。"他一针见血地作出结论："尽管作出了紧张的努力，业已非常吃紧的这条战线将要崩溃的时刻已经临近。敌人一旦进入开阔地带，鉴于我军机械化程度不够，就不可能再进行有条不紊的指挥。我的元首，我认为我有义务及时提醒你注意这些结论。"

原德军西线总指挥龙德施泰特和隆美尔元帅，未能击退盟军的登陆，便赶紧向希特勒提出补救办法。6 月 29 日，隆美尔提议德国第七集团军"回到塞纳河一带打一场后卫战，把法国南部的各军撤回，以便沿塞纳河直至瑞士境内建立一条新的防线"。

龙德施泰特本人的建议远远超过隆美尔的建议。希特勒的参谋长凯特尔问他："我们该怎么办?我们该怎么办?"龙德施泰特回答说："媾和，你这个笨蛋! 除此之外，还有什么其他办法?!"

马屁精凯特尔把龙德施泰特的话报告"元首"后，龙德施泰特便被立即解除了职务。希特勒任命克卢格接替他。从表面上看，这位新任命的元帅似乎是个"杰出的人选"。1940 年，他曾指挥在法国的一个集团军直抵英吉利海峡；1941 年，他又率领另一个集团军向莫斯科进军。在担任德军进攻苏联的中路集团军群总司令时，他因进行了"胜利的防御"而受到赞扬；当别人支吾搪塞时他却接受那蛮横的命令，因此得到希特勒的赏识。当他于 1944 年 7 月前来接替龙德施泰特时，对扭转战局"充满信心"。

如今，面对这危机四伏的局面，他也动摇了。7 月 30 日，克卢格在他的西翼待了整整一天。他无可奈何地看着美军在科唐坦西部地带挥师直下，不断冲击他那已焦头烂额的九十一师。他聚精会神地注视着美军的前进，美军正由巴顿的两个装甲师作为矛头对准他的残缺不全、混乱不堪的战线。战线左侧实际上毫无防卫，盟军把主攻方向对准那里完全是出乎意料的。他拼命试图依靠所谓应急部队和其他特设部队来扭转战局，但为时已晚。阿弗朗什沦陷了。8 月 1 日黎明之前，他致电希特勒说："由于敌军以装甲部队作先锋进行突破，结果整个西线被冲开，左翼已经崩溃。"

　　与此同时，艾森豪威尔正在伦敦唐宁街十号与丘吉尔共进晚餐，并商谈今后的作战行动。他们刚接到前方的报告说，巴顿的部队已突破进入布列塔尼半岛，而且从阿弗朗什向东，把土崩瓦解的德军分割成几段。艾森豪威尔对当时的详细情况了解不多，对巴顿将军在这些惊人的事态发展中所作出的卓越贡献一无所知。甚至到8月4日，巴顿所向披靡的部队已经向鲁昂进击，占领了雷恩，抵达富热尔，并如秋风扫落叶一般向瓦恩挺进，艾克还倾向于把胜利全部归功于布雷德利一人。

　　布彻的记录提到，艾克当时的注意力放在"维尔周围中央战区的德军"，这反映了"霸王"战役计划被突然打乱和计划的疏漏在盟军最高司令官头脑中引起的混乱。按布彻的说法，艾森豪威尔对巴顿的装甲部队插入布列塔尼半岛和巴顿介入这一战役"并不感到兴奋"，因为根据当时计划和布雷德利的安排，交给巴顿的任务有限，即占领半岛。完成这一任务现在看来乃是轻而易举之事。鉴于艾克看不到巴顿面前的大好良机，也看不到巴顿有能力充分利用战机，他自然就把注意力集中于既定计划所涉及的地区以及蒙哥马利和布雷德利对该计划的谨慎实施。

　　由于卡昂是这次战役的焦点，蒙哥马利和布雷德利都从这一战略要冲出发，打开向西南的通道。艾森豪威尔正对维尔这个地方给以越来越大的注意。维尔是奥恩

←1944 年 8 月 1日，新组建的美国巴顿将军的第三集团军横扫布列塔尼。图为在高级军官及爱犬威利的陪同下，巴顿正等候艾森豪威尔前来参加会议。

河以西最重要的交通枢纽，似乎是德军防御的中心和神经中枢，对它一击就可能使德军全部崩溃。但是，这种估算是以假设德军仍能维持有组织的防御为前提的。盟军的指挥官们也设想敌人仍有能力在其崩溃的防线的任何地点维持一个抵抗中心。但实际情况是，德军在两个集团之间留下了大约六英里宽的缺口，维尔已失去了它的战略重要地位。

面对目前的形势，尽管巴顿心潮澎湃，但他还是相当镇定自若。他有上面给的命令，也为此作出自己的部署。上级的命令和他自己的部署总不是完全调和的，因为巴顿通常认为他自己的部署，"要比上级的命令高明得多"。在向敌人发动进攻时，他做起来雷厉风行，斩钉截铁，使那些盘旋在他上面的"胆小鬼"无法阻止他或改变既成事实。他把进攻的矛头直指昂热和更远的地方。

在进攻发起后的第98天，到了9月12日，第三集团军已位于原来预计到进攻发起后约350天才能到达的地方。从8月25日到9月12日，第三集团军从进攻发起后的第90天阶段线推进到进攻发起后的第350天阶段线。这样在19天的时间内便席卷了260天阶段线。巴顿将军及其第三集团军是后来者居上，他们把整个战役迅速向前推进。经过不到三个星期灵活机动的战斗，便把战争推到了全面胜利的边缘，这是他们的荣幸。

从巴顿雷厉风行的行动第一天起，布雷德利小心翼翼的影子，加上风云莫测的前景，或多或少地挫伤着巴顿的热情，不过这并没有使他气馁。"布雷德利将军只不过是想要在塞鲁河上取得一个桥头堡，"巴顿对他的参谋长加菲将军说，"而我想要的则是布雷斯特和昂热。"如今，布雷斯特这颗布列塔尼半岛的宝珠已不在话下了，巴顿的搜索目光已经指向古都昂热。这座城市位于阿弗朗什以南近100英里的曼恩—卢瓦尔地区。巴顿开始看到，在未来向德国边境大胆挺进和对巴黎进行大规模包围时，这是个必经之地。

在巴顿集团军猛烈的打击下，德军在布列塔尼的防务已处于风雨飘摇之中。他深信，他所负责的战役决不会损失他的兵力。相反，他认为只需要用部分兵力便可解决布列塔尼，其余的人马可派到葱翠的平原地方。在一次布雷德利出席的会议上，巴顿对他的参谋人员阐述了他对局势的看法。但他又嬉皮笑脸地警告，不要让记者知道敌人在布列塔尼半岛上已如临风残烛，不堪一击，这是一个秘密。

巴顿是得其所哉。他照例在前线巡视，从一个部队飞快地到另一个部队，突然出现在人们面前，速度快得好像他可以同时出现在几个地方。"这老将军简直是着了魔，"巴顿的副官兼随从科德曼上校在给他妻子的信中写道，"他在那极狭窄的地带来来往往，上上下下地跑来跑去。先头装甲部队一辆接一辆日以继夜地从那里通过。后头跟着摩托化步兵……他又是推，又是拉，又是鼓劲，又是诱哄，又吼又嚷，非常热闹。"

"我确实愿意相信欧洲战区还会有别的指挥官在技术效能方面能与我们自己的指挥官相媲美。"科德曼继续写道，"可是，巴顿将军具有一种惊人的天赋，这种天赋能推动人们投入他们不相信自己能做到，或是不真心想做，实际是不愿去做的事情。只有在这位独一无二、不仅熟悉自己非凡的事业并且热爱自己本职的军人的人格和天才的直接影响下，人们才能这样做。在这方面，我还没有见过或听说有谁能赶上巴顿一个零头。"

这又像是重演向西西里进军的情景。科德曼说："全军上下，从军长到普通士兵，都被一个人的巨大干劲带动起来。甚至他的上司也被情不自禁地拖入他的磁场。原先在高一级司令部冷清的气氛中只准备拿下一个桥头堡的作战计划，大有可能发展成为席卷整个欧洲大陆的一场赛跑!"

在进军途中，巴顿不时地遇到他喜欢的法国人，即戴高乐将军领导下的法国国内武装力量的抵抗战士。在美国装甲部队过后，他们正在对付剩下被打得焦头烂额的小股德军。巴顿每次碰上这样一帮大部分身着便衣、外衣挂着三色袖章作为标记的非正规军，他都要停下来用他荒废生疏但表达有力的法语同他们热情交谈。正像科德曼所说："这些兴高采烈的法国人，满腔热情地向巴顿叙述他们与德国佬打遭遇战的毛骨悚然的故事，这些战斗往往是短促的，但一下子就解决问题。啊，老天爷，巴顿听得是多么津津有味呵!"

巴顿遇到轰炸、扫射、炮火轰击，却都活了过来，而且活得很好。一条狼狈不堪的公路通向一座小山的顶部，巴顿在山顶停下来，遥望那狼烟四起的战争场面。这以前是农庄的土地，现在是一片残垣断壁，田野里的草还在燃烧，躺着数以百计四腿僵硬的死牲口。他伸出双臂似乎要拥抱这个场面。他面对苍天喊道："难道还有什么别的东西比这更壮观吗？"一刹那，远处响起了一阵隆隆的炮声，巴顿不由得进一步提高嗓门，喊道："与战争相比，人类的一切奋斗都相形见绌!上帝啊，我多么热爱反法西斯战争!"

8月4日上午11时左右，巴顿出乎意料地出现在位于梅尔德利亚克附近麦田里

←布列塔尼的圣布里厄居民热烈欢迎美国第三集团军坦克的到来，这些坦克前面还装着穿越诺曼底灌木林时所用的铁刃。

的格罗将军的指挥所。显然，集团军司令愤怒已极，正竭力抑制心头的怒火。格罗满脸堆笑地刚从自己的帐篷里走出来，他大声咆哮："你坐等在这里干什么，为什么不向布雷斯特进军?!"

"进军奉命停止，将军。"格罗师长说着，脸色发白了。

"奉谁的混帐旨意?"巴顿怒吼道。

"奉军里的命令，将军。"格罗答道。这时他的参谋长递过来米德尔顿军长用铅笔写的条子。巴顿一看完条子，就把它塞进衣袋。然后，他转过身来对格罗轻声说道："关于这件事，我会去见米德尔顿。你不要理会这个命令或其他任何要你停止前进的命令，除非这个命令是我下的。开路吧，一直到布雷斯特为止。"

格罗的装甲师于 8 月 7 日到达布雷斯特，立即展开进攻。但守卫者挫败了他的首次袭击。这次袭击的自发性并不真正有助于任务的完成。尽管如此，德军发现第六装甲师出现在城市以北仍感到震惊。仅在一天以前，这个港口的防务虚弱，那时确有被格罗一攻即克的可能，可是由于耽搁了时间，敌人增加了兵力，再加上希特勒下了死守到最后一个人的命令，直到 9 月 18 日，耗时 10 天，动用了 3 个步兵师，付出几乎死伤 1 万美国人的代价，才攻克布列塔尼半岛上这个最大的港口城市。巴顿让大家记住"由于动作迟缓，失掉战机所造成的血的教训"。

巴顿怀着矛盾的心情关注着战局的发展。他以三寸不烂之舌来对付集团军群司令布雷德利一而再、再而三的告诫。"我觉得你用不着担什么忧，布雷德利将军，"他说，"战争就是敌我双方一场智力和体力竞赛，要想取得战争的主动权，必须出其不意，攻其不备。"

巴顿此时的得意杰作是攻打另一个目标，他正热切地注视着这一计划的进展。这个计划就是出奇兵攻占昂热。8 月 8 日，第五师包围了昂热和南特；9 日，该师缩小了对昂热的包围圈；10 日，拿下该城。在一场巴顿凭一时冲动而决定的进攻战中，沃克将军的求战心切的第二十军首先旗开得胜。

从诺曼底到布列塔尼，这是一场规模极大的战役，盟军已投入了 200 多万部队。巴顿的传记作者拉迪斯拉斯·法拉戈说："但是，在 8 月的前两个星期之内，它的规模似乎还不足以同时容纳布雷德利和巴顿两个人。巴顿在战役中的突然出现活像驯马表演场上那扣人心弦的一刹那——圈门突开，群马中的一头矫捷烈马一下子冲进场地。如果可以比喻的话，那么巴顿就是驯马场上乱蹦乱跳、试图把背上的骑马人甩下来的烈马；而布雷德利则是那位拼命想坐稳鞍垫的骑手。"

"在这些日子里，巴顿进展很快。"法拉戈说。显然，他是在以一种空前的速度和力量，并在很大程度上以随机应变的办法来左右这次战役，从而突破了"霸王"战役的预定界线。与此同时，布雷德利竭力设法使战役恢复一点"秩序"，并根据合情合理的模式，以谨慎的方式按部就班地展开既定战役。布雷德利虽然没有被自己的节节胜利冲昏头脑，但却逐步摆脱了那种过时的总计划，胆子愈来愈大。他力图用自己的计划取代原定方案，适应已经变化了的情况，适应瞬息万变的战局。

布雷德利是个深谋远虑的典范，他总是积极地想完成自己应尽的职责。这一点有助于使马歇尔将军决定把美军登陆的指挥权交给他，也使他博得了艾森豪威尔将军的赏识。对这次反攻欧洲大陆的成败，艾克也负有最终的责任。他知道胜利后总是有很多人宠爱，但一旦失败就成了孤儿。他最不愿意看到的前景是由于他本人或是他部下某个指挥官在法国战场上的轻举妄动，而使自己不幸地成为一个被人遗弃的孤儿。尽管布雷德利的非凡的军事才能使他得以成为一名卓越的猎手，但他却宁可要一只稳握在手的麻雀，而不要在空中飞翔的凤凰。

巴顿意识到自己正在使布雷德利感到紧张不安，但布雷德利并未因此睡不着觉。他竭力安抚和迁就他的上司，根据不同情况和场合的需要，可以做到谦卑自制或不卑不亢。尽管他很自信，而且战果辉煌，但他意识到他仍然处于"留用察看"阶段。一旦他和布雷德利之间的冲突迫使双方摊牌的话，艾森豪威尔肯定会偏袒布雷德利而让他"解甲归田"。

巴顿作风粗暴，性情急躁。他虽然没有得到上司的青睐，但他所领导的第三集

←1944 年 8 月 26 日，艾森豪威尔和布雷德利在巴黎图书馆前。

→1944 年 8 月 21 日，艾森豪威尔决定让雅克·勒克莱克将军所统率的法国第二装甲师和美国第四步兵师进入巴黎。图为勒克莱克将军同士兵一起驱车经过巴黎圣母院。

团军的 8 月进军，却是具有历史意义的。人民对他的赞扬是当之无愧的。这支军队，有时在相距 500 英里的两条战线上同时作战，并防卫卢瓦尔河一线 480 英里的侧翼。它在 26 天内前进了 400 英里，解放了 47829 平方英里的法国土地。到 8 月 26 日，第三集团军共毙伤俘德军 136000 人。

继法莱士战役之后，盟国远征军席卷法国。蒙哥马利的第 21 集团军群沿着海岸线向比利时长驱直入，而第一和第三集团军向东直指巴黎。巴黎是一块磁铁，吸引着每一个人。每个师、军和集团军的指挥官都想得到解放巴黎的光荣。8 月 21 日，艾森豪威尔决定让雅克·勒克莱克将军所统率的法国第二装甲师和美国第四步兵师进入巴黎。1944 年 8 月 25 日，勒克莱克将军奉命光荣地接受了德军的投降。从此，被德国占领达四年之久、有法兰西荣誉之称的这一伟大城市解放了。

巴黎的解放标志着诺曼底战役的结束。德国第七集团军和第五坦克集团军遭到决定性的失败，第一和第十九集团军大部分战斗力也被击溃。从盟军于 6 月 6 日登陆时起，敌人高级指挥官中有 3 个陆军元帅和 1 个集团军司令被撤职或被打伤，1 个集团军司令、3 个军长、15 个师长和 1 个要塞司令被击毙或被俘。到 8 月底，西线德军已损失近 50 万人，其中多半是被俘的。盟军共缴获或击毁敌人坦克 1300 辆，军车 2 万辆，迫击炮 500 门，野炮和重炮 1500 门。西线大多数德军将领认为大势已去，无可挽回了。

第十六章 **16** *Dwight D. Eisenhower*

蒙蒂与艾克

第**16**章

蒙蒂与艾克

　　自从艾森豪威尔宣布直接指挥盟军地面部队后，丘吉尔意识到，这一指挥权的变化，将对蒙哥马利的自尊心是一严重打击。为了安抚他，9月1日丘吉尔宣布蒙哥马利晋升为陆军元帅。这样就造成了这样的局面，蒙哥马利的军衔比艾森豪威尔高，五颗星对四颗星，从而更加助长了这位将军的傲气。"蒙蒂与艾克的关系更加别扭了"。

　　伯纳德·劳·蒙哥马利1887年11月出生于北爱尔兰，在塔斯马尼亚岛度过他成长发育之年，因为他父亲做了塔斯马尼亚的主教。蒙哥马利回英国上学时，脑海中铭记着母亲灌输给他的严厉家规：不准吃糖果。每天上午7点半开始，在建在住宅外的一间教室里上课。在学校中，蒙哥马利唯有在他本人当头头的时候才表现出"团体精神"。他在桑赫斯特皇家陆军学院毕业不久，就参加了第一次世界大战。首次伊普雷歼灭战中，他作为一名陆军尉官，在一次白刃战中表现英勇，身负重伤，荣膺"优异服务勋章"。

　　尽管艾森豪威尔对这位刺头的将军表现宽容、仁慈，但蒙哥马利依然桀骜不驯。他越来越暴躁地指责艾森豪威尔在军事指挥上无能。他认为，艾森豪威尔不会任命一位指挥官来指挥进军鲁尔的战斗。他说，艾克力图"通过冗长的电报"坐在最高统帅部里指挥一切。蒙哥马利用他的派克—51型自来水笔在淡蓝色的信纸上写信回击艾森豪威尔。书信的基调总是彬彬有礼的，只是在情况严重时略带急躁情绪。当这种潜藏的刻薄情绪达到非常严重的程度时，蒙哥马利就在信末这样写道："您最忠实的朋友，蒙蒂。"蒙哥马利在信中极力向艾森豪威尔说明，在当时军需供应阻塞的情况下，根本无法按照他的计划攻占鲁尔、萨尔和法兰克福地区，并继而向柏林挺进。因此，再次要求，将军需的全部或大部给他的军队，并由他担任主攻。

　　面对蒙哥马利的压力，艾森豪威尔我行我素，按自己的处事哲学办事。9月初，他虽然宣布蒙蒂的第二十一集团军群在补给方面有优先权，但是他也要布雷德利的第十二集团军群在巴黎以东集结，并准备迅速向东进击。完全如蒙哥马利所担心的那样，布雷德利同意巴顿向兰斯和兰斯以东挺进。8月30日，巴顿越过马斯河。这样他在巴黎以东推进了100多英里，离莱茵河也不过这样的距离。然而，他的汽油用完了。当天他仅得到2.2万加仑汽油，而他需要40万加仑。可是，他还要继续推进。他部下的一位军长向他报告部队已经停止前进，如果再往前推进，坦克就没有汽油了。巴顿要他"继续前进到坦克停下来为止，然后从坦克下来，徒步前进"。巴顿认为，他的坦克的汽油用完后，艾森豪威尔将不得不给他更多的汽油，甚至抽调第二十一集团军群的配给额。

↑在盟军最高指挥部中，蒙哥马利和艾森豪威尔相处得并不十分融洽。

9月2日，艾森豪威尔到凡尔赛去见布雷德利、霍奇斯和巴顿，讨论未来的作战问题。凯·萨默斯比在盟国远征军总部办公日记中写道，在会见前，艾森豪威尔说，他要狠狠地批评巴顿，因为他把战线拉得太远，从而造成补给的困难。但是，巴顿抓住了机会先讲。他高兴地告诉艾森豪威尔，他已经在摩泽尔——夸大地说——在梅斯巡逻。"艾克，如果你让我得到正常的分配的吨数，我能推进到德国边界，而且突破那条该死的齐格菲防线，我愿意以我的名誉打赌。"

"乔治，小心点！"艾森豪威尔想到巴顿最近的一些麻烦事，不高兴地说，"你的名誉值不了多少钱！"

"我的名誉现在不错啊！"巴顿嬉皮笑脸地说，"我的部队在前方，机会好得不能再好，希望阁下开恩，同意拨给第三集团军额外的汽油。保障我的军队继续前进！"

经过讨价还价，艾森豪威尔允许巴顿继续向曼海姆和法兰克福进攻。此外，还同意布雷德利的请求，把第四集团军部署在阿登以南，巴顿的左面。

当蒙哥马利得知巴顿将得到更多的汽油，霍奇斯从他的右翼撤走时，勃然大怒。因为补给不足，意味着不能同时发动两次攻势。他说："如果我们企图采取折衷的解决办法，分散我们必需的物资，势必使哪一次进攻都不能全力以赴，导致战争延长。"艾森豪威尔回答说，他仍优先补给第二十一集团军群，并在此基础上分配物资。

两天后，也就是在9月7日，蒙哥马利继续抗议，他在补给方面没有得到优先权。他被迫把补给品的数量削减到每日6000吨，他说这是"我消耗所需的一半，我不能这样长久地继续下去"。他需要每天空运1000吨，可是仅得到750吨。蒙哥马利引述了更多的，他所短缺的数字和情况后说："在这份电报中很难把问题说清楚"。他不知道，艾森豪威尔能不能来见他。

提出这样的要求，正是蒙哥马利一贯的做法。在整个战争期间，只有一次他到盟国远征军总部去见艾森豪威尔，尽管他是经常被请去参加会议的。他总是坚持要艾森豪威尔来见他。但是，9月7日他提出这样的要求是非常不合适的。因为艾森豪威尔刚刚遇到事故，行动还很困难。

艾森豪威尔是在9月2日出事的。当时他在凡尔赛会见布雷德利和巴顿后，回格朗维尔。艾森豪威尔的B—25型座机一个消声器坏了，他转乘一架L—5型飞机，这是一种航程有限的只可以乘坐一人用于联络的小型飞机。碰上了暴风雨，驾驶员迷了路，找不到跑道。汽油快用完了，他们在沙滩上迫降。艾森豪威尔跳下飞机帮助驾驶员把飞机推过潮水线。在潮湿的沙石上，他扭伤了膝盖。驾驶员帮助他一瘸一拐地走过盐滩到公路上。一辆路过的美军吉普车发现了他们，把他们送到格朗维尔。艾森豪威尔全身湿透，精疲力尽，一身泥水，两名副官把他抬到他的卧室。他的膝盖红肿，很痛，艾森豪威尔动弹不得。一名医生从伦敦飞来，要他卧床一个星期。几天以后，消了肿，医生给艾森豪威尔的膝盖打上了石膏。

↑四星上将艾森豪威尔。

蒙哥马利明明知道艾森豪威尔的伤势，但仍坚持要艾森豪威尔前去布鲁塞尔和他会见，而不是他到格朗维尔去。因此，9月10日下午，艾森豪威尔拖着痛疼的病体飞往布鲁塞尔。登上飞机很困难，走下飞机根本不可能。作为下级的蒙哥马利登上飞机，从口袋中拿出艾森豪威尔最近的指示，挥舞着手臂，激烈地把计划骂得一文不值，指责总司令欺骗他。言外之意说，是巴顿而不是艾森豪威尔在指挥战争，要求把地面指挥权归还给他，并且宣称，两面出击最后将导致失败。

当蒙哥马利骂得厉害的时候，艾森豪威尔默不作声。然而，在蒙哥马利第一次停下来换口气的时候，艾克欠着身子，把手按在蒙哥马利的膝盖上说："冷静点，蒙蒂！你不能这样对我说话，我是你的上级。"蒙哥马利嘟囔着说了几句道歉的话，接着他提出由第二十一集团军群单独地通过阿纳姆，直插柏林，并要求得到他所需的补给。但是，艾森豪威尔断然拒绝，告诉他连考虑的可能性都没有。后来艾克在他的工作日记中写道："蒙哥马利的建议很简单，就是把什么都给他，这是发疯！"

经过一阵激烈的争吵和讨价还价，艾森豪威尔最后同意了一项代号为"市场—花园"的计划。蒙哥马利宣称，这项计划会带来重大战果。计划规定用空降集团军和英国第二集团军在荷兰的阿纳姆渡过下莱茵河。艾森豪威尔所以同意这一计划，是因为他像蒙哥马利一样，想在攻势的势头没有消失前，在莱茵河对岸建立一个桥头堡。他也对于使用空降集团军进行一次重大行动的想法表示欣赏。

但是，这一计划有着某些明显的缺点。主要是：从比利时—德国边境向北，而不是向东推进，将使第二集团军在它的右翼和第四集团军的左翼之间出现一个缺口。霍奇斯将不得不把部队调到他的左边来堵住这个缺口，这就意味着各支部队拉得更开，战线比以前更为宽阔。进攻方向将使第二十一集团军群离开鲁尔地区，要越过另外一条河。而最糟的是，它将推迟打开安特卫普港。安特卫普港是欧洲最大的港口，最靠近德国心脏地区。盟国远征军总部一直知道，没有安特卫普港，就不能在德国进行重大作战行动。可是艾森豪威尔允许蒙哥马利不顾安特卫普港而在阿纳姆进行不顾后果的行动，即使获得成功，也得不到重大的战果。

正如一些军事专家们所预料的，"市场—花园"行动一开始就进展不利。9月17日，第一天第二集团军就打得不好，接着步步受挫。到了9月21日，由于恶劣的天气，德军的反攻，特别是蒙哥马利在指挥上的消极态度，使这一行动遭致失败。但蒙哥马利毫无自我批评之意，把失败的责任推诿给别人。他对艾森豪威尔说："我不能同意说，我们的想法是相同的。我相信你会愿意我在这个问题上非常坦率。"他要求用有约束性的命令使巴顿停止前进，并催促艾森豪威尔"把一切都投入左翼"。但即使取得某些进展，没有安特卫普港也是不够的。整条战线情况不佳，艾森豪威尔向马歇尔承认："使人想起在突尼斯初期的日子，但是，如果我们只要用上安特卫普港，就会得到像输血那样的结果。"

9月20日，艾森豪威尔已经把盟国远征军总部迁移到凡尔赛。第三天，即9月22日，在凡尔赛召开军事会议。这是从预定发起进攻日以来最大的一次。有23位将军，海军上将和空军元帅出席。事实上，盟国远征军中的重要人物，除蒙哥马利由他的参谋长德·基恩甘代表外，全都出席了。这位傲慢十足的英国元帅所以不去，他知道他的所作所为不能说服别人，特别是在有敌对情绪的凡尔赛的一班人中，差不多没有一个人是对他怀有良好印象的。他的霸道作风在远征军将领中引起强烈的不满。

在这次军事会议上，艾森豪威尔宣布了他的作战计划。在他离开办公室去会议室前，他口授一封给蒙哥马利的信，传达了这样的决定。他说："我坚持认为安特卫普港是很重要的。占领安特卫普是最后进军德国的先决条件。"他要求蒙哥马利给予加拿大部队为打开安特卫普港所需的一切，"其中包括全部空军力量和你们所使用的一切其它武器。"然而，蒙哥马利对总司令的命令，置若罔闻，继续坚持他自己的计划，组织部队向阿纳姆推进。结果，一切都很糟。法国境内的大规模的8月攻势没有带来欧洲的胜利。"市场—花园"行动失败，安特卫普没有及时打通，对于1944年的局势毫无帮助。

到了10月9日，艾森豪威尔终于忍受不住了，他要批评蒙哥马利了。直接起因是拉姆齐海军上将办公室送来一份报告，其中提到加拿大部队由于弹药短缺，在11月1日前不能完成任何任务。怒气冲冲的艾森豪威尔打电报给蒙哥马利："除非在11月中使安特卫普港投入使用，否则我们整个作战行动将限于停顿。我必须强调，从瑞士到英伦海峡整个战线上的作战行动，我认为安特卫普是最重要的，而扫清入口通道障碍的战斗，需要你亲自过问。"他把电文中有刺激性的言词都删掉了，加了一句"你最了解哪里是你的集团军群的重点"。

蒙哥马利对这一指责很不服气，当天他就给艾森豪威尔回敬了一份电报。"请你代问拉姆齐，他有什么资格向你报告他根本不可能知道的、有关我的作战行动的情况。"蒙哥马利说，加拿大部队已经在进攻，而且"并没有弹药短缺"的情况。至于安特卫普，他声称："那里的战斗正由我亲自指挥。"过后不久，艾森豪威尔的参谋长史密斯打电话给蒙哥马利，要求知道在什么时候他可以在安特卫普周围采

→1945年，蒙哥马利与艾森豪威尔在诺曼底前线。

取某些行动。接着说了些激烈的话。最后史密斯气得满脸通红，转身对着他的副手摩根将军，把话筒塞到他手中。史密斯说："拿着，告诉你的老乡他该做些什么！"摩根只好告诉蒙哥马利："除非安特卫普很快打开，否则将切断对他的补给。"

这个威胁激怒了蒙哥马利，他丢下话筒，写了封信给史密斯。他把"市场—花园"行动的失败，归咎于他的部队和布雷德利部队之间缺乏协作；并对盟军总部的作战计划横加指责，再次要求掌握地面部队的指挥权。艾克对此甚为不满。他说："如果蒙哥马利对盟国远征军最高司令部的作战计划仍采取消极对抗态度，则我们之间确实存在着分歧，为了今后能有效地作战，必须很快予以解决。"艾森豪威尔说，他清楚地意识到自己的权限，"如果你作为伟大盟国之一在这个战区中的一位高级司令官，觉得我的想法和指示竟然危及作战的胜利，则我们有责任把这个问题向高一级当局提出，以便采取他们可能选择的任何行动，即使是重大的行动。"

这位狂妄自大的蒙哥马利十分清楚，如果艾森豪威尔向盟国参谋长联席会议报告，这就"有他无我，或有我无他"，而艾森豪威尔将会胜利。蒙哥马利赶紧回电："我已经向你表明了我的观点，而你已经作出答复。我和我们全体将百分之百重视按你的要求去做，而且我们毫无疑问将完成它。"他说他已经把安特卫普放在最优先的地位，并将结束关于指挥权问题的讨论。他允诺："你将再听不到我重提指挥权问题。"最后在电文上签署了"您非常忠诚的下属，蒙蒂"。

1944 年的秋天，霖雨连绵，阳光稀少。部队进展迟缓，蒙哥马利和布雷德利又

↓1944 年，艾森豪威尔与 21 集团军司令蒙哥马利（左）、第 12 集团军布雷德利（右）在一起交谈。

暴跳如雷，使艾森豪威尔更为苦恼。唯一使他宽慰的是，美国参议院批准晋升他为新设立的五星上将，这使他和马歇尔、麦克阿瑟，还有蒙哥马利同级。足以使艾森豪威尔高兴的是，他可以告诉他的情人凯·萨默斯比少尉，他已经对丘吉尔谈到过她，英国首相答应，准备授予她一枚大英帝国勋章。

圣诞节过后，艾森豪威尔决意再次发起新的进攻。他认为，在"凸出地区"的德军各师缺编，战斗力受到严重削弱，供应线不畅通。他想迅速地、狠狠地打击他们。蒙哥马利则犹豫不决。艾森豪威尔认为蒙哥马利严重缺乏军事行动上的时间意识。双方又引起了一场不愉快的争论。蒙蒂在一封信中，指责艾森豪威尔的作战方针，并再次要求让他全权指挥地面作战。而这当然是只朝一个方向，即向北面进击，并让巴顿原地不动。蒙哥马利甚至为此起草了一份指示，让艾森豪威尔签字。

艾森豪威尔不但不照他的要求办，反而发出他自己的指示，其中的每一点都和蒙哥马利起草的各点针锋相对。他强调说："目前必须防止的一件事，是敌人用步兵来稳定他们的突出部，从而可以随意在前线任何部分使用他们的坦克。我们必须重新掌握主动，而要这样，速度和干劲是很重要的。"附在这一指示中的给蒙哥马利的补充说明中，艾森豪威尔的用语是简洁、直截了当和有力的。提到蒙哥马利争辩只应当有一名战场指挥官时，艾森豪威尔说："我不同意。"他说，他对蒙蒂已经做到仁至义尽了，不愿意再听到把布雷德利置于蒙哥马利指挥之下的意见。"在这件事上，我明确对你讲，我不能再让步。"他又说，"我已经制订好在宽广正面向莱茵河进军的计划。"他命令蒙哥马利仔细阅读他的指示。所有以前给蒙哥马利的信件和指示中的含糊态度，现在完全一扫而光。

艾森豪威尔要向这位英国元帅摊牌了。他说："我很难过，我们之间产生这样一条不可逾越的信念方面的鸿沟，以致我们将不得不把我们的分歧提到盟国参谋长联席会议上去。"如果蒙哥马利走得更远，这正是他要这样去做的。艾森豪威尔承认："随之而来的混乱和争吵，肯定将损害对共同事业的良好愿望和献身精神，这种愿望和精神使盟军成为历史上绝无仅有的一支军队。"但是如果蒙哥马利要坚持，他就没有别的办法。

盟国远征军最高司令部，对蒙哥马利的反感是很大的。普遍的情绪是，蒙哥马利必须离职。蒙哥马利却不以为然，他狂妄地说："让我离职，哪一个能替我？"德·基恩甘回答说："听说已经安排好了，他们想要亚历山大接替你。"蒙哥马利的脸色顿时发白，他已经忘却了这位能力和威信都高于他的将军。"弗雷迪，我该怎么办？怎么办？"德·基恩甘拿出了一份已经拟好的电稿，让蒙哥马利签字。他说："签字吧！当前唯一的办法是向艾克承认错误，并要求撤回或撕毁你要求单独指挥地面部队的那封信。"这位傲气十足的将军都照办了。

他在给盟国远征军总司令的信中说："亲爱的艾克，你可以信赖我和在我指挥下的全体指战员，百分之百地全力以赴来执行你的计划。"1945年1月3日，他开始进攻，虽然不能完全符合艾森豪威尔的要求，但比蒙哥马利原来提出的要好得多。盟军在2月份对"凸出地区"连续发起猛攻。与此同时，苏联红军奋起反攻，希特勒愈来愈难以招架了。

第十七章

17
Dwight D. Eisenhower

希特勒反扑

第**17**章

希特勒反扑

自盟军诺曼底登陆以来，西线德军损失惨重。绝大多数德军将领认为，第三帝国大势已去，战争将主要在德国本土上进行。但自巴黎解放后，由于盟军战线延长，供应日渐困难，加上内部意见不一，攻势逐渐缓慢下来。这给希特勒造成了喘息之机，他决意要进行反扑了。

1944 年 8 月 31 日，希特勒在大本营对一些将军们训话，试图给他们灌输"铁的意志"。他说：

"我们在必要时将在莱茵河上作战。这没有什么了不起。我们在任何情况下都要战斗下去，正如腓特烈大帝所说，要一直打到那些该死的敌人精疲力竭不能再战为止。我们要作战到底，一直打到赢得在今后 50 年到 100 年内能够保障德国民族生命安全的一个和平局面为止。这个和平局面，首先不能像 1918 年那样再一次地玷污我们的荣誉……我活着就是为了领导这一战斗，因为我知道，如果这一战斗的背后没有铁的意志，这场战斗是不能胜利的。"

希特勒在严厉批评了陆军参谋总部缺乏"铁的意志"之后，对他的将军们透露了他坚信前途有望的一些理由。他说："盟军之间的关系变得十分紧张的时候，他们决裂的日子就要到来了。历史上所有的联盟迟早都要垮台的。不论怎样艰难，唯一的办法是等待恰当的时机。"

纳粹宣传部长戈培尔受命组织"总动员"的工作。新被任命为补充军司令的希姆莱，着手建立 25 个人民步兵师以防守西线。在纳粹德国关于"总体战"的计划和言论尽管很多，但是国家的资源却远远没有全部利用起来。由于希特勒的坚持，在整个战争时期，日用品的生产仍维持着庞大的数字，这显然是为了维持民心和士气。而且他仍然迟迟未实行战前制定的动员妇女进工厂工作的计划。1943 年 3 月，当军备和战时生产部长斯佩尔打算要妇女进工厂时，希特勒说："牺牲我们最珍贵的理想，这个代价太高了！"纳粹思想认为，德国妇女应该待在家里，而不是在工厂里。在战争的头四年，当英国有 250 万名妇女从事战时生产的时候，德国只有

18.2万名妇女干着同样的工作。

现在盟军已经打到大门口，纳粹首脑们慌张起来了。15岁到18岁的孩子和50岁到60岁的男子都应征入伍。在大学、中学、机关和工厂里到处搜寻入伍者。1944年9月到10月，有50万人参加了陆军，但是没有规定要妇女进机关、工厂去替代这些入伍者。军备和战时生产部长艾伯特·斯佩尔向希特勒抗议说，技术工人的应征入伍，严重影响到军火生产。

自从拿破仑时代以来，德国的军队就几乎没有在本国的土地上打过仗。后来普鲁士和德国的战争，都是在别国的领土上进行的。现在战争已深入到德国的心脏，军队已陷入困境，因此他们进行了大张旗鼓的鼓励士气的工作。陆军元帅冯·伦斯德发出号召说："西战场的士兵们！我希望你们保卫德国的神圣领土，坚持到底！"另一个陆军元帅莫德尔号召集团军的士兵们："我们的家乡，我们的妻室儿女的生命系此一战！"

为了挽救危局，希特勒脑子里在酝酿着一个计划，决定孤注一掷，倾尽全力向盟军发动一次强大攻势，妄图挽回败局。

1944年12月12日的晚上，一群西线战场上的德国高级指挥官被召到伦斯德的总部。他们被搜取了腰间佩带的武器和手里的公事包，然后被装进一个大汽车里，在没有月光的原野上开了半个钟头，目的是弄得他们晕头转向。最后停在一个很深的地下室通道前，原来这是希特勒在法兰克福附近泽根堡的大本营。在那儿，这些人第一次知道了少数最高参谋官和指挥官一个月前就已经知道的事："元首"准备在四天内，在西线发动一次"强大的反攻"。

自从九月中旬艾森豪威尔的军队在莱茵河以西德军前线受阻以来，希特勒的脑子里就涌现出一个大胆计划：夺回主动权，发动攻势，切断美军第三和第一军团，深入安特卫普，夺回艾森豪威尔的主要供应基地，压迫英加军队沿比利时和荷兰边境撤退。他认为这一攻势，不但会使英美联军遭受惨败，从而使德国西部边疆不再受威胁，而且可以使他转过身来对付苏联的军队。这一攻势还会很快打通阿登森林，1940年德军的大突破就是从这里开始的；而且德国情报人员知道这里美军兵力薄弱，只有四个步兵师防守着。

深秋以来，希特勒就为他的最后孤注一掷到处搜罗残兵余卒。10月间，他

↓希特勒发动大规模的阿登反击战前，陆军元帅莫德尔(中)正和纳粹党的两名官员商讨反攻方略。

居然拼凑了近1500辆新的或改装的坦克和重炮。12月又拼凑了1000辆。他还征调了28个师，包括9个装甲师，供突破阿登森林之用；此外，还有6个师，准备在主要攻势发动之后，进攻阿尔萨斯。戈林还答应凑3000架战斗机。

这是一支相当可观的力量，虽然远比不上1940年伦斯德在同一战场上所使用的兵力。但是，要拼凑这样一支兵力，意味着取消对东线德军的增援；东线的德军司令官们认为，这种增援是击退苏联准备在一月发动的冬季攻势所必不可少的。当负责东线战场的参谋总长古德里安表示异议时，希特勒痛斥了他一顿：

"用不着你来教训我！我已经在战场上指挥了五年德国陆军，在这一时期我所获得的实际经验，参谋总部无论谁也比不了。我曾研究过克劳塞维茨和毛奇，而且把他们所有的军事论文都读过。我比你清楚得多了！"

12月15日夜间，德军在亚琛以南的蒙却奥和特里尔西北的埃赫特纳赫之间的70英里的战线上进入他们的进攻阵地。这天晚上很黑，下着小雪，浓雾笼罩着阿登森林附近大雪覆盖着的群山。根据天气预报，会连着几天有这样的气候，估计盟军的飞机在这期间不能起飞，德国的供应线可以免遭诺曼底那样的厄运。连着五天的天气都帮了希特勒的忙。这个完全出乎盟军总司令部意料的德军行动，在12月16日早晨获得初步进展以后，德军接连几次突破盟军阵地。

12月17日夜间，一支德军装甲部队到达斯塔佛洛，它距美军第一军团总部驻地斯巴只有八英里，美军仓皇撤退。更重要的是，它距一个存有300万加仑汽油的巨大美国供应站只有一英里。假如这个供应站被德国装甲部队占领，它就会进展得更远更快，因为德军非常缺乏汽油。由于汽油供应不上，它的装甲部队不断放慢进展速度。纳粹别动队斯科尔兹内的所谓第一百五十装甲旅，穿着美式军服，驾驶着缴获的美军坦克、大汽车和吉普车横冲直撞，给美军造成了很大的混乱。

盟军所以没有及早洞察敌人的阴谋和行动，据艾森豪威尔说，主要是天气给德军帮了忙。这位盟军总司令在《远征欧洲》一书中写道：

"这些日子以来，空中侦察无法进行；没有空中侦察，我们就无法判断敌人后方的主要后备队的位置和行动。齐格菲防线的强大人工防御工事也使敌人得到了攻击的力量。防线上的障碍物、碉堡和固定炮火，大大加强了敌人守军的防御力量，这样敌军就能从他们的漫长战线上抽出兵力，集中起来进行反击。虽然从双方投入的兵力看，卡塞林战斗与阿登战役比较，不过是小小冲突，但是两者之间有一些共同之点。在这两次战斗中，敌人都是疯狂进攻，都是利用异乎寻常的坚固的防御壁障集中兵力打击盟军交通线，妄想诱使盟军最高统帅部放弃对他们无情进攻的全部计划。

"我们虽然对敌军反攻的时间和实力感到惊讶，但对于他们反攻的位置以及这次反攻终会发生的估计是不错的。此外，就盟军准备反击的一般性质来说，布雷德利将军和艾森豪威尔早已有了一致的计划。"

德军开始进攻后，12月17、18日整整两天，艾森豪威尔一直密切注视着战局的发展，并进行了分析。18日夜，他认为盟军已经掌握了有关敌人的兵力、意图、动向以及盟军自己的实力等方面的充分材料，可以据此拟订一项盟军发动反攻的具体计划。19日凌晨，他在泰德空军上将和一个参谋小组的陪同下来到凡尔登。布雷德利将军、巴顿将军和德弗斯将军奉命在那里与他会晤。会议一开始，艾森豪威尔说：“当前形势对我们来说，是一个好机会，而不是灾难，所以今天应该高高兴兴开会。”任性的巴顿叫嚷起来：“嘿！我们要沉着镇静，让这些狗崽子往远里冲，一直冲到巴黎才好，那时就真能把他们一段一段分割，一口一口吃掉！”于是引起哄堂大笑，巴顿自己也笑了起来。

他们仔细地回顾了形势，大家都高兴地看到与会的每一个人，无论是司令官还是参谋人员都沉着、自信。没有人表现出歇斯底里或发表惊慌失措的言论。

“在这种形势下，”艾森豪威尔说，“假定最高统帅部不惊慌失措，命令整个战线作全面撤退的话，防御部队的反应，一般有两种可实行的方针：一种是沿着受攻击的整个地区，只建立一条安全的防线，选择一些如河流之类的强固地势，据此坚守。另一种是防御部队一俟集结好必需的兵力，就立刻发动进攻。”

“我选择后者，”艾森豪威尔说，“这不仅因为从战略意义上说，我们是处于进攻的地位，而且因为我坚信，敌人跑出齐格菲防线，正好给我们提供了一个最有利的歼灭他们的机会。”

艾森豪威尔决定，没有必要在南北两侧同时发动进攻。他说：“北侧在德军进攻中首当其冲，我们得采取几天守势；但在南侧，只要我们尽可能早地向北发动进攻，将有助于战局的改变。在19日的凡尔登会上，我的直接目的是安排开始南面的突击。”

为了立即执行这些计划，艾森豪威尔发布了口头命令，但有一个条件，即巴顿在布雷德利指挥下实施进攻，进攻时间不得早于12月22日和迟于23日。还进一步同意巴顿的部队抵达巴斯托尼后，可以大体朝着乌法利兹的总方向继续前进。一俟飞行条件改善，飞机能起飞，就决定给予充分的空中支援。此外，艾森豪威尔在会上还通知大家，他打算一俟北侧的德军进攻兵力消耗殆尽，就立即开始部署这一侧的进攻行动。

对巴顿的安排，是要求他把至少有三个师的进攻军队集中在阿尔隆，并且从那里开始向巴斯托尼推进。总司令警告他不要分散进攻，指示这次进攻必须有条不紊，稳扎稳打。巴顿最初对德军的突击力量似乎没有足够的理解，因此，谈起分配给他的任务来总是很轻松的。这使艾森豪威尔认为有必要向他强调指出，他的这次进攻需要实力和高度计划性。

德军在科耳马尔的据点，对艾森豪威尔他们那天早晨拟定的计划，有一定的影响和牵制作用。如果这个据点不存在，法军就能很容易地守住从瑞士边境往北到萨尔地区的莱茵河防线，这样就能把美国第七集团军腾出来用在那个地点以北的地方，从而为巴顿的进攻提供更多的兵力。但是，科耳马尔据点对于孚日山脉东面莱茵平原上的盟军是一个威胁，因此，把那个地区本来可以节省出来的全部兵力都调走，那是不明智的，也是有危险的。

德弗斯奉命，只要能节省兵力，就放弃他战区里的任何向前的凸出部。一旦遇到攻击，就从北侧慢慢往后撤，甚至完全撤退到孚日山脉也行。北阿萨坦平原，对盟军来说，并不迫切需要。那时，艾森豪威尔十分希望德弗斯的战线往后撤，必要的话可以远远撤至孚日山脉的东端。但艾森豪威尔不允许德军再次进入山区，这条界线是德弗斯战线上所必须守住的。这些命令，同时也通知了法军，因为他们也暗示了后撤的可能性。如果后撤幅度大的话，连斯特拉斯堡也可能要暂时放弃。法军司令官后来把这个通知转交巴黎，从而引起了法国军界和政界的极大关心。法军参谋长朱安将军来找艾森豪威尔，要求竭力保卫斯特拉斯堡。这位盟国远征军总司令说，在那时他不能担保这个城市的安全，但同意尽力坚守不放弃。然而在阿登战役的整个过程中，斯特拉斯堡问题使艾森豪威尔伤透了脑筋。

到12月19日夜，在凡尔赛的最高统帅部接到报告说，德军通过凸出部中央迅速向前推进，先锋部队继续向西北方向迂回。进攻的方向越来越表明德军的计划是在列日西面某处抢渡默兹河，并从那里继续向西北去抢占突破口以北盟军整个部队的主要交通线。北侧明显地处在危险之中，战斗越打越激烈。德军的这次进攻很快获得了一个被称为"凸出部之战"的诨号。因为德军一开始就猛烈突击盟军防守薄弱的战线，取得了迅速进展，结果突入盟军前线最大纵深竟达50英里左右。

敌人猛烈的进攻给在战场上的部队造成极大的压力，被攻击部队的士气也受到非常严重的有害影响。艾森豪威尔说："在实际战斗中正遭受着种种危险的前线士兵，面临敌人压倒优势的兵力，而又无法了解司令官心里的增援措施，就必然要表现出混乱、恐慌和沮丧……说阿登战役的第一个星期，盟军各梯队不紧张、不忧虑，这是没有根据的，也是虚伪的。同样，过分强调这种紧张、忧虑的程度和影响也是不真实的。"

在阿登战役的初期，12月22日，艾森豪威尔发布了一项他在战争时期很少写的"当日命令"，其中写道：

"敌人一冲出他们的固定防线，这就能给我们机会，把他们的大冒险变为对他们的毁灭性打击。所以我号召全体盟军战士，鼓起勇气，坚定信心，努力奋斗。希望每个人都坚持这个唯一的信念：从地面、从空中、从一切地方消灭敌人！让我们以这个决心和我们为之战斗的不可动摇的信念团结起来！在上帝的帮助下朝着最大胜利奋勇前进！"

在这个战役中，德国空军企图进行这次战事开始以来规模最大的袭击。1945年1月1日，德国空军发动了几个月来对盟军最猛烈的攻击。它的主要目标是盟军飞机场，特别是"凸出部"附近及其以北的飞机场。在这一整天中，希特勒的空军摧毁了盟军很多飞机，其中大多数是停在机场上的。当然，敌人也付出了沉重的代价。

就在盟军接连遭受损失的时候，丘吉尔曾于1945年1月6日急电斯大林求援。第二天，斯大林就复电，表示要加紧准备工作，尽早从东线发动进攻。1月12日，苏军从波兰的维斯杜拉河(现名维斯瓦河)发动了强大攻势，重创德军。十天以后，即1月22日，希特勒急忙把党卫军第六坦克集团军从西线调往东线，这就大大减轻了西方盟军的压力。

圣诞节的前一天，是希特勒在阿登森林赌博的决定性的转折点。这时德军的进攻已成强弩之末，它在狭长的突出阵地两翼所受的压力实在太大了。圣诞节的前两天，天气转晴，英美空军大显身手，大肆轰炸德国供应线和狭窄崎岖的山间公路上的军队和坦克。德军向巴斯托尼作最后一次尝试。德军在圣诞节那天，从早上3点钟开始，发动了一系列的攻击。对德军来说，现在面临的问题是如何从狭长走廊地带撤退，以免被切断和被消灭。但是，希特勒对于任何撤退的建议都听不进去，反而命令继续猛攻巴斯托尼，重新向缪斯河推进。

元旦那天，希特勒以八个师的兵力攻打萨尔地区，并且命令海因里希·希姆莱率领一个军团从上莱茵河的桥头堡发动猛攻。在德国将领们看来，让希姆莱带兵简直是开玩笑。这两起攻势都没有获得进展。从1月3日起，以两个军共九个师的兵力向巴斯托尼所发动的总攻，展开了阿登战役中最激烈的战斗，但也毫无所获。到1月5日，德军已放弃夺取这一重镇的希望。他们面临着被英美军队反攻切断的危险。这一反攻是1月3日从北面发动的。1月8日，莫德尔所率领的军队开始从豪法里兹撤退。到1月6日为止，恰好是希特勒以他最后的兵力作赌注发动攻势的一个月之后，德军又退回到他们开始攻击的战线。

在阿登战役中，德军死伤和失踪约12万人，损失了1600架飞机、6000辆汽车、600辆坦克和重炮。当然，美军损失也不小，尤其以第一〇六步兵师为最严重。这个师的阵地是无掩护的，因此它不仅从一开始即进入战斗，而且很多士兵被孤立起来，后来成了俘房。第二十八师同样受到沉重打击。第七装甲师在英勇的圣维特保卫战中，遭到重大损失。盟军全部伤亡为77000人，其中8000人阵亡，48000人受伤，21000人被俘或失踪。坦克和反坦克炮共损失733辆(门)。

在这一战役中，双方虽然伤亡都很大，但盟军能得到及时的补充，而德军却办不到了。希特勒已经把最后的招数都使出来了。这是第二次世界大战中德军的最后

✓1945年1月1日，希特勒戴着眼镜，正和帝国元帅戈林(前左)、古德里安将军(前右)以及其他一些高级军官审阅那项"沉重打击"计划——即为了使进攻阿登的任务顺利进行，先发动一场迅猛的空中打击。事实上，空袭取得了很大成效，但代价也是昂贵的。德国空军少将加兰特说："我们耗尽了自己最后一笔财富。"

一次大反扑。它的失败不仅使西线的失败成为不可避免，而且也葬送了东线的德军，因为希特勒将他的最后的后备力量投入阿登战役，这一行动的严重后果马上就显示出来了。

在苏联红军包围布达佩斯之后，古德里安曾在圣诞节前夕和元旦早晨两度向希特勒乞求援兵，以便应付苏军在匈牙利和波兰发动的强大攻势，但是毫无结果。1月9日，古德里安第三次再到希特勒的大本营去求救。他带着东线谍报处长盖伦将军，他们企图用地图和其他图表向"元首"说明，在苏军即将在北方发动的攻势下，德军所面临的十分危险的处境。希特勒听后大发雷霆。他说，这些图表是"完全荒谬"的，并命令要把制图表的人关到疯人院去。希特勒硬说，东线战场"从来没有拥有像今天这样强大的后备力量"。古德里安反驳道："东线战场是个空架子，只要突破一点，全线就会崩溃。"

事情果然如此。1945年1月12日，科涅夫率领的集团军从华沙南面维斯杜拉河上游的巴拉诺夫的桥头堡出击，向西里西亚推进。在其北面，朱可夫率领的集团军跨过华沙南面和北面的维斯杜拉河，华沙于1月17日解放。再往北，苏联两个军团占领了半个东普鲁士，并且挺进到但泽湾。这是大战以来，苏军发动的规模最大的攻势。仅仅在波兰和东普鲁士两地，就投入了180个师的兵力，其中很大一部分是装甲师。它们锐不可挡，势如破竹。

到了1月27日，苏军声势浩大的进攻，很快就使纳粹面临着全军覆灭的危险。那时，东西普鲁士已经被切断。就在这一天，朱可夫统率的大军从卢本跨过奥得河，在两星期内前进了220英里到达德国本土，离柏林只有100英里了。最使希特勒伤脑筋的是，苏军已经占领了西里西亚的工业基地。负责军火生产的斯佩尔说，西里西亚失守以后，德国所能生产的煤只等于1944年生产的1/4，钢只等于1944年的1/6。这就预示出1945年对希特勒来说，是灾难深重的一年。

纳粹的危机日益加深。到了1945年的2月，由于鲁尔区大部分已经成为一片废墟，上西里西亚也已经失守，煤的产量降到1944年的1/5；而且由于英美轰炸使得铁路和航运瘫痪，这些煤很少能运出去。元首办公会议上主要是缺煤问题。邓尼茨抱怨说，因为没有燃料，他的舰只有很多无法开动。斯佩尔耐心地解释说，由于同样的原因，发电厂和军火工厂也陷于停顿状态。罗马尼亚和匈牙利油田的丧失，加上德国人造汽油工厂遭到轰炸，使得汽油非常缺乏，以致迫切需要投入战斗的战斗机大部分不能起飞，被盟军的空军炸毁在飞机场上。由于坦克缺乏汽油，很多装甲师不能出动。

希特勒和戈林曾经想依靠新的喷气飞机把盟军的空军赶跑。因为德国人已经制造了1000多架这种飞机。盟军的老式战斗机是无法同德国喷气飞机在空中较量的，但是，这种喷气机极少能够起飞，制造喷气飞机使用的特殊汽油的煤油厂已经被炸毁了。为了使喷气飞机能够起飞而建造的加长跑道，很容易被盟军驾驶员所发现，他们被迫把停在机场上的喷气飞机炸毁。

在此情况下，艾森豪威尔所统率的欧洲远征大军，于2月8日开始向莱茵河进逼。

第十八章 **18** *Dwight D. Eisenhower*

向德国
本土进军

第**18**章

向德国本土进军

阿登战役结束之后，德国在西线的兵力形式上还有66个师，但其中很多部队的武器装备很差，有24个师甚至连反坦克炮都没有。艾森豪威尔统率的欧洲远征军，面临的任务是向德国本土进军，准备夺取莱茵河。

1945年1月底和2月初，南方集团军群先在阿尔萨斯清除了莱茵河西岸的科耳马尔"口袋"，迫使德军退守河东的齐格菲防线。根据艾森豪威尔的战略部署，从北到南，各个集团军都要消除莱茵河西岸的残敌，扫清障碍，以利大军渡河。

"莱茵河是一个可怕的军事障碍，其北端尤其如此。"艾森豪威尔对参加这一战役的指挥员们说，"这条河不仅河身很宽，而且水势难测，甚至水位和流速也变化无常，因为敌人能打开沿这条大河东面的那些支流的闸门。我们组织起专门的侦察队和警戒队，监视这种威胁。由于莱茵河这个障碍的性质，这次渡河，除了部队不是从船上向岸上攻击，而是从岸上向岸上攻击外，很像一次对滩头的突击。"

参加这次突击的部队，有蒙哥马利的第二十一集团军群和布雷德利的第十二集团军群。战役一开始蒙哥马利元帅和巴顿将军，这两位杰出的军事艺术表演家就暗自展开了一场激烈的友谊进军竞赛。巴顿所以这样做，是为了用这场竞争中表现出来的高度的进取精神来激励他的各级指挥官。这场竞争还从战场的形势发展中增添了新的动力。向德军薄弱之处发起攻击的巴顿，能够大踏步地前进。

2月8日，也就是巴顿的第七军在其作战区域内发起进攻的两天之后，"名副其实的战役以排山倒海之势"开始了。先是在西线战场上发起了自战争爆发以来最为集中猛烈的一番炮火轰击。艾森豪威尔的莱茵兰作战计划就这样开始了。这个作战计划的第一个目标，是让蒙哥马利的部队"突破帝国森林，插入下莱茵起伏不平的丘陵地带"，使战场形势来一个决定性的转机。

蒙哥马利的部队很快就攻到了克勒弗，但是到达那里后，部队就停止了下来。第三十军军长霍罗克斯将军误认为巴伯少将指挥的苏格兰第十五师已经到达克勒弗城郊，便命令托马斯少将的第四十三师开始攻城，结果伤亡惨重。这两个师被纠缠在这场战斗中，脱不了身。一直到2月11日，克勒弗的守敌才被肃清。2月13日帝国森林的守敌也被清除。德军在战斗中调了相当多的预备部队，不仅挫败了盟军意欲实现突进的希望，甚至还堵住了刚刚被打开的突破口。

与此同时，巴顿的部队势不可挡地滚滚向前。德军根本无法阻止巴顿所向披靡的部队越过艾弗尔河向科布伦茨以北的莱茵河推进。被裹在美军第三集团军和第一集团军之间的11个师的德军部队，除了一小部分设法逃过莱茵河之外，其余的全部被歼灭。艾弗尔战役已接近尾声，另一次战役的轮廓已逐渐显露出来。

这就是后来的攻克科布伦茨的法尔茨战役。军事评论家威尔莫特写道："巴顿横扫法尔茨地区的战役的打法，类似他在法国西部丛林地带南边采取的迂回战术。"但是，为了打一次漂亮的胜仗，他不得不再施计谋。按规定，他的每一次战役都得经上级的批准方能进行。然而，这些战役的每一次全胜或成功都是靠巴顿抓住某些有利时机，施展一些花招，才获得上级的允许的。尤其是在法尔茨战役中，更需要使用欺骗手段。这样做不是为了迷惑德军，而是为了对付巴顿自己的上司。

第三集团军作战区的战况瞬息万变，但对美军十分有利。巴顿的第八军已推进到莱茵河畔，并已开始清剿德军。在第二十军的作战区域，第十装甲师逼近了萨尔姆河，清除了一些村镇的敌军，然后向北开至多尔巴赫地区，并在那里架起一座桥梁，建立了一个桥头堡阵地。意义最大的可能要算在第二十军区域，第四装甲师完成了为攻打特里尔以便夺取摩泽尔河上的一座桥梁而进行的部队集结和部署工作。

在巴顿出发去盟军总部开会之前，他的参谋人员已最后修订完了向法尔茨推进的作战计划。按照这个计划，若要包围科布伦茨，为这次战役创造所需的先决条

↓1945年3月6日，美军攻入科隆市。

件，就必须投入第八十师的部队。但是，这个师却被留在盟军最高司令部的总预备队里，第三集团军不能调用。

3月9日晚10时，当巴顿仍在列日时，他指示第十二军的埃迪将军打电话告诉盖伊将军："查尔斯·里德上校指挥的第二快速机械化部队，夺取了摩泽尔河上一座完好无损的桥梁。"埃迪问盖伊如何行动。盖伊当机立断，命令埃迪继续扩大这一战果，建立一个牢固的桥头堡阵地。然后，他打电话给在列日的巴顿，把这个好消息告诉了他，并建议巴顿去争取上级授权发起计划好的法尔茨战役。巴顿立即与布雷德利和艾森豪威尔开会讨论，向他们介绍了情况。他们两人都同意继续扩大战果。接着，巴顿又提出要第八十师，艾森豪威尔很爽快地同意了他的要求。法尔茨战役就这样开始了。

巴顿一回到指挥部就指示哈蒙德，在没有得到他的进一步的指示之前，中断与"上级领导"的通讯联络。然后命令埃迪尽可能多地架设些桥梁，继续进攻。就在第三集团军司令部装聋作哑的这个期间，埃迪在摩泽尔河上架起了三座桥梁。这三座桥梁都是插进法尔茨地区所必备的条件。

就在这个时候，被围在科赫姆以西的德军九个师的残余部队撤退到摩泽尔河以南，并于3月12日在洪斯吕克山一带慌忙筑起一道防线，以图保护战斗力日益削弱的巴尔克将军G集团军的北翼。但是，巴顿的部队已成为守卫西壁防线的敌军的主要威胁。德军的担忧完全是有道理的。向莱茵河推进的第三集团军，已经暴露在敌军的右翼，并且创造了自去年8月在法国境内战斗以来的第一个好机会，对敌人再打一毁灭性的运动战。加菲将军的第四装甲师在科布伦茨南面渡过摩泽尔河，打破了德军的后方阵地，紧随在后的是埃迪将军第十二军的步兵部队。没过多久，沃克将军的第二十军的装甲部队突破了西壁防线，并向莱茵河进攻。他的部队和第十二军的部队会师后，围住了洪斯吕克山区的十个师的残敌。与此同时，帕奇的第七集团军攻破了西壁防线后，正向北继续进攻。

德军此时已乱成一团。他们企图在美因茨和曼海姆西面建立起一道防线，但未能挡住第三集团军装甲部队的冲击。第四装甲师深入地插进法尔茨地区，进入了第七集团军的作战区域。在莱茵河畔，除了一个渡口之外，敌军其他所有可能逃跑的渡口均被第四装甲师切断。第十和第十二两个装甲师把敌军向东赶往莱茵河，敌军的撤退很快就变成了溃逃。敌军朝着莱茵河上唯一尚存的渡口施佩耶尔竞相逃窜。

德军的部队被从三面冲击而来的巴顿的装甲部队切割成无数个小块，又遭到韦兰将军的第十九战术空军部队战斗轰炸机的无情轰炸，加之美军步兵毫不放松的追击，德军两个集团军的大部被歼，八万多人被俘。3月18日，第三集团军的其他部队攻克了科布伦茨。三天之后，第三集团军作战区域的德军除被歼的外，全部被赶过莱茵河，法尔茨战役到此胜利结束。

现在巴顿又恢复了与蒙哥马利的直接竞赛。这次竞争的目标是蒙哥马利称之为"西欧最大河流障碍——莱茵河"。自3月12日以来，蒙哥马利指挥三十五个师的庞大军队，正为强渡莱茵河加紧工作。就其准备的规模和喧嚷程度来说，被称为"劫掠"的渡河战役似乎仅次于"霸王"战役。蔚为壮观的渡河战斗，事先就被吹嘘为蒙哥马利在这次世界大战中首屈一指的战绩，它甚至比阿拉曼之役还要伟大。蒙哥马利元帅摩拳擦掌，准备在这次行动中与"希特勒尚存的西部集团军之精华"较量一番。他集中邓普西将军的英国第二集团军，克里勒将军的加拿大第一集团军和辛普森将军的美军第九集团军，准备了约25万吨物资，其中包括大量水陆两用车辆、攻击舟和架桥材料。丘吉尔曾生动地描述过这次规模庞大的准备工作。这次行动激发了他那富有浪漫主义色彩的想象力，他像凯撒当年要过鲁比肯河那样盼望着这一行动早日开始。他写道："我们将投入所有的力量。百万大军前面八万人的先头部队将猛扑过去。大量的船只和浮桥都已准备就绪。在河的对岸，是据守在战壕里并配备有各种现代化火器的德军。"

英国丘吉尔首相、英国总参谋长布鲁克元帅和盟军远征军总司令艾森豪威尔将军，都曾亲自来到莱茵河畔，从位于起伏不平的河岸的一座小山丘上观看了这一极为壮观的渡河场面。丘吉尔从这一具有历史意义的地点给斯大林元帅发去一份热情洋溢的电报说，"我和蒙哥马利元帅一起，在他的司令部。他刚刚下令从以韦塞尔为中心点的广阔的战线上发动强度莱茵河的主攻。这次战斗将得到3000门大炮和一个空陆军的支援。预计部队将于今晚和明天渡过河去，并在对岸建立起桥头堡阵地。一旦强渡成功，一支格外强大的装甲预备队将乘胜追击。"这份电报中还没有提及空军中将科宁汉指挥的数百架重型轰炸机和3000架战斗机正随时待命支援这次代号为"劫掠"的战役。

然而，一次意外的收获几乎使"劫掠"战役成为多余的举动。3月7日，沿着艾弗尔北边推进的美军第一集团军第九装甲师的部队，发现雷马根的鲁登夫铁路桥仍然完好无损地横跨在莱茵河上。雷奇斯将军亲自打电话给布雷德利将军，把这个令人难以置信的消息告诉了他。布雷德利听后在电话里大声叫道："好极了，考特尼。有了它，我们就可以把德国大门一脚踢开！"

布雷德利马上认识到夺取雷马根桥后的战机，便对作战部长布尔说："大显身手的时机来到了。"但是，布尔反驳说："你不能攻打雷马根，因为这与作战计划不符。"然而，布雷德利仍请求上级下这个决心。艾森豪威尔对他说，"冲过桥去用多大兵力都不要紧，但是务必要坚守桥头堡阵地。"可是还不到24小时，盟国远征军最高司令部就对这位最高司令官的慷慨指示作出了修正。第二天上午，布雷德利接到命令说："在雷马根不能投入超过四个师的兵力。"这显然是为了照顾"原定作战计划"而作出的干预行动。

当巴顿的部队推进到莱茵河时，战场的形势就是这样。3月21日，巴顿的第十二军正沿着莱茵河迅速挺进，第二快速机械化部队牢牢地扼守在弗赖魏因海姆和美因茨之间的地区，第九十师正向美因茨靠拢，肃清了在莱茵河西岸作战区域内大部分敌军，而第五师也正在其他战区清剿残敌。第四装甲师正沿着莱茵河西岸向北挺进。与此同时，第十一装甲师再一次向莱茵河推进，该师的部分部队已进入沃尔姆斯。到了第二天，3月22日，第三集团军作战区域内莱茵河上所有德军的退路都已被切断。当天共俘获德军11000名。这表明德军士气瓦解，濒于崩溃。巴顿还得知，第十装甲师的部队已和第七集团军的部队接上了头，完成了对德军的包围圈。

→ 1945 年 3 月，被美国第三集团军俘获的 11000 名德军俘虏。

战争形势好得令人难以置信。"我们还在等什么?"巴顿在没有空中支援，没有地面炮火准备，没有在敌军防线后方空投空降部队，甚至没有真正得到上级授权进攻的情况下，发出了开始攻渡莱茵河的信号。巴顿命令一下，当晚 11 时，整编第五师即以两个营的兵力开始渡河，渡河几乎没有碰到什么困难。拂晓时共有六个营渡过了河，而伤亡人数只有 34 人。随后又把一个师的兵力运过河去，从而建立了美军第二个桥头堡阵地。

"什么莱茵河是一道不可逾越的天堑呀"，"什么东岸部署的是德军的精锐部队啦"，完全被巴顿的神速行动所戳穿了。蒙哥马利为渡河所作的规模巨大的准备工作，现已暴露了他当初未能估计到德军已经濒于崩溃。这次连布赖恩特也为巴顿的行动拍案叫绝。他写道："当英军总司令还在为 3 月 24 日的渡河作准备工作时，巴顿就开始了一场新的攻势。这位第三集团军司令在圣诞节之日挥师北上，堵住了德军在阿登的突破口，尔后在 3 月初穿过艾弗尔，挺进到科布伦茨，为阿登之役雪了恨。现在他又挥师转向东南，两度指挥装甲部队渡过摩泽尔河……一周内，包围了齐格菲防线守军。此外，还圈住了数万名士气低落消沉的德军，清扫了莱茵河西岸的残敌。接着，这位伟大的将领又一次——此次也是正确地——抢在蒙哥马利前行动，胜利地渡过了莱茵河。"

起初，巴顿对于这次渡河一声不吭，直到 3 月 23 日，他才打电话对集团军群司令说："布雷德利，我已经渡过了河，但先不要声张。"

"什么?你说什么?"布雷德利叫着，"你是说渡过了莱茵河?"

"正是，"巴顿说，"昨天夜间，我让一个师悄悄地渡过河。对岸德军部队少得很，他们现在还不知道呢。所以先不要声张，先保守秘密，然后再看看情况会如何发展。"

天黑以后，巴顿又给布雷德利打电话。这次他就不像早上那样压低声音，这次他大声要求，快向全世界宣布，他们已经渡过了河。他说："我要让全世界知道，第三集团军在蒙哥马利未渡河之前就渡了过去！"

"据说还发生了一件与这次渡河有关的、十分有趣的事情，"巴顿后来写道，"第二十一集团军群定于 3 月 24 日渡莱茵河。为了迎接这一惊天动地的战斗，丘吉尔先生写了一篇演讲稿，祝贺蒙哥马利元帅发动现代史上第一次攻渡莱茵河的战斗。这篇演讲稿事先录制了下来，由于英国广播公司方面出了个差错，被播放了出去，尽管第三集团军过河已有 36 个小时了。结果闹出了大笑话。"

就是在蒙哥马利"劫掠"战役发起之日，巴顿在埃迪、科曼和斯蒂勒等将军的陪同下，以胜利者的姿态过了莱茵河。当他的车开到浮桥中间，他停了下来，朝河里吐了一口唾沫——有人说他就是这样来庆祝这一事件的。

为了不给敌人以任何喘息的机会，巴顿在五天内在莱茵河对岸建起了两座桥头堡阵地，尔后又建起了两个。第八军的部队在科布伦茨南面发起了第二次强渡。巴顿像秋风扫落叶一样，穿过美因茨—法兰克福—达姆施塔特三角地带，并于 3 月 25 日夺取哈瑙和阿沙芬堡附近的美因河桥头堡阵地。德军进行疯狂的反扑，企图把美军遏制在美因河桥头堡阵地，可是未能堵住这个突破口。到了 3 月 28 日这天，第四装甲师向北推进了 30 英里，与第一集团军的部队会了师，并且在威斯巴登—宾根地区围歼了数千名德军。

巴顿向卡塞尔和富尔达疾驶猛进，不使德军有任何守卫防御阵地的机会。巴顿的装甲部队沿着韦拉河的两岸迅速向爱森纳赫挺进，然后越过富尔达河，又向前推进了 20 英里，从而彻底粉碎了德军想在埃德河、富尔达河和韦拉河一线站住脚跟的

←1945 年 4 月 12 日，艾森豪威尔、巴顿和布雷德利视察德国一处集中营。

幻想。4月10日，第三集团军已开始向穆尔德河进军。它的装甲部队又以脱缰的野马之势，把埃尔富特、魏玛、耶拿和格拉甩到后面，一直推进到克姆尼茨近郊才停住脚，五天共推进了80英里。4月14日，巴顿应邀去参加在美因茨的莱茵桥通车典礼。在剪彩时，他以轻蔑的态度拒绝使用递给他的一把大剪刀。"你把我当成什么人了？裁缝师傅吗？"他咕咕哝哝地说，"他妈的，给我拿把刺刀来！"

且说盟军百万雄师渡过莱茵河后，即根据艾森豪威尔的命令，迅速从南北两面包围德国主要工业区鲁尔以及退守那里的B集团军群。在对鲁尔的包围圈即将完成时，蒙哥马利于3月27日向部下发出一道命令，同时报告了艾森豪威尔和英国总参谋长艾伦·布鲁克。这道命令的要点是，英国第一集团军和美国第九集团军(从阿登战役以来归他指挥)必须以最快的速度和干劲向易北河猛进，直指从汉堡到马格德堡一线。他特别强调需要"突然出击"，以快速装甲部队为先导，沿途占领飞机场，以备随后用来进行密切的空中支援。

然而，第二天，即3月28日，当蒙哥马利的部队已经开始准备出发时，发生了一件"爆炸性的事件"。艾森豪威尔不仅完全改变了计划，而且直接通知了斯大林，以便他的作战行动同苏军的作战计划协调起来。他给蒙哥马利的信息只是赞成计划中的这一点，即同意蒙哥马利在鲁尔东面同布雷德利会师。然后，不仅美国第九集团军不让蒙哥马利指挥，而且还清楚表明，盟军的主要突击方向不是柏林，而是莱比锡和德累斯顿。

艾森豪威尔通知蒙哥马利说："一旦你和布雷德利在卡塞尔—帕德博恩地区会师，第九集团军将立即转归布雷德利指挥。那时，他将负责占领鲁尔和肃清敌军，并尽量少耽误时间，然后他的主要突击方向将沿着埃尔富特—莱比锡—德累斯顿轴心前进，并同俄国人会师。"

当蒙哥马利向艾森豪威尔呼吁，在到达易北河之前，既不要改变计划，也不要变动指挥安排时，艾森豪威尔更全面地说明了他的意图：

"我的计划很简单，其目的在于分割和消灭敌军，并同俄国军队会师。只要斯大林能给我情报，卡塞尔—莱比锡轴心是达到这个目标的最直接的进军线。"

丘吉尔和英国军界人士对此极为恼火，纷纷指责艾森豪威尔越权与斯大林直接联系。但美国军政要人马歇尔等则支持艾森豪威尔的行动，认为在纯军事问题上盟军最高统帅有权直接与苏军最高统帅取得联系。英国人的指责实质上不在于艾森豪威尔同斯大林进行了直接联系，而在他改变了计划，不让蒙哥马利担任主要突击力量去攻占柏林。

艾森豪威尔为什么要改变目标、放弃了占领柏林的计划呢？事实很明显，由于希特勒在阿登的反击，盟军耽误了六星期的时间。结果，当蒙哥马利的北方集团军群在莱茵河畔准备东进时，他离柏林还有480公里；而这时苏军已在奥得河边，距柏林只有60公里左右，并且早已准备攻打柏林了。所以艾森豪威尔作为一个军人已经预见到，争夺柏林的比赛已经输掉了。

而且，就德国来说，希特勒还在柏林，困兽犹斗。在这种情况下，要强攻德国首都，就要付出重大的伤亡代价。布雷德利将军回忆说："假设即使我们能在朱可

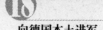

夫强渡奥得河之前到达易北河，那么易北河离柏林反正还有 80 公里的低地带。在柏林西部一带地区，湖泊棋布，河网纵横。艾森豪威尔问我，据我看，从易北河冲到柏林，我们要付出多大代价?对这个问题，我说，我估计我们大约要损失十万人。"并且，在雅尔塔会议上，苏美英三大国已经划定了各自在德国的占领区，柏林是在苏联占领区内。即使美军付出这么大代价占领了柏林，布雷德利说："我们还要退出来，并把地方让给人家。"所以美国高级将领不愿为了政治上的威望而付出这样重大的牺牲。

还有，在 1945 年的最初几个月里，美国情报部门获悉，希特勒在德奥边境的萨尔斯堡一带山区，以伯希特斯加登为中心，建立了"民族堡垒"，储备了大量的弹药物资，甚至修建了飞机制造厂，准备纠集纳粹狂热分子，负隅顽抗。布雷德利在回忆文章中写道："在当时，传奇式的堡垒在我们看来是完全现实的和非常严重的威胁，我们不能轻视它。它一直严重地影响到我们在战争最后几星期里的战术思想。"艾森豪威尔在《远征欧洲》一书中对此问题也这样写道："如果让德国建立了'民族堡垒'，它就可能迫使我们陷入旷日持久的游击战争，或者是陷入代价很大的围攻战……十分清楚，纳粹打算作这种尝试，而我决不能给他们实现这种尝试的机会。"

由于上述原因，所以艾森豪威尔决定不同苏联争夺柏林，而是尽量利用美国军队去占领德国，肃清纳粹顽抗势力。

然而，丘吉尔对此极为不满，在他的心目中，"柏林是头等重要的政治目标"。这位资产阶级政治家懂得，欧洲是大国争霸的重点，并且他已经看到，未来争夺欧洲的斗争将在苏联同英美等西方国家之间进行。因此，对西方来说，对抗的起点越靠欧洲东部越好。由于这些原因，丘吉尔强调柏林是"英美军队主要的和真正的目标"。早在 3 月 11 日他就写信给艾森豪威尔说："所以我宁愿十分坚持我们渡过莱茵河所确定的计划，就是美国第九集团军应该和第二十一集团军群一同向易北河前进并越过柏林。"当丘吉尔得知盟国最高统帅已改变计划，不让蒙哥马利去攻打柏林时，他急得像热锅上的蚂蚁，赶快于 4 月 1 日打电报给罗斯福，反复重申自己的主张："我认为从政治立场出发，我们在德国应当尽可能地向东推进，如果能拿下柏林的话，我们就应当占领柏林。"

然而，罗斯福这时生命垂危(他于 4 月 12 日逝世)，军事大权掌握在马歇尔手中，而这位总参谋长是完全支持艾森豪威尔的。因此丘吉尔始终未能改变这位盟军总司令的决断。

不过，艾森豪威尔对英国人的批评、抗议是十分反感的。

不过，为了给丘吉尔保留点面子，艾森豪威尔也没有完全关死大门。六天之后，即 4 月 7 日，艾森豪威尔在给联合参谋长委员会的报告中说："我非常同意进行战争是为了达到政治目的，如果联合参谋长委员会认为，盟军尽力占领柏林的意图超出本战场的军事考虑，我将欣然再调整我的计划。"然而，事实上，联合参谋长委员会并没有指示艾森豪威尔去占领柏林，艾森豪威尔也没有再改变自己的作战计划。

↑ 1945 年 3 月，艾森豪威尔与丘吉尔首相视察要渡过莱茵河的盟军部队。

这场风波过去之后，艾森豪威尔继续指挥百万雄师，按既定计划向德国内地进军。当时西线德军还有三个集团军群的编制，号称 60 个师，但实际兵力还不到半数。而艾森豪威尔指挥的欧洲远征军已增加到 93 个师，458 万人；空军早已取得了制空权，拥有飞机 17000 多架。在盟军地面和空中的绝对优势兵力的打击下，德军已成强弩之末，不堪一击，只有少数法西斯党卫队的狂热分子还负隅顽抗，作困兽之斗。

4 月 1 日，美国第一和第九集团军在帕德博恩以西里普施塔特会师，封闭了对鲁尔的包围圈，把德国 B 集团军群的 18 个师紧紧地围困在鲁尔地区。莫德尔两次突围都告失败，最后只好决定顽抗到底，尽量多地牵制盟军。但是，他的末日快到了。4 月 14 日，美军把这个大口袋切成两半；16 日，东半部德军瓦解了；18 日，西半部德军宣布投降。在整个鲁尔战役中，美军俘敌 32.5 万人，莫德尔本人失踪，后来人们说他自杀了。

鲁尔战役还没有结束，美第一和第九集团军来不及打扫战场，就把肃清残敌的任务交给了新近建立的美第十五集团军，他们自己日夜兼程，每天以 50 到 80 公里的速度向东挺进，沿途包围和俘虏已处于瓦解状态的小股德军。美国第九集团军的先头装甲部队于 4 月 11 日抵达易北河边，并于 12 日在马格德堡附近建立一个小小的桥头堡。第二天，另一支美军又建立了一个。德军猛烈反击，并出动了飞机，迫使美军于 14 日放弃了它们。但美军建立的第三个桥头堡却守住了。

德军现在已经遭受一连串重大失败。自从希特勒阿登反扑未遂、在血泊中败退以来，盟军势如破竹的打击，继续使它遭到一系列惨重的损失和失败。如今东西两条战线的大军正在德国本土作战。德军完全丧失了鲁尔、萨尔和西里西亚。它分散在国内中央地区的残存工业，不可能再支持继续企图作战的军队。交通线遭到严重破坏，纳粹高级司令官再也不能确信他的命令能够下达到他所属的部队。在此情况下，艾森豪威尔作为盟军总司令发表了告德国军民书，敦促德军投降；并向全军指战员发出命令，如果敌人不投降，继续顽抗，就坚决歼灭它!

在向德国本土大进军中，巴顿的第三军团仍一马当先，他们继攻克法兰克福后，继续向北挺进，在赫斯费尔德发现了一个深藏在盐矿底层的纳粹宝库。井底有一大堆德国纸币，其中有一些显然是在美军到达以前仓皇撤退时堆在那里的。在一个地道里有大量油画和其他艺术珍品。这些东西有些用纸和粗麻布包着，另一些只不过像捆起的木材那样堆在一起。在另一个地道里，有一个存放价值约 2.5 亿美元的金库，其中大部分是金条。这些金条装在袋子里，每袋装两条，每一条重 25 磅。此外，还有欧洲各国铸造的大量金币，甚至还有好几百万枚美国金币。

在手提皮箱、衣箱和其他容器里，塞满了显然从欧洲各地的私人住宅里掠夺来的大量金盘、银盘和装饰品。很清楚，为了节省存放的地方，所有这些东西都被铁锤砸平后随便塞进容器的，敌人显然是在等待时机，以便把它们熔化成金条或银条。

↑艾森豪威尔将军与巴顿及布雷利将军，正在视察美军在德国中部的一座盐矿里发现的一批珍贵油车，这些画是从柏林运来的。

在发现这批珍宝那天，巴顿情绪很高，兴致勃勃。全部的黄金都在他的脚下，他感到自己俨然是一个中世纪的征服者。他边引导艾森豪威尔和布雷德利参观，也说着诙谐的俏皮话。金库在一个漆黑的矿井里，只有乘摇摇晃晃的破旧升降梯才能进到里面去。当这部古老的电梯靠一根钢缆高速度地下降时，巴顿数着电梯里人的肩章上的星，一本正经地说："如果这根像晒衣绳似的钢缆折断了，那就会大大加快美国军队里的晋升。"

这批珍宝被丢弃只能清楚地说明希特勒的千秋帝国在它的第十三个年头已经土崩瓦解。秘密金库是在 4 月 6 日发现的。那天，一支军需队的几名士兵，占领了一个德国军团的司令部，俘获了这个军团的司令官哈恩中将和他的部下。4 月 7 日，这四十多名战俘被关进了第三集团军的一个战俘营。从此，这座金库连同他的主人们一起作了巴顿将军的俘虏。

就在盟军向德国腹地飞速进军时，4 月 12 日，罗斯福总统在佐治亚州温泉疗养时，突然患脑溢血逝世。消息传出，全军上下十分震惊。那天晚上，巴顿辗转难眠，他在一幕一幕地回忆着他和总统的交往。

那是 1942 年，巴顿到前线参战时，总统亲自向他致以良好的祝愿。之后在卡萨布兰卡会议期间，巴顿又以主人的身份招待过罗斯福。他们在整个战争期间，都保持着接触。巴顿偶尔给这位总司令寄一些礼物，罗斯福收到礼物时，总是亲自给巴顿写封亲切而诙谐的回信。

1943 年 7 月 27 日，为了对巴顿攻占巴勒莫的辉煌胜利表示称赞，罗斯福送给巴顿一张亲笔签名的照片，这使巴顿感到十分意外。作为回礼，巴顿送给总统"一幅一直随身携带、弄得很脏的地图，它经过了西西里的大多数战役，上面标有到目前为止我们占领的各个地方"。

总统收到这份礼物之后，在 8 月 4 日写的一封回信中称巴顿为"亲爱的乔治"。信中写道："我很高兴收到你 7 月 27 日的来信，你曾随身携带的那幅极有意思的地图，的确是对海德公园图书馆的一份贡献。1918 年，从马恩到韦斯勒的进军中，我同德古特将军在一起待了两天，他送给我几幅原本野战地图，你的这幅地图将要同这几幅地图放在一起。你在这次进军中工作十分出色。帕·沃森、威尔逊·布朗和哈里·霍普金斯向我建议，战后我应当封你为埃特纳火山侯爵。但是，小心不要跌进火山口里去！"

巴顿在 10 月 7 日的回信中，用同样的语气写道："请接受我对您 8 月 4 日盛情来信表示最诚挚的谢意。我深知您十分繁忙，因而承蒙您给我写信，使我对您更加感激不尽。谈到埃特纳火山，我想我还是躲开那个地方为好，因为，报纸上说我讲了那么多可怕的事情，如果这些事情属实的话，那么魔鬼肯定会从山里跳出来把我抓住。但是我相信，历史上确实有一个'不在其位'的侯爵的先例，因为您还记得，意大利人曾封纳尔逊勋爵为埃特纳火山西麓的布朗蒂侯爵。而众所周知，不管是纳尔逊还是汉密尔顿夫人都从未到过那个地方，多么遗憾呀！"

史汀生陆军部长和总参谋长马歇尔将军，恰如其分地向罗斯福总统介绍了巴顿的品德和他的必不可少的作用。所以在巴顿再次面临危机，甚至当白宫中的一些顾问认为巴顿是一个严重的政治累赘而要总统甩掉巴顿时，总统都是坚定地支持巴顿的。在 1944 年 8 月那些激动人心的日子里，罗斯福同弗朗西斯·斯佩尔曼大主教给巴顿写了一封非常友好的信。巴顿在 10 月份给总统写了回信，并随信送上一艘船的模型作为礼物。这个模型是第三机械化突击队的詹姆斯·波尔克上校在布列塔尼"缴获"的。巴顿对于迟迟没有给总统回信表示了歉意，他用一种肯定会使罗斯福高兴的借口作了解释："我之所以没有及时回信，是因为我在执行您的计划，一直在非常紧张地同德国人打仗。"

有人曾数次挑拨他反对罗斯福，至少有一次露骨的企图要把巴顿抬出来作为战后美国保守党运动的领导人，用运动倡议者的话来说，这个运动是为了把国家从罗斯福的"新政"中拯救出来。但是巴顿将军以自己的耿耿忠心报答了总统对他的好意。

现在，罗斯福逝世了。巴顿将军和他的战士们，决心以对敌斗争的实际行动来悼念罗斯福总统。就在罗斯福逝世的那一天，辛普逊将军的第九军的先头装甲部队向易北河推进了 57 英里，到达马格德堡附近，并在河上建立了桥头阵地。再向北，他的第五装甲师各部队到达了唐格明德，离柏林只有 53 英里。从加拿大军队刚刚发起主攻的阿纳姆，到德国的心脏耶拿，盟军的士兵正在猛攻希特勒摇摇欲坠的"欧洲堡垒"的内部巢穴。耶拿是拿破仑在 1806 年同普鲁士人作战中取得决定性胜利的地方。但是，现在图林根这座萨勒河畔古老的城市，只不过是第三集团军向东进攻作短暂逗留的地方。

在东线，苏联红军在这场战争里最强大的攻势中，动用了 180 个师的兵力，从冰天雪地的波兰南部平原，推进到了奥得河边，并且正在猛烈地轰击着柏林的外围防线。希特勒所建造的这座纳粹大厦就要倒塌了。

第十九章

19

Dwight D. Eisenhower

纳粹德国
投降

第19章

纳粹德国投降

1945 年春天，第三帝国的末日很快就到了。在苏联红军和西线艾森豪威尔部队的猛烈打击下，纳粹军队节节败退，希特勒所曾鼓吹的"千秋帝国"眼看就要翻船了。

早在 1 月 27 日下午，朱可夫的部队已渡过奥得河，离柏林只有 100 英里。希特勒大本营发生了一件饶有趣味的事。这时大本营已迁至柏林总理府，此后，大本营没有再迁移。25 日那天，急得团团转的古德里安去见里宾特洛甫，要他设法同西方马上接洽停战，以便使剩下来的德国军队能集中起来对付东线苏军。这位外交部长马上到"元首"跟前告密，于是那天晚上希特勒把古德里安大骂了一顿，并且指控他犯了"叛国罪"。

但是，在两个晚上以后，东线的灾难性的打击使得希特勒、戈林和约德尔反而认为没有必要向西方要求停战了。他们深信西方盟军由于害怕布尔什维克的胜利所带来的后果会自动找上门来。1 月 27 日"元首会议"记录的片断还保存了这场戏的一部分。

希特勒：你们认为英国人对俄国的这一切进展会感到高兴吗？

戈林：他们当然不希望我们会挡住他们，而让俄国人占领整个德国……他们当初并不希望我们像疯子一样地抵挡他们，而让俄国人节节进逼，现在差不多占领了整个德国……

约德尔：他们一向对俄国人怀有戒心。

戈林：如果这种情势发展下去，几天之内我们就会从英国人那里收到电报……

第三帝国的头目们就这样把他们的最后希望系在一根游丝上，结果他们的幻想又完全破灭了。

从 2 月底开始，艾森豪威尔所统率的百万大军就向莱茵河进逼，两个星期以后，他们就牢牢地控制了摩泽河以北的莱茵河左岸。德军死伤和被俘的又有 35 万人，其中被俘的占 29.3 万人，大部分武器和装备均已损失。希特勒对此又大发雷霆。3 月 10 日，他最后一次再把伦斯德革职，换上来的是在意大利长期苦战坚守的凯塞林元帅。但是战局的发展，和希特勒所希望的完全背道而驰。

3月7日午后，美军第九装甲师到达雷马根。几天以后，3月22日晚上，巴顿的第三军团在美国第七军团和法国第五军团的配合下，打了一个漂亮仗，拿下萨尔—巴拉丁那特三角地带以后，又在美因茨以南的奥本海山母渡过莱茵河。3月25日，英美军队已经完全控制了莱茵河西岸，并在两处地方渡河建立了坚强的桥头堡。在六周之内希特勒在西线的兵力损失1/3，并且损失了差不多可以装备50万人的武器。

与此同时，苏联红军所向披靡，与柏林的距离愈来愈近了。据古德里安后来在纽伦堡军事法庭交代，在形势日益危机的情况下，他与纳粹元首又在俄国战场形势问题上大吵了两个钟头。

"他站在我面前，举起拳头，脸上气得通红，全身发抖。"古德里安说，"狂怒使他变成了另一个人，完全丧失了控制自己的能力。在每一次发作之后，他就在地毯上走来走去，然后猛地在我面前停下来，重新指着鼻子骂我。他几乎是放开嗓子嘶叫，两只眼睛鼓得要脱出来，额头的青筋也暴了起来。"

就是在这种精神状态下，这位德国元首做出了他一生中最后的重大决定之一。3月19日，他下了一道总命令，要把所有德国的军事、工业、运输和交通设备以及所有的储备统统毁掉，以免它们完整地落入敌人之手。这些措施要在纳粹地方领袖和"民防委员们"的协助下由军事人员执行。命令最后说："一切指示与本命令相抵触者均属无效。"这就是说，德国要变成一片荒漠不毛之地，可以使德国人民在战败后维持生存的任何东西都不能保留下来。

↓1945年4月，美军第9军开始向易北河地区挺进。图中的美军士兵正在被炮火炸毁的克虏伯工厂的废墟中搜寻德军狙击手，因为据德国电台的报道称，在该城工厂废墟中，数以千计的狙击手正在等待着盟军。事实上，并没有出现如电台中所说的那种顽抗。

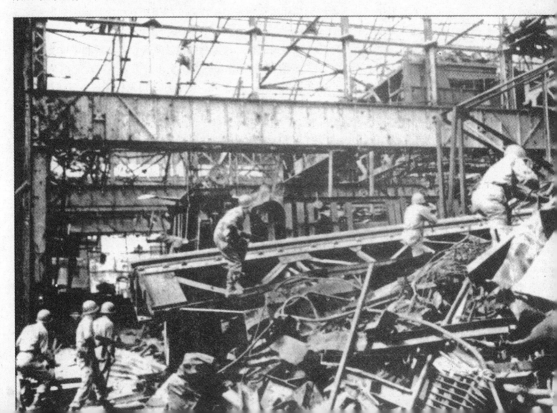

这位最高统帅公布了他那臭名昭著的"焦土"政策的指示。元首办公厅主任马丁·鲍曼在3月23日也发了一道同样野蛮的命令，这位胆小如鼠的人物，现在在希特勒宫廷中的地位超过任何其他的纳粹暴吏。斯佩尔在纽伦堡法庭上叙述道："鲍曼的命令旨在把德国东部和西部的人口，包括外国工人和战俘在内，移至德国中部。数以百万计的人必须徒步旅行。对他们的生存，没有准备任何条件，而且在当时的情况下，也没有办法准备。这势必要造成不可想象的饥荒。"

人们普遍认为，假如希特勒和鲍曼的命令都付诸执行的话，数以百万计的尚未在战争中死去的德国人也要死去。斯佩尔在纽伦堡法庭上总括各种"焦土"命令说，必须摧毁的有："所有工厂、所有重要的电力设备、自来水厂、煤气厂、食品店、服装店；所有的桥梁、铁路和交通设备；所有的河道、船只；所有的机车和货车。"德国人民所以能够幸免这最后的灾难，除了因为盟军的进展神速使得这次巨大破坏无法执行之外，还由于斯佩尔和一些军官尽了他们非凡的努力。他们终于直接违抗希特勒的命令，在国内四处奔走，保证重要的交通、工厂和商店不被那些死心塌地服从命令的军官和纳粹党徒们所炸毁。

希特勒虽然还作垂死挣扎，但他的末日眼看就到了，德国法西斯已处在"四面楚歌"之中。

战争进行到1945年3月底、4月初，德国法西斯已处在最终灭亡的前夕。除了东方的日本，德国在世界上已没有任何盟国，彻底被孤立起来。反法西斯的战火正从东西两面猛烈而迅速地向着德国中心地区燃烧。德国人民的反战厌战情绪日益高涨，法西斯恐怖手段再也镇压不住工人的怠工和军队中的开小差现象。在失败和灭亡的恐惧中，法西斯统治集团内部的尔虞我诈和互相倾轧更加露骨地表现出来。德国法西斯政权已摇摇欲坠了。

在军事上，维斯瓦—奥得河战役、匈牙利战役、东普鲁士战役和东波美尼亚战役结束之后，苏军已进抵奥得河—尼斯河一线，并开始积极准备攻克柏林。在西线，艾森豪威尔统率的美、英、加、法军队，于3月中旬先后渡过莱茵河后，4月中旬正向易北河方向猛进，其先头部队于4月12日到达马格德堡，接着又解放了莱比锡和纽伦堡等地区。德军在东西两线大批大批地被歼和被俘，控制的领土急剧地缩小。

德国的部分领土被占领，又失去欧洲的盟国和仆从国，加之反法西斯同盟国对德国工业区和交通线的猛烈轰炸，致使德国的经济全面瘫痪。尤其严重的是德国失去了它的钢铁和煤炭基地鲁尔区和西里西亚，使其战时经济遭到致命的打击。而罗马尼亚和匈牙利的解放，则断绝了德国石油的主要来源。3月份德国煤的产量下降为1944年平均月产量的26%，钢下降为15%。1至3月份平均每月只生产了333辆坦克。1945年第一季度，德国的空军每月需要12万吨煤油，但每月只能生产1万吨；坦克和汽车每月需要18万吨燃料，而实际的产量仅为4至6万吨。结果德军的相当一部分飞机和坦克无法开动。而且随着时间的推移，德国工业的产量下降得越来越厉害。所以，德国的军备和战时生产部长斯佩尔1945年3月中旬在致希特勒的备忘录中心酸地写道："4至8个星期内，德国经济将最后崩溃，这是可以料定的……经济崩溃以后，战争就再也不能继续下去了。"

希特勒原来打算在4月20日，他56岁生日那天，离开柏林前往上萨尔斯堡，在神话般的巴巴罗沙山间堡垒中指挥第三帝国的最后决战。政府各部门大部分都已南迁，汽车上满载着政府文件和拼命要离开这注定要沦陷的柏林的疯狂的官员。十天以前，"元首"也把他的大部分侍从人员送往伯希斯特加登，收拾他的山间别墅伯格霍夫，专候他的到来。

然而命运已经注定他再也看不到他那心爱的阿尔卑斯山上的山间别墅了。他没有想到末日来得这样快。苏军和美军正神速地向前推进，已会师于易北河上。英军已兵临汉堡和不来梅城下，被占领的丹麦有被切断的危险。在意大利，博洛尼亚已经沦陷，亚历山大率领的盟军正在向波河流域推进。苏军在4月13日拿下维也纳以后，沿着多瑙河挺进。而美国第三军团也在顺河而下准备和苏军在奥地利的希特勒的家乡林茨会师。在战争期间一直在修建宏伟的大礼堂和体育场以作纳粹党的首府的古老城市纽伦堡已被包围。美国第七军团的一部正绕过纽伦堡向纳粹运动的诞生地慕尼黑挺进。柏林已听到苏军重炮的隆隆声了。

纳粹财政部长冯·克罗西克伯爵，一听到布尔什维克党人要来了，便离开柏林仓皇逃向北方去了。他在4月23日的日记中写道："整整一星期，噩耗不断传来。我国人民似乎正面临着不幸的命运。"

希特勒是在上年11月20日由于苏军的逼近，最后一次离开他在东普鲁士腊斯登堡的大本营来到柏林的。自从东线战场战事爆发以来，他很少来柏林，如今他就一直待在柏林了。直到他的末日为止，他都在总理府。总理府的大理石的大厅，已被盟军炸成废墟。他就在下面50英尺深的地下避弹室中指挥他的正在崩溃的军队。

希特勒的身体虽然已经垮了，而且由于苏联红军打到了柏林和西方盟军占领了德国西部本土，可怕的末日已迫在眉睫；但是，他和他的几个最疯狂的追随者却顽固地盼望着能在最后一分钟出现奇迹，使他们得救。他们之中，戈培尔尤其如此。

四月初的一个夜晚，戈培尔向希特勒朗读其元首喜爱的一本书：卡莱尔所著的《腓德烈大王史》。他所朗读的这一章叙述的是七年战争中最黑暗的日子，那时这位大王已感到日暮途穷。他对他的大臣们说，如果在2月15日以前他的运气仍不好转，他就要放弃战争，服毒自杀了。这一段历史的确很合时宜，戈培尔无疑是用极其戏剧化的方式朗读的：

"英勇的国王！请您等一等，您那受难的日子就要过去了。您那交好运的太阳就要拨云雾而升起来照耀着您了。2月12日，俄国女皇死了，勃兰登堡王室的奇迹就出现了。"

他们在这本英国人所写的书的鼓励之下，从希姆莱的无奇不有的研究室档案里调了两张预卜吉凶的星象图来研究。一张是在1933年1月30日"元首"就职时为他卜算的；另一张是一位无名星象学家在1918年11月9日魏玛共和国诞生之日为它卜算的。戈培尔把这两个非凡的文件加以重新研究以后所得出来的结论是："一个惊人的事实已经看得很清楚，两张星象图都预卜战争要在1939年爆发，并且预料到1941年以前的胜利和以后的节节失败，以及1945年初，特别是4月的前半月的最大的打击。4月下半月我们就要获得暂时胜利。然后是停滞状态，一直到8月，才会有和平。在今后三年内德国的处境很困难，但从1948年开始德国就会东山再起。"

用卡莱尔和星象图的"惊人"预言所武装起来的戈培尔，在4月6日对败退中的士兵发出了动听的呼吁："元首宣称，时来运转就在今年……天才的真正品质在于它能意识到和确知即将到来的转变。元首知道转变到来的确切时刻。命运给我们带来了这个人，因此在这内外交困的时刻，我们将要亲眼看到奇迹……"

不到一个星期，4月12日的晚上，戈培尔自信的奇迹"确切时刻"已经到来。一位机要秘书前来向他报告："从外国通讯社报道获悉，罗斯福死了!"戈培尔听到这一消息，如获至宝。"把最好的香槟酒拿来!"他喊道，"给我接元首的电话。"

希特勒在马路对过的地下避弹室里躲避轰炸。戈培尔拿起电话报告说："我的元首，我向你祝贺!罗斯福死了!星象图里写得清清楚楚，4月下半月是我们的转折点。今天是星期五，4月13日。转折点到了!"

这一意外的消息，使纳粹头目们欣喜若狂，他们真的认为，从此可时来运转了。

4月15日，希特勒的情妇爱娃·勃劳恩来到柏林与希特勒相会。她做他的情妇已有12年以上。正如特莱佛—罗伯尔所说的，为了她的婚礼和葬礼，她在4月间来到了柏林。

希特勒的司机埃里希·肯普卡说："她是德国最不幸的女人。她一生中的大部分时间是在等候希特勒。"这位"金发美女"住在希特勒阿尔卑斯山别野的一套房间里，但因为不能忍受长期别离之苦，她在他们相识后的最初几年曾两度要自杀。但是，她渐渐地习惯于那令人沮丧的既非妻子、也非情妇的暧昧身份，满足于做一个"伟大人物"的唯一女伴，尽量享受极为难得的共同在一起的时光。爱娃·勃劳恩头脑简单，在思想上对希特勒可以说毫无影响，但希特勒对她的影响却是"绝对全面"的。

4月20日是希特勒的生日，这一天颇为平静地过去了。纳粹军政头目们在为"元首"祝寿后都作鸟兽散了。在苏联红军强大炮火的猛烈打击下，希特勒和戈培尔之流"时来运转"的美梦彻底破灭了。攻城部队步步逼近，苏军的坦克部队已经到达城内。最高统帅听到这样的消息实在受不了。他尖声叫道，每个人都背叛了他。除了背叛、撒谎、腐化和怯懦之外，没有别的。一切都完啦!好吧，他愿意留在柏林。他愿意亲自保卫第三帝国的首都。谁愿意走，就可以走。他愿意在这里以身殉国。

的确，希特勒是逃不出去了。苏军把柏林围得风雨不透，装甲部队已进入市区，而且又牢牢地掌握了制空权。希特勒就是插翅也难飞了。

为了捣毁德国法西斯的老巢，苏联红军早在1944年底就制定了攻占柏林的计划。随着战争的发展，这一计划又进一步修订、完善。1945年3月底，东波美拉尼战役结束后，苏军立即加紧了柏林战役的准备工作，军队和物资火速地向奥得河东岸集中。为了加速运送物资，甚至把德国东部的部分铁路改成了宽轨(苏联的铁路是宽轨)。参加这次战役的部队是白俄罗斯第一方面军和第二方面军、乌克兰第一方面军，总兵力在 250 万人以上。他们拥有 41600 门大炮和迫击炮，6250 辆坦克和强击火炮，7500 架飞机。战役的目的是粉碎退缩在柏林附近的全部德军，攻占德国法西斯罪魁祸首希特勒负隅顽抗的最后据点柏林，迫使德国无条件投降。

希特勒知道柏林战役将最终决定德国法西斯及其本人的命运。所以从 1945 年 2 月份开始，他便下令强迫当地居民、战俘和被强制到德国服劳役的外国工人，在奥得河一线和柏林周围构筑防御工事。他们在柏林以东建成三道防御阵地：第一道是北起沃林湖东岸，沿奥得河伸延到尼斯河一线。从此往西 10 至 20 公里是第二道防线，其中以泽劳弗高地为主要阵地。再往西 10 至 20 公里为第三道防线。此外，环绕柏林城筑成了三层防御圈：最外一层距离市中心半径为 24 至 40 公里，沿着当地的湖泊、河川构成。第二层距离市中心 12 至 20 公里，主要利用郊区的森林筑成。第三层是沿着柏林的环城铁路修成的。同时，把柏林市区划成 9 个防御区，分兵防守。当时希特勒搜集到柏林附近的兵力近 100 万人，在柏林市内还组成近 20 万人的守备队。他们装备有 10400 门大炮和迫击炮，1500 辆坦克和强击火炮，300 多万发火箭炮弹，3300 架飞机。

显然，无论从人数或装备上来看，苏军均占优势。希特勒曾指望在奥得河一线粉碎苏军的进攻。假若失败了，则将死守柏林城。他要求德国士兵和柏林市民"死守柏林直到最后一人"，其目的是把战争拖延下去，等待美英军队到达柏林地区；或则将柏林交给美英军队，或则美英军队与苏军冲突起来，他们便从中渔利，借以

↓ 1945 年 4 月 30 日，苏军在柏林攻占国会大厦，并在它上面升起红旗。

→1945 年 4 月
25 日，苏、美
士兵在易北河
会师。

保住他的"国家社会主义"。然而，这一切只是痴心妄想而已。

4 月 16 日凌晨 5 时，苏联红军开始发动攻击。经过四昼夜的激战，苏军连续突破了德军的三道防线，逼近了柏林防御圈。在这段时间内，希特勒被迫把全部预备队投入战斗，苏军粉碎了九个德国师。4 月 20 日，苏军开始炮击柏林。从 4 月 21 日开始，白俄罗斯第一方面军从东面、北面，乌克兰第一方面军从南面和东南面向柏林突击，在郊区展开激战，并冲入市区。

希特勒急令柏林以西的德国第十二集团军向东南移动，妄图与德国第九集团军会合后向苏军反击。但是，4 月 24 日，白俄罗斯第一方面军和乌克兰第一方面军的部队在柏林的东南侧会师，从而切断了德国第九集团军和德国第四坦克集团军同柏林的联系，并将这支大约 20 万人的敌军包围在奥得河上的法兰克福—古本地区。4 月 25 日，在柏林西侧，白俄罗斯第一方面军从北面南下，乌克兰第一方面军从南面北上，胜利地会师于波茨坦之西，形成了对柏林的包围圈。

此外，美军与苏军于 4 月 25 日中午会师于柏林西南的易北河西岸的托尔高。于是整个德国领土和德军的阵地被切成南北两块，而且盘踞在捷克斯洛伐克的德国两个集团军群也失去了向柏林地区靠拢的退路。在柏林市内激烈巷战的同时，德国第十二集团军、第九集团军和第四坦克集团军很快被苏军消灭。

柏林是一座战火熊熊、炮声雷鸣的孤城了。决定自己在柏林顽抗到底的希特勒，既无后备也无援军了。英勇的苏军战士，在威力强大的炮群和坦克支援下，在胜利的鼓舞下，在为祖国报仇雪耻的热情的激励下，不顾巨大牺牲，人人奋勇向前。所以市内的巷战进行得相当顺利，至4月29日，战斗已发展到市中心。在攻打柏林的过程中，苏军大约发射了180万发炮弹。为了摧毁敌人的工事和坚固的石头建筑物，苏军使用了每颗炮弹半吨重的大口径要塞炮。然而，尽管拥有威力如此强大的重武器，苏军战士有时还得用炸药把墙壁炸开，穿越前进。苏军经过猛烈的攻击和白刃战，于4月30日下午占领了象征着德国最高权力机构的国会大厦。剩下的仅有德国政府所在地——总理府了。

正当苏军猛攻德国国会大厦的时候，恶贯满盈的德国法西斯魁首希特勒于4月30日下午3时许，在总理府的地下室开枪自杀。不可一世、凶残暴戾、杀人如麻、妄图建立欧洲和世界霸权的法西斯元凶，就这样结束了他的生命。与他同时自尽的是他多年的情妇、在4月29日与之举行了婚礼的爱娃·勃劳恩。稍后，戈培尔夫妇毒死了自己的六个孩子，便命令士兵开枪将他俩击毙。这样，德国法西斯集团中仅有三人自愿作了希特勒的殉葬品。

希特勒自杀之前，留下了臭名昭著的遗嘱，其中值得提及的是，他任命海军元帅邓尼茨为德国总统和武装部队最高统帅。他的这种做法，显然是费了一番苦心的。德国的陆军将领是多次暗杀希特勒的主谋者，已不可信任了。至于法西斯集团的二号、三号人物戈林和希姆莱，他们于4月20日在风雨飘摇的气氛中为"元首"祝贺了56岁的生日之后，当夜各怀鬼胎，急忙离开了炮火连天的柏林。他二人都认为希特勒的生命即将完蛋。所以，4月23日戈林从上萨尔斯堡拍给希特勒一封电报，探问他现在是否可以接管德国的全部领导权。希特勒一见电报火冒三丈，立即

↓1945年5月7日德军战败，阿尔弗雷德·约德尔将军(中)，在艾森豪威尔法国兰斯的总部里签署投降书。约德尔的副官威廉·奥克森尼尔斯少校坐在左边，坐在右边的是海军上将弗雷德堡。

下令解除戈林的职务，并命令当地的党卫军逮捕了他。与此同时，希姆莱也背着希特勒，暗中与西方联系，表示德国愿意向美英投降，而对苏军将继续抵抗下去。希特勒知道此事之后，同样愤怒万分，所以在自尽之前，也没忘记指令邓尼茨政府逮捕希姆莱，并大骂希姆莱和戈林是叛徒。

希特勒自杀后，他的继承人邓尼茨仍继续玩弄分裂盟国的活动。他渴望在一个反苏联盟中与美国人携手合作。他认为，由于希特勒去世，西方会更乐于把德国看成欧洲反对共产主义的堡垒。5月1日，邓尼茨在向全国发表的广播演说中说，德军将继续进行反对布尔什维克主义的战争，以免作战部队和在德国东部的千万个家庭遭至毁灭。但是到了5月2日或3日，邓尼茨意识到艾森豪威尔不会接受只在西线的全面投降。因此，他试图通过使德军向盟国远征军最高司令部投降而在东线继续作战，来达到同样的目的。

蒙哥马利正面的德军告诉他，他们不但想让第二十一集团军群正面的德军投降，而且也让在德国东北部面对红军的德军投降。艾森豪威尔命令蒙哥马利拒绝后一建议，并允诺派到兰斯担任苏联驻盟国远征军最高司令部的联络官苏斯洛巴罗夫将军，如果出现较为全面的投降，他将"和在场的俄国代表一起，安排较正式的投降仪式"。

5月2日清晨，德军的柏林城防司令维德林命令德军停止抵抗之后，德国境内的战火逐渐平息下来。5月7日德国政府代表约德尔由弗雷德堡海军上将和一名副官陪同，来到兰斯西方盟军司令部。约德尔高高的个子，身体笔挺，穿着一身洁净的服装，戴着单片眼镜，看上去像普鲁士军国主义的化身。他生硬地低头鞠躬，在兰斯一所职业技术学校里，向美英苏代表签署了无条件投降书。签字后，艾森豪威尔向盟国联合参谋总部拍发了一封电报。电报说："盟军的任务在1945年5月7日当地时间2点41分完成。"

但是，斯大林对兰斯的投降仪式不满意。既然苏军是战胜德国法西斯的主力，柏林是苏军攻克的，那么兰斯的投降仪式从地点到方式均有损于苏军的威望。所以苏联政府与美英政府商讨之后决定：兰斯投降仪式只当作投降仪式的预演，正式的仪式将在柏林举行，并将由苏方主持。

5月8日24时，在柏林正式举行了德国无条件投降仪式。参加仪式的苏方代表是朱可夫元帅和维辛斯基，仪式由朱可夫主持。盟军最高统帅部的代表是：英国空军上将泰德，美国战略空军司令斯巴兹将军和法军总司令德·塔西尼将军。代表德国在投降书上签字的是：陆军元帅凯特尔、海军上将弗雷德堡和空军上将什图姆普弗。投降书的第一条宣布："我们，这些代表德国最高统帅部的签字者，同意德国一切陆海空军及目前仍在德国控制下的一切部队，向红军最高统帅部，同时向盟国远征军最高统帅部无条件投降。"并规定，该投降书从1945年5月9日零时开始生效。欧洲战争至此结束。

1945年5月8日午夜，欧洲的炮火和轰炸停止了。自从1939年9月1日以来，在欧洲整个大陆上第一次出现了解放后的和平欢乐。胜利的礼炮，和平的烟火，映红了柏林城，照亮了整个欧洲大地。

第二十章 20 胜利以后

Dwight D. Eisenhower

第 **20** 章

胜利以后

　　纳粹德国投降后，艾森豪威尔作为统率数百万大军的盟国远征军总司令，成为战争中最著名、最成功的将军。那时罗斯福已离开人世，因此艾森豪威尔仅次于斯大林、丘吉尔之后，成为世界上最著名的人物之一。

　　在邓尼茨政府投降签字后的当天，美军总参谋长马歇尔将军，就以国家、盟邦以及美国军队的名义，给艾森豪威尔发来了一封热情洋溢的电报。电报说："你以战争史上最伟大的胜利完成了你的任务。你出色地指挥了从来没有这样集结起来的最强大的部队。你遇到并成功地解决了涉及各种不同的国家利益的一切可以想象到的困难；处理了国际政治问题中前所未有的复杂问题。"

　　电报进一步指出："自你三年前到达英国以来，在所有这些方面，你在行动上是无私的，你的判断总是正确的和容纳各方面意见的，你在军事决策中的勇气和智慧完全令人钦佩。"

　　"你创造了历史，为了人类的幸福创造了伟大的历史，你代表着我们对于美国军队的一位军官所希望和钦佩的一切。这是我对你的敬意和我个人对你的感激。"

　　这是来自权威方面的最高的褒奖，马歇尔既是美国军队的总参谋长，也是盟国参谋长联席会议的主要负责人。

　　德军投降后，艾森豪威尔继任美国占领军总司令，他统率的美国军队有 300 多万。在此期间只要有重大事情去完成，很自然就会提到他的名字。

　　当德国投降的消息迅速传遍世界时，用丘吉尔的话来说，这是"在人类历史上爆发最大欢乐的信号"。对艾森豪威尔来说，十分繁忙，在以后几个星期内排满了活动。他要和盟国占领军首脑会商占领的任务、职责，还要把美国在欧洲的部队重新部署到太平洋，接待来访的人物；但是，他的大部分精力是用来应付热火朝天的、使人精疲力竭的、长时间的庆祝活动。

　　庆祝从 5 月 15 日开始，他接受邀请到伦敦度过一个晚上。他的儿子约翰、秘书凯·萨默斯比、侍从吉米·高尔特和布雷德利将军，随他一同前往。他们带了兰斯

↑1945 年 7 月
12 日，艾森豪
威尔应邀访问英
国，并在伦敦市
政厅做了著名的
演讲。

最好的 18 瓶香槟酒，带着怀旧的心情去访问了"电报"乡间别墅，在多尔彻斯特旅馆吃了一顿便饭，然后到剧院。凯的母亲也和他们在一起，而凯在剧院的包厢内坐在艾森豪威尔的身旁，结果拍下了那张议论纷纷的照片。照片登在英美报纸上，给他们之间的关系增添了谈论的资料。这是三年来艾森豪威尔第一次观看演出，第一次在饭馆里吃饭，1942 年以来第一次在公众场合露面。他吃惊地发现自己变得这样出名，这样受人欢迎。当剧院里的人们见到他时，欢呼，叫喊，要他讲话。他从包厢里站起来，说："我非常高兴回到我差不多能讲它的言语的国家。"

艾森豪威尔的传记作者斯蒂芬·安布罗斯说，这位昔日的盟国远征军总司令，在英国备受欢迎。他走到哪里，哪里人们就向他欢呼、鼓掌。6 月，在伦敦市政厅举行盛大的庆祝会，丘吉尔坚持要艾森豪威尔参加正式庆祝活动，而且不顾艾森豪威尔提出的仪式中"不要过分突出我在盟国合作取得的胜利中所起的作用"的请求。大家的注意力都集中在艾森豪威尔身上。当他知道他将在英国式的布置及其豪华的一个历史性大厅内，向包括联合王国所有高级将领和政府高级官员在内的广大听众发表主要演说，并接受威灵顿公爵的宝剑时，他非常认真对待这一任务，因为这是他第一次独自作正式讲演。一连三个星期，他每天晚上准备讲演稿，向布彻、凯和他周围的人大声宣读了无数遍。布彻建议他背熟讲演稿，这样就显得自然，并使他在讲话时可以不必戴眼镜。

6月12日上午，艾森豪威尔从多尔彻斯特由泰德将军陪同，经过圣保罗大教堂附近的废墟和瓦砾，来到留下轰炸痕迹的市政厅。艾森豪威尔从戴着假发的伦敦市长手中接受了宝剑。接着艾森豪威尔发表演说。他说，给他这样崇高的荣誉，使他忧喜交加，"因为任何受到欢呼的人永远必须谦虚，这种欢呼是他的同伴用鲜血、他们的朋友们牺牲生命换来的"。他讲到伟大的盟军合作队伍，他坚持认为，他只不过是一个象征，他所得到的奖赏和欢呼属于全体人员，属于那些在反法西斯战场英勇奋战的将士们。

第二天，6月13日，伦敦报纸认为艾森豪威尔的演说与1863年美国总统林肯在葛底斯堡的演说相媲美。他讲完后，丘吉尔把他带到阳台上，向聚集在阳台下面街道上的三万人挥手致意。艾森豪威尔对着要他讲话的人群说："不知道你们知道不知道，我现在是一个伦敦人。我有权利像你们一样走到人群当中欢呼。"

继英国之行后，艾森豪威尔接着又应邀到法国、捷克斯洛伐克和其他欧洲国家访问。他走到哪里，他都是备受欢迎的人物，然而活动的高潮还是在他自己的祖国。6月下旬，他回到美国。美国人民热烈欢迎这位胜利而归的战斗英雄，这位统帅百万雄师的远征军总司令。巨大的人群向他欢呼，他发表了许多演说。最重要的一次是在国会两院联席会议上讲的。马歇尔给他一份在国会上宣读的讲稿，艾森豪威尔向马歇尔表示感谢。但是他说，他喜欢不要讲稿，即席发表演说。结果，他的演讲中，尽是些平淡无奇的老生常谈，可是他讲得如此真诚和感情丰富，深深地打

→1945年6月10日，艾森豪威尔（右一）在柏林检阅苏联军队。

动了听众。议员们对艾森豪威尔长时间地鼓掌欢呼，人们说，这是国会历史上最长的一次欢呼。

从国会出来，艾森豪威尔又在他儿子约翰的陪同下，一道飞往纽约。当他们在飞机上坐好后，艾森豪威尔说："唔，我现在要考虑我到了纽约后要说些什么。"据美国报纸报道，这一天有200万纽约市民在市政厅外听他演讲。他讲的主题是，"我不过是一个完成职责的堪萨斯农家孩子"。《纽约时报》称赞他这篇演说是"杰作"。

在美国，到处要求他去演说。在庆祝胜利的日子里，美国形成了"艾森豪威尔热"。请柬像潮水般涌来，富豪，知名人士，各种著名团体和历史悠久的大学的校长，朋友，都要求他去发表演说。这些邀请的出发点都是好的，将军不愿拒绝，但感到很为难。正如他对一位老朋友所说的："我最怕的是成为饶舌的将军。"他尽可能把演说减少到最低限度，而且除了在伦敦市政厅和在美国国会发表的演说外，他尽量少作准备。他常常谈得恰到好处。

↑ 1945 年 6 月18 日，艾森豪威尔站在汽车上，向站在国会大厦前的欢迎人群不断挥手致意。

在阿比伦，在艾森豪威尔的家乡，有两万人在城市公园集会，欢迎"英雄"回到家乡。这个数字是这个小城镇居民人数的四倍。不少人是远途跋涉从西部草原上来的。艾森豪威尔对乡亲们说："我有幸，也可以说不幸，在这个世界上，我到过很远的地方，但是这座市镇始终在我的心中，在我的记忆中。"他像谈家常一样向

←这张与母亲的合影是艾森豪威尔的儿子给拍的。

197

听众们介绍了两军对阵的情况，介绍了战士们的英雄事迹。大家听起来很新鲜。

艾森豪威尔的专车，在堪萨斯大学的所在地曼哈顿作了长时间停留。将军的弟弟米尔顿·艾森豪威尔是这所大学的校长。哥俩在站台上相见，这里聚集着一大群学生和当地居民。学生们热情洋溢地向将军致敬。其中有一人对德怀特说："在欧洲您可以当总司令，但是在这里，你只是米尔顿的兄长。"德怀特·艾森豪威尔高兴地放声大笑起来。现在他知道确实在家里了，在无拘无束的堪萨斯人中间了。

艾森豪威尔在美国的活动非常成功，无论他是在国会的正式演说，还是在国会的委员会作证，或者向街上的人群发表即兴讲话，或者只是坐着敞篷车，像职业拳击家一样挥舞着手和张口大笑，都给人们留下了深刻的印象。6月18日，他在华盛顿下飞机后的第一句话"啊，天呀，回到老家多好"，第二天成了首都报纸的头条新闻。在华盛顿，阿瑟·伯恩斯博士，华盛顿大学的一位经济学家，注视着艾森豪威尔坐着敞篷车驶过去，他转身对他的妻子说，"这完全是个天生当总统的人。"因此，庆祝胜利使已经广为流传的艾森豪威尔要当总统的议论更加有声有色。

在战争期间，艾森豪威尔对这样的建议"嗤之以鼻"，或者"轻蔑地一笑置之"。1943年10月，他的朋友乔治·艾伦给他寄来一些关于此事的剪报，并附上一张条子，问道："你对当总统候选人有些什么想法？"艾森豪威尔拿起一支铅笔，在艾伦的条子下面潦草地写道："胡扯！为什么不让一名战士安心地去执行命令？我对'候选人'这个词非常反感——我不是而且将来也不是总统候选人。"战后，他还是一样持否定态度。当杜鲁门说他将支持艾森豪威尔竞选1948年总统时，艾森豪威尔笑了，回答说："总统先生，我不知道谁将是你的竞选对手，但不是我！"这些话讲得很有意思，同时也表明了艾森豪威尔非常精明。他知道，不管杜鲁门在1945年说些什么，杜鲁门自己将是1948年的总统候选人。与此同时，休斯敦萨姆堡的一位老朋友来信说，他和在圣安东尼奥的其他人"准备并很想组织一个'艾森豪威尔竞选总统俱乐部'"。艾森豪威尔回信说，这个建议使他感到不胜荣幸，"但是，我必须告诉你，我要尽我所能地强调，对我来说，没有什么比参加政治活动更使我感到厌恶。我相信，我的朋友中没有人会使我处于甚至需要我去否认有政治野心的地位"。

虽然艾森豪威尔这次凯旋大受欢迎，但他的妻子玛咪却感到十分失望。因为她不得不让她的丈夫和公众见面。当她在华盛顿机场见到他时，她只能在艾森豪威尔被簇拥着去五角大楼前，稍为吻了一下和拥抱了一下她久别的丈夫。以后八天中，他总是在公众面前露面。最后，在6月25日，艾森豪威尔、玛咪、约翰和玛咪的双亲一起去白硫磺温泉安静地过了一星期。艾森豪威尔回到德国后，玛咪来信谈到她对这次艾森豪威尔回国感到失望。她承认她"只得靠边站"。艾森豪威尔安慰她说："你只要了解到我爱你，多想念你，这样你就能理解我们在白硫磺温泉过的一个星期多有意思。"他说，由于这次旅行，"我比过去更加厌恶华盛顿。这包含着很多意思！""我不知道你怎么能在华盛顿住下去。"

盟国欧洲远征军司令部的工作虽然结束了，但是凯·萨默斯比仍在协助艾森豪威尔工作，报刊仍在不断报道，流言蜚语仍不绝于耳，玛咪对此耿耿于怀。如何对待凯，成了一个问题。她不是美国公民，因此她不能留在陆军妇女队，或继续为艾森豪威尔工作。10月她决定前往美国申请公民证。她返回德国后，艾森豪威尔要求在柏林的卢·克莱将军在他那里给她安排一个工作。他告诉克莱："我希望你能给她找到一个好工作，我知道你会记得，她不仅曾经忠心耿耿协助过我，同时她在这场战争中遭到很多不幸；还有，她几乎是我从未碰到过的言语谨慎的人。"对史密斯，这位盟军总司令部的参谋长，艾森豪威尔直言不讳地对他说，他对凯·萨默斯比极为同情，因为他知道"她感到非常凄凉和孤独"。

对于艾森豪威尔来说，如何处理和凯的关系，是非常为难的。三年来他们在战争中结下了深情厚谊，但是考虑到家庭，考虑到社会的舆论，考虑到他自己的前程，他和这位动情的女人只得一刀两断了，再不能向前发展了。至于凯本人，她虽然深深地爱着艾森豪威尔，但她认识到只要有玛咪在，有他的儿子约翰在，他们的关系再向前发展一步是不可能的。她哀叹地说："谁说有情人终成眷属？根本不可能！苦难的人，总解脱不了命运的摆布！"在无可奈何的情况下，她怀着极为痛苦的心情，口授了一封条理清晰的长信，说明她为什么不能再为艾森豪威尔工作。艾森豪威尔也动情地说："我不想表白你在我手下工作，对你无以复加的忠诚的深深感激之情。"同时，他本人感到十分苦恼："对我来说，这样有价值的关系，就这样完结。"他表示在可能的情况下，他会协助她走上新的工作岗位。"最后，我希望你经常给我来信——我将永远有兴趣知道你的近况。"然后在信的结尾，他亲笔附加了两句："请自己珍重，并且保持乐观。"

自从1945年5月25日，艾森豪威尔就把他的司令部搬到法兰克福的法本办公大厦。这座大厦没有受到盟国空军的轰炸，完整无损。据有些说法，这是因为艾森豪威尔想把这座大楼保存下来，以备他自己将来使用。但据另一些说法，这是因为德国和美国化学公司之间存在财政上的关系。可是据艾森豪威尔说，这纯粹出于偶然。

艾森豪威尔的办公室很宽敞，他在这里每天都在处理着战后许多极为复杂的问题。他对布彻说："打一场战争并不像占领工作那样使人厌烦。"他的权力不像过去那样明确和完整，他不再作决定，而是在执行别人的政策。他和他的司令部经常受到批评，有些批评很激烈、很刻薄。布彻曾预见到会出现这样的情况，他在日记中预言："艾克将军和他整个司令部处于一个困难时期。"布彻看出，在德国采访的记者会与太平洋战争剧烈地争夺报纸的版面，"因此只有批评这个战争胜利的骄子和批评处理占领德国事务的文章才能争到版面"。因此布彻希望，"艾克将军没有必要在德国呆太长时间，因为在不远的将来，他的地位很可能下降"。

批评的浪潮很快就开始。5月13日，马歇尔打电报给艾森豪威尔说，陆军部"收到纷至沓来的强烈抗议"，抗议"戈林和其他纳粹领袖受到友好的待遇"。保守的、激进的和自由派的报纸都纷纷发表措词激烈的社论，明确提到5月9日的事件。当时有一名美国军官和戈林握手，拍了一张照片，后来又与这位帝国元帅一起进餐。早在1944年9月，当美军刚进入德国时，艾森豪威尔就曾经禁止对纳粹军政人员做任何友好的表示，并且把美军和德国人在一起的照片列入检查清单。对于戈林事件，他致电他的高级司令官们，以强硬的措词重复他禁止友好表示的命令。他说戈林事件是"使人震惊的"。又说，"在这个战役胜利结束后，我不想使它对全体美国公众，由于任何军官的这类愚蠢举动，在美国受到破坏性的影响"。他还说，他"非常不高兴，我关于禁止作出友好表示的命令，竟公然不执行"。

与此同时，巴顿继续使用纳粹分子来管理巴伐利亚。艾森豪威尔写信给巴顿，严肃指出："归根到底，美国是作为纳粹的敌人而参加这场战争的；在把每一个活跃的纳粹党徒从负责岗位上清除掉，并按情况给予应有的惩处以后，我们才能得到彻底的胜利。"他坚持"我们无论如何不能和纳粹主义妥协……这个问题的讨论阶段早已过去……我期望像在战争时期一样，忠实地执行这一政策"。艾森豪威尔发出信后，又亲自去看巴顿，强调他对这一问题的关切。他说他要将非纯粹化扩大到整个德国生活中去，不仅限于公共职务方面。可是艾森豪威尔不能说服巴顿，他继续坚持使用纳粹分子，最后艾森豪威尔不得不解除巴顿第三集团军司令的职务。

战争结束是艾森豪威尔一生中最重要的时期。7月下旬，他前往柏林。杜鲁门总统、国务卿和其他官员都聚集柏林，准备参加波茨坦会议。这次会议从1945年7月17日至8月2日，由苏美英三国政府首脑和外长参加。波茨坦会议讨论的问题比较多，主要是关于战后占领德国的基本政治、经济原则，德国和意大利的赔偿，对待意大利、罗马尼亚、保加利亚、匈牙利和芬兰的政策，波兰西部的边疆等。经过多次讨论，三国政府首脑对一些主要问题基本上达成协议，有些问题还有待进一步协商。8月1日，三国政府首脑在柏林签订了一份《柏林问题议定书》。这个议定书反映了苏美英三国在波茨坦会议期间达成协议的最后结果，对于战后处置德国和欧洲问题定了调子。

就在波茨坦会议举行期间，1945年7月26日，苏美英三国首脑讨论了结束对日作战的条件和有关对日本战后处置的方针，通过了一项决议。这就是著名的《波茨坦公告》，也就是后来的美英中苏四国的对日宣言。《波茨坦公告》实际上是反法西斯同盟国对日本法西斯发出的一份敦促投降书。这对于日暮途穷的日本法西斯是一个沉重的打击。

波茨坦会议结束之后，艾森豪威尔将军应邀访问苏联，参加8月12日在莫斯科举行的体育节。在正式邀请书中说，在苏联他将作为朱可夫元帅的客人。这就是说，将军不是作为国家政界领导人，而是作为第二次世界大战的伟大军事活动家被邀请访问苏联的。

1945年8月11日，艾森豪威尔在朱可夫的陪同下，从柏林飞往莫斯科。随行人员有克莱将军、艾森豪威尔的老朋友戴维斯将军，还有他的儿子约翰中尉。据约翰回忆说，艾森豪威尔和朱可夫单独耽在飞机的前舱，一路上通过翻译，两人谈笑风生。"朱可夫的秉性是非常友好和喜欢放声大笑的。他显得非常友好"。飞机于8月11日16时在莫斯科机场着陆。翌日下午，艾森豪威尔和他的陪同人员站在列宁墓不远的指定地点。再过几分钟体育检阅就要开始了。

这时，苏军总参谋长安东诺夫走到美国客人跟前，转达了约·维·斯大林请他登上列宁墓观礼台的邀请。"因为我同美国大使在一起，"艾森豪威尔回忆说，"他作为总统代表的威望具有重大意义，我感到疑虑，我撇下大使到大元帅那里去是否

合适。”

安东诺夫说，斯大林请他和由他选定的两位伙伴同往，从而使艾森豪威尔不再感到为难。艾森豪威尔、美国大使哈里曼和美国驻苏联军事代表团团长丁登将军登上列宁墓。正如哈里曼对艾森豪威尔解释的，这对盟国最高司令官来说是很大的荣幸，因为他是被邀请登上列宁墓观礼台的第一位外国人。

体育大检阅持续了五个小时。艾森豪威尔写道，美国客人从来没有见到过这样的场面。参加检阅的人穿着鲜艳的民族服装，舞蹈和许多人表演的技巧运动，动作协调一致。1000人的乐队不停地演奏。艾森豪威尔不只看红场，他还仔细地观察斯大林，发现他身体很好，“毫无倦意；相反，却认真地欣赏每一分钟的表演”。“斯大林大元帅请我站在他身旁，通过译员我们利用整个体育运动表演期间的间隙进行交谈”。

“斯大林对美国的工业、科学和经济成就很感兴趣。”艾森豪威尔说，“他几

↑ 1945 年 8 月，艾森豪威尔离开德国，与苏联元帅朱可夫一起来到列宁格勒。

次重复谈到，对俄国和美国来说，重要的是仍然作朋友。斯大林渐渐地把话题转到柏林的地位问题上来。根据他的见解，在柏林的盟国监督委员会工作之重要，首先是因为它有助于弄清在战争中获胜的大国在解决和平时期的问题时，能否继续有效地进行合作。"

艾森豪威尔一行，在苏联受到热烈的欢迎和殷勤的接待。在莫斯科的短短几天中，他们观看了一场足球赛，到场的有八万名热情的球迷。他们参观了苏联人感到非常骄傲的地下铁道，还观看了莫斯科的美术馆。另外，他们花了一个下午的时间访问了斯托莫维克飞机制造厂，又用一天时间访问了国营农场和集体农庄。所到之处，都看到了人们为恢复战争创伤的真诚的献身精神。艾森豪威尔说："人们经常用下面的话来表达他们的爱国主义：'这是为了俄罗斯祖国，因此是不怕困难的。'"斯托莫维克厂的一群工人还告诉美国客人，战争期间他们每周的工作时间是84小时。他们还骄傲地说，工厂的出勤率超过94％。这些工人很多是妇女和儿童，很难想象，他们的口粮定量这么少，交通工具如此缺乏，竟能保持这样的高记录。在参观集体农庄时，艾森豪威尔的儿子约翰中尉还颇感兴趣地注意到，"尽管在诸如朱可夫这样的俄国元帅的周围随从众多，戒备森严，但是农民同他们谈话却是随便的，平等的。朱可夫同农庄庄员们一起谈话和开玩笑"。

"莫斯科之行的主要社交活动是克里姆林宫宴会。"艾森豪威尔写道，"在金碧辉煌的宴会厅中，出席的有一批红军元帅以及莫洛托夫先生，许多外交官员在宴会上充当译员。宾主频频举杯为战争期间逐步发展的协力合作精神干杯。"宴会后，应斯大林的邀请，艾森豪威尔在克里姆林宫观看了《攻克柏林》的纪录影片。"我对这部影片很感兴趣，大元帅允诺送我一部拷贝。"艾森豪威尔还说，想要一张斯大林的相片。从莫斯科回来后不久，他"在柏林收到了影片拷贝和大元帅签名的照片"。

全体美国客人都注意到在苏联受到的破格的接待。艾森豪威尔写道，朱可夫元帅和其他官方人士邀请他"提出想去参观的地方，他们说没有任何地方我不能去看，甚至可以要求去海参崴"。美国客人欣然应邀参观了克里姆林宫的兵器馆珍宝，当时这些珍品尚不向外开放。原来美国驻莫斯科使馆全体人员，几乎从来没有看到如此独一无二的搜集品，都表示愿意陪同艾森豪威尔前往。他"开玩笑地同意把他们作为临时副官。约60人一行在博物馆度过了一个下午，参观收藏在那里的珍品"。经过克里姆林宫的庭院时，他们看到了过去从未见过的最大口径的大炮；炮筒的内部直径大概在30英寸以上。它是18世纪的遗物。当他们离开它时，艾森豪威尔的儿子约翰中尉沉思着说："我猜想那是200年前使人们感到未来战争可怕到难以想象的武器。"

艾森豪威尔离开莫斯科的前一天晚上，在美国驻莫斯科大使哈里曼举行招待会时，传来了日本投降的消息。这是反法西斯国家的又一共同胜利。苏联和美国参加招待会的人士，异常热烈地谈论这一消息。从此，人类历史上最残酷的战争以这样一个事件而告结束，它引起所有珍惜世界的利益、各国人民之间的友谊和合作的人们认真思考。美国在日本的广岛和长崎投下了原子弹。在原子弹爆炸的地狱一般的环境里，转瞬之间死亡了30万名和平居民。其他居民在受到大量放射性辐射后终生致残。世界舆论指出，这类事件绝不是出于战争的需要。杜鲁门政府采取这种行动主要目的是恫吓世界人民。这是原子讹诈政策的开端。

对此，艾森豪威尔的儿子约翰回忆说，在波茨坦会议期间的一个夜晚，他和父亲两人坐在他的卧室里。微弱的灯光照亮着房间。德怀特将手枪放在桌上，端坐在床沿上，沉默了片刻后说："约翰，陆军部长史汀生今天告诉我说，在原子裂变的基础上制造出了新型炸弹。它的威力超出了人的想象力。他们郑重地考虑，要用它来对付日本人。所有这一切当然是绝对秘密的……父亲显然情绪忧郁。"艾森豪威尔的传记作者安布罗斯也说，艾森豪威尔反对使用原子弹，他曾对史汀生部长说："美国应当避免使用原子武器，来震惊世界舆论。"

战后，艾森豪威尔还常常思考自己以后的生活道路。他认为，随着战争的结束，他在军界的仕途也就终结了，何况在战争结束前不久，他和美国的其他几名将军一起都被授予最高的、刚刚制定的军衔——五星上将。1945年11月，艾森豪威尔写信给童年时代的朋友、与他的军人命运有关的赫兹利特说："我没有比退伍更强烈的愿望了。"但是退伍后干什么呢?要知道55岁还没有到人们认为一切都已经成为过去的年龄。战争结束后，艾森豪威尔对亲近的朋友们说："我已经得到了想要的全部荣誉。我想担任一所大学的校长，同时种点地，了却余生。"另一些作者断言，他想退休，从事写作，打打高尔夫球和享享清福。也许，艾森豪威尔的个人计划是这样的。但是，美国两个政党的首脑在他身上紧打主意。有关推荐艾森豪威尔担任总统职务的主张越来越强烈。

1945年11月11日，艾森豪威尔飞往华盛顿，出席参议院军事委员会会议，然后同玛咪乘火车去依阿华州的博尼，看望玛咪的亲戚。他们一到，玛咪因支气管炎立即住进医院。几天之后，艾森豪威尔确信玛咪正在痊愈中，便回华盛顿去，出席国会各委员会的会议。11月20日，杜鲁门接受马歇尔总参谋长的辞呈，并任命艾森豪威尔接替总参谋长一职，并同时担任参谋长联席会议主席。12月3日艾森豪威尔走马上任。

美国人民对战争感到厌倦。第二次大战结束之后，美国当局奉行侵略性的对外政策，必须保持庞大的和有战斗力的军队，遭到人民强烈的反对。第二次世界大战期间服役的老兵，纷纷要求复员回家。1946年初，艾森豪威尔痛苦地向国会报告说，在美国国土上没有留下一支受过良好训练和装备精良的美国部队。

艾森豪威尔在担任参谋长的时候，与国防部长福雷斯特尔经常有接触，与他建立了非常密切的私交。这位部长看到艾森豪威尔战后在华盛顿官场的巧妙手腕，发现了将军的"卓越的办事能力"，曾问："艾克，让你当总统，你干不干?"恰恰在这个时候，德怀特已经对自己入主白宫的道路进行了认真思考。正如一些传记作者所写的："艾森豪威尔开始经历了从不干到干的历程。"看来，当两党的首脑强求推他为总统候选人，两万选民写信要求他对此表示同意的时候，他已经很难对白宫不作考虑了。

第二十一章 **21** *Dwight D. Eisenhower*
竞选总统

竞选总统

1945 年 11 月至 1947 年 2 月，艾森豪威尔担任军队参谋长联席会议主席。这期间，形形色色的政客纷纷盘算着利用这位将军的显赫名字，进行最冒险的政治赌博，而赌博的筹码是入主白宫。

东部财团的显贵们几乎在他还没有担任新职务以前，就已向他靠拢。例如，国际商业机器公司的托马斯·T·华生，在 1946 年 3 月初到五角大楼来会见将军，坚持要请他到纽约大都会艺术博物馆去演讲。纽约的其他一些大公司的头头也各有打算，他们利用自己在团体或大学中的地位来开始接近艾森豪威尔。在大战以前，他对美国商界的领袖人物几乎一个也不认识；在大战期间见过少数几个人；到 1947 年时，他会见过他们中间的好几百个人，或者至少与他们有过书信往来，其中包括最有财势的 100 名大亨中的大多数。许多人成了他亲密的私人朋友。

当 20 年前艾森豪威尔和玛咪住在华盛顿时，他们的社交圈子是些默默无闻的军官和他们的妻子。然而从 1946 年到 1948 年，他们的社交生活中几乎已无一名军人。当他们在 30 年代打桥牌时，对手是其他的少校和他们的妻子；而在 40 年代，则对手是哥伦比亚广播公司的总裁，或者美国钢铁公司董事会主席，或者标准石油公司的总裁。从 1946 年起，艾森豪威尔的新朋友，几乎清一色都是百万富翁。

大多数敦促艾森豪威尔参加竞选的人都认为，如果他竞选的话，他会以绝对的优势取得胜利。艾森豪威尔没有答应。他不属于任何党派，没有政治经验或基础，没有从政的记录，没有组织，他怀疑"艾森豪威尔热"的真实性。他或者没有充分意识到自己"深孚众望"，或者便是拒绝相信在别人看来是显而易见的事实。当布彻写信告诉他，"许多人"对他谈到国家非常需要艾克来当总统，并预言艾森豪威尔将"被迫作出决定"，艾森豪威尔报之以嘲笑。他答道："你谈到的那种情绪是很稀疏地散布着的东西，我对于你说我将不得不表态的结论，表示怀疑。"他认为这热潮由于得不到未来候选人的鼓励，将趋于自生自灭。

艾森豪威尔对其处境深感痛苦。他非常讨厌党派政治。请求人们给予支持的想法，如同搞政治交易、争取提名、参加竞选、封官许愿以及其余一切属于党派政治的想法一样，都是与他格格不入的。但是，整个国家，从一些最大的企业家和著名的政治家，到成千上万名退伍军人，劝他不要推辞。人们执著地要求他当总统候选人，迫使他意识到想脱身是不容易的，同时也迫使他考虑当总统是怎么回事。毕竟他很快要从军队退休，他也应该考虑一下他今后的"前程"了。

形成艾森豪威尔热潮的突出原因之一，是艾森豪威尔从来不表示他喜欢哪一个政党，甚至连对他最亲密的朋友也没透露过。民主党人和共和党人都很容易把艾森豪威尔看作是自己党的党员。他的家中唯一与华盛顿政治舞台有关系的人是米尔顿，他在民主党和共和党政府中都工作得相当出色。艾森豪威尔将军一向小心地绝对避免谈论国内的政治问题，因此谁也不知道他对这些问题的立场。作为一名职业军人，他不得不避免对国内政治妄加评论，对赤字财政、福利国家、政府对工农业的调整或者种族关系之类的问题保持沉默，已成了他的第二天性。对于他自己持有的观点，他执著地坚持着，但是这些观点在政治上始终是中间路线的。

就竞选总统的问题，艾森豪威尔不止一次地征询不同倾向的人的意见，麦克阿瑟和马歇尔就是其中的两位。然而，就在那个时候，他的弟弟米尔顿已经是他的主要顾问，艾克对他言听计从。米尔顿认为，政客们需要的是德怀特风云一时的名

↑艾森豪威尔与杜鲁门总统老朋友似的，其实并非如此。

字，而不是他本人。艾森豪威尔家族的这个"讲求实际的自由派"，反对德怀特参加竞选总统。

1948年6月，艾森豪威尔当上了全国著名的哥伦比亚大学校长。在此之前，他已拥有世界许多大学的名誉学位和称号。但是，周围的人，首先是他本人十分清楚，他获得这些学术上的荣誉并不是因为他对某一门科学的发展作出了贡献，而是出于对他在第二次世界大战年代军事贡献的尊敬。

还没有迈入这所驰名国内外的大学门坎，德怀特·艾森豪威尔就面临着在新岗位上许多他回避不了的棘手问题。一些学术界的代表人物反对新任校长，他们认为这样的学府应当由学者主持，而不是将军。艾森豪威尔听到这种议论，心里并不痛快。但是，他有一套处世本领，因而这次他又想出了摆脱困境的妥善办法。他在和学校教授们第一次见面时就宣布，他不追求学者的桂冠，因而在处理学术问题时，将主要听取教授们卓有见地的意见。

艾森豪威尔虚心学习，他经常到各个班级和院系去听课，这在一所名牌大学内几乎是少见的事。他对历史和物理特别有兴趣。他把较年轻的历史学家们召集在一起，向他们发表讲话，谈他们的职责和任务。他最喜欢的是物理系，他对原子能极感兴趣。他和诺贝尔奖金获得者伊西多·拉比建立了亲密的关系。当普林斯顿大学

← 1948 年 6 月，艾森豪威尔任哥伦比亚大学校长。

的高级研究所向拉比提出聘请时，艾森豪威尔使尽他浑身解数，挽留拉比。艾森豪威尔对拉比说，哥伦比亚需要他，他本人需要他，如果拉比离开，哥伦比亚大学的声誉会遭到十分沉重的打击等等。拉比被说服同意留下来。

这对哥伦比亚大学显然是一个收获。此外，还有许多其他收获。艾森豪威尔在哥伦比亚大学两年半时间内，实际上在那里工作的时间不到一半，他开始实行了一连串的计划，给学校带来声誉、金钱和更加活跃的知识气氛。艾森豪威尔在担任哥伦比亚大学校长期间，也是"全美议事会"的组织者。这个议事会的宗旨是把企业家、劳工、学者、党派代表聚集在一起研究全国性问题。这个组织不仅为哥伦比亚带来了基金，也为学校带来了显赫的名声。

艾森豪威尔为世界有名的经济学家埃利·金兹伯格主持的"保持人类资源"计划筹措款项和开展工作。艾森豪威尔说，他觉得"几乎不可理解，竟没有一所美国大学长期从事有关战争的原因、进行和后果的研究"。为了纠正这一情况，他为"战争与和平研究所"筹集基金。他想说服乔治·凯南任所长。凯南拒绝后，他说服威廉·福克斯离开耶鲁大学担任这一职务。福克斯使这个研究所不断前进和成功地开展工作。

艾森豪威尔到哥伦比亚大学上任时，正是"冷战"寒风吹遍大学课堂的时候。对社会主义和共产主义这方面问题的研究，也被宣布为大逆不道。哥伦比亚大学新校长对社会主义和共产主义虽无好感，但却主张必须对其进行研究。一些人说："艾森豪威尔懂得要掌握事实这个道理。因此，他认为应当研究社会主义和共产主义体系，以便了解它们，从而找到与其斗争的有效方法。"

为了改善农业条件，艾森豪威尔还创设了一个研究土壤——美国"最大的资源"——的"侵蚀和浪费"的计划，并利用他的关系，使一些国家的领导人也参与其事。他还建立了一个新"工程中心"。随着给学校的赠款增加，教师的薪金也提高了。研究生院朝气勃勃。总之，艾森豪威尔在他的短短任期内，在开展新的计划方面的成就，比大多数校长在十年中的成就还大。

艾森豪威尔非常善于筹集基金。他从不直接要求捐款，但是，他给他的有钱朋友和熟识的人们写了很多信，解释哥伦比亚大学各方面计划的情况。他向他们清楚表明，如果他们捐款"帮助哥伦比亚来帮助美国"，他会认为这是对他个人的支持。有一次艾森豪威尔专程到得克萨斯，去见一些石油富豪，他设法为哥伦比亚大学筹集到近 50 万美元。艾森豪威尔能够筹集到大笔的钱，部分地是由于他的介绍和热忱，但主要是由于这些施主们知道，这是与艾森豪威尔将军建立或保持良好关系的方法。

在哥伦比亚任职其间，艾森豪威尔一面主持校务，一面撰写回忆录。1948 年，他的《远征欧陆》第一版问世。这部书引起了巨大反响，也给作者赚得了不小的收入。征税机关考虑到艾克不是专业作家，向他提供了特殊的征税优惠，作者的纯收入达 476250 美元。到 1966 年底，《远征欧陆》一书在美国销售量达 170 万册，还被译成了 22 种文字。

许多关于他的传记作者都肯定，艾森豪威尔离开军队到哥伦比亚大学任职只是他要入主白宫的一个跳板。他们指出，按照美国的传统，国家总统必须具备一定的文职工作经验，而德怀特缺少的正是这个。

然而，艾森豪威尔任哥伦比亚大学校长职务的时间并不长。正当他探索大学生活奥秘的时候，西方帝国主义集团发动的"冷战"席卷了世界。它涉及到经济、意识形态、政治、外交各个领域。1949年4月，在美国庇护之下，成立了北大西洋的政治军事联盟——北大西洋公约组织。根据参加国首脑们的一致意见，艾森豪威尔将军是领导这个组织的最合适的人选。

1950年12月18日，德怀特和玛咪舒适地坐在普尔曼式卧车里，经俄亥俄州前往远方的一个学院。在一个火车站上，一名铁路员工通知艾森豪威尔，杜鲁门总统正在通过电话找他。到有电话的地方，要走一段积雪很深的荒地。这是一条走向"冷战"之路。杜鲁门将北约成员国首脑们的一致意见告诉了艾森豪威尔。将军后来回忆说："这一要求引起我一种失望的感觉，必须重新改变已经走上正规的生活习惯，动身去欧洲。"但是，他又肯定地说："我对北约的观点是深信无疑的。在我看来，西方文明的前途有赖于它的成功。"

1951年1月7日，艾森豪威尔将军来到巴黎，领导西方大国——北约成员国的陆、海、空军队。他必须为组建北约武装部队付出较多的心血。艾森豪威尔聘请蒙哥马利元帅担任最高司令官的副职。这是一项准备战争期间英美进行政治军事合作的政治交易。在北约组织者们看来，聘请蒙哥马利担任这个集团武装部队最高司令官艾森豪威尔的副职，为的是突出英美在新的政治军事同盟中的团结。

↓ 1950年12月，杜鲁门总统在华盛顿机场为即将担任北约总司令的艾森豪威尔送行。

艾森豪威尔聘请艾尔弗雷德·格伦瑟中将担任他的参谋长。"五角大楼"对格伦瑟的评价是：他既是一位优秀计划专家，又是一个全军最好的桥牌手。尽管艾森豪威尔为压缩编制尽了最大努力，在巴黎的北约司令部驻地仍聚集了来自12个国家穿着40种军装的200名军官。

北约的创建者想尽量采用第二次世界大战的战斗传统，使这个"冷战"的畸形儿仪表堂堂。艾森豪威尔为建立这个政治军事集团的武装部队，倾注了大量心血。他当选美国总统之后，仍把所谓大西洋团结、全面加强在美国庇护下的北约参加国集团的原则，作为其所有外交活动的基础。

像北约所有战略家一样，艾森豪威尔不断重复一个观点：只有西方的政治军事统一，才能使资本主义世界免遭"共产主义威胁"。在苏联制成原子武器之后，他宣称："现在美国人在本国历史上第一次被迫生活在受到完全毁灭危险的条件下。""苏联威胁"这个可怕的东西，当时已被利用来混淆西方国家的舆论视听，并成为帝国主义集团奉行侵略的对外政策的借口。

艾森豪威尔所以叫嚷"共产主义威胁"，主要是在政治上和西方右翼集团保持一致。这些反对集团正企图联合主要帝国主义国家的力量，阻挠世界民族革命运动的发展。欧洲地区在美国对外政策中的地位过去和当时都异常重要。世界社会主义体系的建立，改变了欧洲大陆的整个面貌。欧洲已成为两种体系斗争的中心，它在很多方面决定着整个国际生活的发展。

在北约成立之后，两种对立的社会经济体系的利益冲突，在地球上的这个地区就特别激烈了。艾森豪威尔作为北约武装部队的最高司令官，积极推行美国侵略性的对外政策，而在这个政策中，欧洲的地位又至关重要。在这种情况下，身居北约武装部队最高司令要职的艾森豪威尔是怎样理解自己的任务的呢?最好的办法是用他的私人通信来回答这个问题。在官方公布的声明中，有不少关于北大西洋集团"防务使命"、"保卫西方文明"、西方的二次世界大战盟友间的"战斗兄弟情谊"等言论。在私人通信中却谈到艾森豪威尔的另外一种重要使命。这位北约武装部队司令官，1953年3月8日写信对国会议员沃尔特·周以德说："我作为不分党派的所有美国人的战士和公仆，在欧洲这里的主要职责是，保护和加强美国在大西洋和地中海地区的投资。"

艾森豪威尔本人也清楚，股票持有人的利益和广大人民群众的利益根本不是一回事。就连普通美国人也经常提醒他这一点。在他的个人档案中，保存不少美国士兵和军官、普通老百姓写给他的信。信中很坦率地指出，美国人民强烈谴责孕育着新军事冒险的侵略政策。一个美国普通军人1951年8月在写给艾森豪威尔的一封信中说，士兵们"经常喝着啤酒议论世界大事和个人的前途"。士兵们情绪忧郁。他们得出结论，在未来的战争中他们的命运是："杀人或者被杀。杀人的想法使他们厌恶，被杀的前景使他们感到恐惧。"写信的人代表自己的伙伴质问艾森豪威尔："我们这一代人真有必要成为职业杀人者，就像大家称呼朝鲜战场上的老兵一样吗?"

德怀特给寄信人复了信。他搬用"冷战"理论家和实践家创造的一切论据，在信中写道，在他看来，只是因为"共产党实行无神论，才迫使美国武装起来"。艾森豪威尔清楚地感觉这些道理不能令人信服，在信中最后便老实地说："我知道，您和您的伙伴不会把这封信看作是对强烈引起你们不安的问题给予了准确的或者是稍令你们满意的答复。"真是不打自招了！

坚定地主张为了北约的政治利益，可以利用西德的军事经济潜力，这一方针是美国"大西洋政策"的基础，而这个政策在大西洋两岸舆论界眼中是声名狼藉的。美国将自己的政策建立在这种急剧的政治变态上，因而它事先就估计到不仅会遭到舆论界的强烈谴责，也会遇到北约盟国的强烈的反对。

艾森豪威尔在第二次世界大战年代中，曾任西方盟国欧洲武装部队最高司令，现在又是北约武装部队第一任最高司令官。他比任何人都更清楚地预料到，接纳联邦德国参加北约将不可避免地遭到强烈反对，首先是欧洲国家的反对。他的预料和担心很快得到了证实。在70年来的三次大战中，深受德国侵略之害的法国，拒绝批准关于建立欧洲防务集团的协定。

艾森豪威尔像在战场一样，对此反应迅速而果断。在华盛顿的谈判中，他同丘吉尔协调了步骤之后，便要求法国政府刻不容缓地"结束含糊不清的态度"，因为"继续拖延将是对大西洋国家团结的一个打击"。在这次外交行动之后，立即成立了英美"研究小组"，研究一旦法国拒绝批准条约应采取的具体制裁措施。在美英威胁面前，法国政府最终还是表示同意重新武装德国，让它加入大西洋集团。

德怀特·艾森豪威尔应聘就任北约武装部队最高司令官，这是他政治生涯中的重要阶段。这时期的活动巩固了他在美国右翼政治集团中的地位。北约武装部队最高司令官，这是政治上可靠的高标准。美国政客们确信，这样的职务能为艾森豪威尔轻而易举地开辟通向白宫之路。

当艾森豪威尔在巴黎忙于北约事务时，在美国国内狂热的政治活动正紧锣密鼓地进行。1952年的竞选运动看来将要达到少有的激烈程度。在华盛顿政治交易所里，对杜鲁门总统的评价不高。在1952年竞选运动开始前，杜鲁门实际上是个政治破产者。经济已转入和平轨道，但却不裁减军备，因而恢复平时生产进行得相当吃力。1948—1949年经济危机的伤疤也还没有痊愈。在朝鲜，美国被迫承担侵略战争的主要负担，战争虽然打着联合国的旗号，但也没有因此受到普通美国人的欢迎。美国的盟友在这场军事冒险中只是出了最小的力。共和党向民主党展开了大规模的攻击，声称美国的对内和对外政策的困难，是由于杜鲁门领导无能和民主党的总的政治方针所造成的。

许多政治领袖认为，艾森豪威尔的时刻已经到来。要执行新的政治方针，必须有新的领袖。民主党也好，共和党也好，都同样希望艾森豪威尔上台。而要搞清楚他属于哪个党派，是不可能的。他一生中没有投过票，从没有公开发表言论对两党中的一党表示好感或反感，尽管他的父亲一贯投票赞成共和党的总统候选人。还有一个与提名将军为总统候选人有关的麻烦问题。北约参加国领导人担心，一旦他辞去这个集团武装部队最高司令官的职务，将发生这个同盟是否还存在的严重问题。例如，蒙哥马利就把战争时期同艾森豪威尔的争吵置之脑后，对他宣称："如果你要回国竞选总统，我也要去你们那里进行反竞选。"

艾森豪威尔虽然领导北约的时间不长，但是，就在这有限时期内，他已表现出是妄想统治世界的美国垄断集团意志的一个出色执行者。对华盛顿实现侵略性对外政策的路途坎坷，他的心中是有数的。可能从他未来的政治前途来考虑，艾森豪威尔不是口头上，而是行动上表现出了他利用自己全部威望和才能，去实现美国统治集团提出的侵略性对外政策目的的决心。

提名艾森豪威尔作为总统候选人的运动日益展开。堪萨斯城的出版人罗伊·罗维尔特斯肯定地说，他还在 30 年前就知道，艾克是"堪萨斯的优秀共和党人"。参议员约翰·斯巴克曼在亚拉巴马宣称，他将争取让德怀特作为民主党候选人。但是艾森豪威尔，他从自己的政治生涯一开始就表现了一种"善于控制自己的重要品质"，从不轻易表态。

杜鲁门总统两次派遣原驻苏联大使约瑟夫·戴维斯去见艾森豪威尔。这位外交官肩负着一个难以完成的使命：说服德怀特以民主党候选人竞选总统。尽管杜鲁门向将军保证，在未来的选举中将全力支持他，艾森豪威尔仍然回答说："我不能接受以民主党候选人参加竞选的建议，因为我好像是共和党人的成分比民主党人的成分多。"僵局打开了。艾森豪威尔第一次相当肯定地暗示，他打算竞选总统。

1951 年 11 月 4 日，共和党有威望的领袖之一、参议员亨利·凯波特·洛奇飞抵巴黎。艾森豪威尔的这位从战争年代以来的老友告诉他，在美国有很多组织在发动提他为总统候选人的运动。德怀特说："您在政界享有盛名，为什么您自己不参加竞选呢？"洛奇毫不踌躇地回答说："因为我不可能当选。"在交谈中洛奇强调："您是唯一能被共和党选作总统候选人的人，您必须同意在即将到来的预选中利用您的声望。"艾森豪威尔答应他将"认真考虑这件事"。

艾森豪威尔本人对自己在选民中的威望只是看了在纽约拍摄的 15000 名选民集会支持他竞选总统场面的影片之后，才深信不疑。2 月 11 日，为了推动德怀特参加竞选，金融家洛伊德·奥格伦的妻子杰奎琳·科克伦，带了一部长达两小时的影片飞往巴黎。片中记录了在麦迪逊广场花园的一场拳击比赛后，在午夜举行的拥护艾森豪威尔集会的实况。这部影片是由艾森豪威尔的朋友们和"拥护艾森豪威尔公民协会"精心导演的。据科克伦说，尽管完全得不到这个城市的官员合作，还是大约有 15000 人参加。影片显示了人群一边齐声高喊："我们要艾克! 我们要艾克!"一边挥动着"我喜欢艾克"的标语牌的场景。艾森豪威尔和玛咪在他们的起居室中观看这部影片，深深受到感动。

当影片结束时，艾森豪威尔给科克伦斟上一杯酒。当他们举起酒杯时，玛咪不觉脱口而出："为总统干杯!"她后来回忆当时情况说："我是第一个对他这样说的人，而他突然哭起来……泪水从他眼中涌出，他太激动了……因此他接着开始谈起他的母亲，他的父亲和他的家庭，但主要谈起他的母亲，他谈了一个小时。"接着科克伦对他说，他应表明自己的态度，回到美国去。"就像我坐在这里，看着你一样地肯定，假如你不表明你的态度，塔夫脱会得到提名。"艾森豪威尔沉思了一会儿，最后表态说："你回去可以告诉朋友们，我准备参加竞选。"

←1952 年 9 月，
艾森豪威尔在亚
特兰大参加总统
竞选活动。

　　第二天上午，艾森豪威尔口授了好多封信给他最亲密的朋友们。他的每一位朋友都表示惊奇和激动。例如，他在给斯韦德的信中说，影片"使我第一次深感，美国人今天要求变革的深切愿望……我无法向你表达，一个人突然意识到他自己成为迫切期待和希望的象征时，是多么激动"。在另一封信中，他谈到人民的"委托"，他看到人民需要他，他是如何感动。"如果任何美国人竟对这种信任不感到无比骄傲，我可以说，他几乎是缺乏人的感情的。"

　　到了做出最后决定的时候了。1952 年 4 月 11 日，将军得到了白宫同意，从1952 年 7 月 1 日起，解除他北约武装部队最高司令官职务和从军队退役。在北约主要成员国首都进行告别拜会之后，艾森豪威尔于 1952 年 6 月 1 日返回美国，以共和党总统候选人身份参加总统竞选。采取这样的一个步骤，显然是从实际出发考虑的。一般说来，美国大多数选民都把自己看作民主党人，但对这位有名望的将军同样也会给予广泛支持的。以共和党候选人竞选，能保证他能得到有势力的垄断资本集团的帮助，垄断资本集团对共和党的倾向大大超过民主党。这就是他竞选策略的总轮廓。在美国正全力以赴地为他筹备竞选运动。这项艰难而又麻烦的事，由参议员亨利·凯波特·洛奇主持。

　　在 1952 年 6 月 7 日至 12 日，在芝加哥举行的共和党全国代表大会上，开展了一场激烈的斗争，因为艾森豪威尔虽然是一个最有希望的总统候选人，但却不是唯一的。代表大会上，除了他以外，还有一位将军作为候选人的呼声也相当高。他就是德怀特的上级道格拉斯·麦克阿瑟。在党内的各集团中，曾就"大西洋英雄"和"太平洋英雄"之间的竞争问题进行了严肃的谈判。有一个共和党的领袖曾考虑组成这样一个两驾马车：麦克阿瑟竞选总统，塔夫脱作为副总统候选人。

在芝加哥代表大会上进行的错综复杂的政治赌博中，艾森豪威尔是手握王牌的："头号"战争英雄的威望和工商界的积极支持。大企业家的头面人物通常不亲自参加党的全国代表大会，而在幕后左右风云，并以此自得其乐。在艾森豪威尔问题上却是个例外。"汽车大王"福特二世和"通用汽车公司"董事长查尔斯·威尔逊等垄断集团的头目，都出席了共和党代表大会，积极支持艾森豪威尔竞选总统。

第一轮投票的结果，艾森豪威尔获得595票。离取得胜利，他还差9票。他的主要对手塔夫脱获得500票，沃伦获得81票。但是，没有经过重新投票，事情就得到了解决。因为明尼苏达州代表团团长突然站起来宣布，该州代表票的19票改投艾克。竞选运动中的第一道重要壁垒被顺利攻克。芝加哥代表大会后，艾森豪威尔立即精力充沛地投入竞选斗争。他身边有经验丰富、善于运筹的竞选运动指挥，其中洛奇和亚当斯成了他最有力的竞选助手。

但是，艾森豪威尔仍遵循美国的老习惯，对这项新的事业的一切细节考虑得尽量周到，并像对待军事活动一样组织得"天衣无缝"。有一次他说："将军的工作归结一点，就是纠正外交家们造成的混乱局面，以便让外交家们能够将局面重新搅乱。"而这一次，德怀特既是将军，也是外交家。他亲自组织和主持自己的竞选运动，而没有完全依赖由于政治阅历而变得练达的助手们。

共和党代表大会提出加利福尼亚州年轻的参议员理查德·尼克松为副总统候选人。尼克松没有卓著功勋，但以他的全部政治倾向，特别是以他在众议院非美活动调查委员会时的种种表现，证明了他是个狂妄的反共分子。共和党打算在反共口号下开展竞选运动。该党的战略家认为，艾森豪威尔所需要的副总统候选人正是一个有这种名声的人。

艾森豪威尔在竞选运动过程中面临严重考验。按照计划，为了竞选，他将乘飞机和火车行驶五万英里，还不包括乘汽车的路程。这相当于绕地球两圈以上。按照计划，他将访问45个州的232个居民区。会见、演说、答记者问、谈话、数千次握手，所到之处，日程都排得满满的。到了晚上，艾森豪威尔脸上的一道道皱纹更加明显可见，身体感到异常沉重，嘴唇不断抽搐，眼神中充满了疲惫。到了日末，如果告诉他还有一次约好的谈话，他常常咬牙切齿地说："全国委员会的这些白痴！他们想以选举一个死人才高兴吗？"但是，他稍事休息后又说："走！他们想叫我干什么，我就干什么！"

6月4日，他在阿比伦首次向全国发表电视政治演说。总的来说是不热闹的。天下着雨，大看台上一半是空的；他穿着平民的雨衣，看起来有点奇特；他无表情又口齿不清地念着事先准备好的稿子；他的话来回重复，是人们所熟悉的。但是他所得到的效果比他出现在电视机前更重要，因为他使共和党的保守派放心。他说，他是通货膨胀的敌人，是高税收、政府集权、欺骗和腐败等等的死敌。尤其是，他对雅尔塔秘密协定和丢失中国表示痛惜。虽然他也确实谴责了"任何孤立政策之毫

无益处", 但是他强调雅尔塔和中国, 正是那些没有表态的代表们想听的。这篇演说也为以后的竞选定下了调子。

↑1953 年 7 月 27 日,美国陆军 中将威廉·哈 里森在扳门店 的停战协议书 上签字。

第二天艾森豪威尔举行了一次记者招待会。记者们一致认为, 他与事先准备好的演说相比, 艾森豪威尔对即席问题的回答是非常精彩的。詹姆斯·赖斯顿认为, 艾森豪威尔是自罗斯福总统以来举行记者招待会的大师。赖斯顿写道: "他说话直截了当, 平易近人, 不使性子, 不挖苦讽刺。同样重要的是, 在回答某些问题时, 他好像比他实际上更为坦率。他说话简洁, 不像知识分子那样绕弯子。"

在具体问题上, 艾森豪威尔说, 他没有结束朝鲜战争的秘密方法, 指出轰炸鸭绿江对岸的危险性。他说, 他愿意为 "体面的停战协定" 而努力。他拥护公民权利, 但是他认为这是各个州的责任, 因此他反对公平就业委员会。他要使经济摆脱 "人为的直接立法手段的控制", 而依靠自由市场。对于麦卡锡①的挑战, 他提高声调说, 他比任何人更坚决地 "要把任何共产党、颠覆或赤色影响从我们政府的负责岗位上彻底清除掉"。至于说, 谁要对丢掉中国负责, 他再一次拒绝纠缠个人问题。

---

① 麦卡锡 (1909—1957) 美国参议员。·1951—1954 年间, 一度操纵参议院常设调查小组委员会, 搜集黑名单, 进行非法审讯, 采取法西斯手段迫害民主和进步力量, 有麦卡锡主义之称。

对外政策问题在艾森豪威尔的竞选运动中占有特殊重要位置。在争夺入主白宫的过程中，就国际局势，他也发表了一些清醒的见解。他反对打第三次世界大战。他说："俄罗斯、西伯利亚和中国是不可能占领的。即使共产党撤退，让出了地盘，美国也无法去填补这些真空地带。"一旦发生战争，西欧是否能给美国以有效的军事援助，他是非常怀疑的。因此他说："在现代战争中，取胜的唯一途径便是制止发生战争。"

艾森豪威尔明白，扩大朝鲜冲突的方针，孕育着外交连续反应的危险。因此，进攻中华人民共和国将是一次对外政策的冒险，它给美国带来的严重后果是显而易见的。朝鲜战争证明，靠武力解决亚洲争端的道路是走不通的，而且它已使美国的对外政策在亚洲人民的心目中名声扫地。不仅需要寻找解决朝鲜问题的办法，还要制定美国新殖民主义政策的长期方针。1952 年 10 月 1 日，艾森豪威尔宣称，朝鲜战争的主要担子应当由南朝鲜人自己承担，而不是美国人。未来的总统说："我们不想让亚洲把西方的白种人看成是自己的敌人。假如那里必须进行战争，就让它是亚洲人打亚洲人的战争，而我们要支持的是捍卫自由事业的一方。"

竞选运动接近尾声。艾森豪威尔考虑到现实的政治局势，便花费了很大的精力去注意亿万选民感到最迫切的难题。他越来越肯定地表示，朝鲜战争的和平解决势在必行。10 月 29 日，总统候选人宣称，美国不应永远陷在朝鲜的陷阱里，在这个国家的土地上，美国只是在同真正敌人的辅助部队作战。11 月 3 日，他进一步强调："和平事业是自由人民眼中的瑰宝，新政府的第一个任务便是结束这场涉及美国千家万户、孕育着第三次世界大战危险的悲剧冲突。"

为了争取更多的选票，在以后的几个星期中，艾森豪威尔小心地降低他评论民主党腐败的调子，而他和其他共和党人加强了他们对政府中共产党同情者的攻击。反共产主义的刺耳声调使艾森豪威尔的一些东海岸支持者感到不安，尤其是爱德华·米德·厄尔。厄尔是普林斯顿高级研究所著名的国际关系学者。厄尔写信给艾森豪威尔，谈到他听到或者在报上看到对艾森豪威尔的剧烈抨击时，他感到的"精神上的痛苦"。艾森豪威尔非常尊重厄尔，而厄尔显然触到了他的痛处，或者引起某些内疚。他在回信中指出，民主党人造成了麦卡锡主义的横行。然而，他仍"谴责不公正的指控"，并说，"我不宽恕不公平"。他还向美国人民许诺，如果他当选，他将给他们带来和平与繁荣，平衡的预算，联邦政府机构的精简，白宫的尊严，并结束在华盛顿的共产主义和腐败现象。他认定这是美国人民所最需要的。

11 月 4 日举行大选，投票结果艾森豪威尔获得 33936234 张选票，而史蒂文森获得 27314992 张选票，或者艾克的 55.1% 对史蒂文森的 44.4%。艾森豪威尔获得 442 张选举人的选票，而史蒂文森仅获得 89 张。艾森豪威尔在共和党候选人名单中到处领先，尤其使他高兴的是，他在威斯康星州比麦卡锡多得 10 万张选票。他设法使共和党在国会中占了多数。这一胜利使艾森豪威尔击败了民主党人，从而使他登上了总统的宝座。

第二十二章 22 入主白宫

Dwight D. Eisenhower

D wight D. Eisenhower

↑ 1953 年 1 月 20 日，艾森豪威尔宣誓就任美国第 34 届总统。

　　1953 年 1 月 20 日，德怀特·艾森豪威尔参加总统就职典礼。这天上午，艾森豪威尔一家由 36 位亲属和大约 140 位即将参加政府的成员陪同，在全国长老会教堂做礼拜。当他们回到斯塔特勒后，艾森豪威尔对玛咪说："你对这类事情总是特别能注意举止得体。你认为我是否应当在我的就职演说中包括一段祷告？"玛咪很赞成这个意见，于是艾森豪威尔花了十分钟写了一个简短的祷词。然后，他乘车去白宫会见杜鲁门夫妇。

　　当艾森豪威尔的汽车到达白宫的门廊时，这位当选总统拒绝接受邀请进去喝杯咖啡，以表示他与杜鲁门总统的对立。艾森豪威尔坐在汽车内等杜鲁门出来，他们在冷冰冰的气氛下一起乘车去国会。据杜鲁门说，艾森豪威尔打破沉默说："1948年，我没有参加您的就职典礼，是出于对您的考虑，因为我如果出席，我会从您那里把别人的注意力吸引过去。"杜鲁门回敬了一句，他说："艾克，要是您在那里的话，我不会请您参加！"

　　艾森豪威尔和杜鲁门走过圆形大厅，来到国会东面，那里为举行仪式建造了一个平台。一大群人喜气洋洋，这是美国历史上参加总统就职典礼人数最多的一次。共和党人以毫不掩饰的喜悦心情，前来出席庆祝活动。这天阳光明媚，大家一致认为，这是艾森豪威尔运气好。他穿着一件深蓝色双排扣大衣，颈上围了一条白色围巾，十分引人注目。

　　12 时 32 分，弗雷德·文森大法官主持宣誓仪式。在艾森豪威尔发表就职演说

←1953 年 2 月 17 日，艾森豪威尔就任总统后的第一次新闻发布会。

时，他严肃坚定的表情，变成大家所熟悉的微笑。他把手高举过头，手指作 V 字形，表示胜利。人群中欢呼声停下来后，他就念当天上午所写的祷词，请求全能的上帝"使我们能全心全意为在场的人和全国各地同胞服务"。他没有忘记民主党人，接着又说："但愿我们能合作，但愿在我们宪法概念指导下合作，成为不同政治信仰的人们的共同目标，从而大家都能为我们亲爱的祖国的利益工作，为上帝的光荣效劳。阿门。"

然后，他开始他的就职演说："全世界和我们已经度过一个挑战的世纪的一半。"演说中，他特别强调了战争的危险和所谓的共产主义威胁问题，说"我们目前不得不面临的挑战是，战争的危险和侵略成性的共产主义"。在专门谈到外交政策时，他答应他的政府"既不会妥协，也不会厌烦，更不会停止去寻求世界范围的体面和平"。但是，人民必须认识到，"善与恶的力量已在史所罕见地集结、武装和对立起来"。在这样的敌对气氛下，寻求和平的迫切性尤为紧迫，因为"科学似乎已准备赋予我们从这个星球消灭人类的力量，作为它最后的礼物"。

在此情况下，艾森豪威尔强调要加强和盟国之间的团结和协作。在谈到外援和对外贸易时，他坚持认为，在经济上闭关自守是没有安全的。美国需要市场，要得到原料。他表示坚决支持联合国。他还谈到了使他烦恼的生产率问题。他希望在农场和工厂中，产生更大的力量，更高的生产率，不管政治派别如何，大家都应该为振兴国家的经济而努力。在这篇演说中，艾森豪威尔没有谴责雅尔塔协定，没有对减税或保持预算平衡作出承诺。他的讲话，受到大部分在场人士的欢迎。

就职典礼结束之后，艾森豪威尔就开始主持白宫的工作。他认为只靠总统发号施令是无济于事的。只有在千千万万人的帮助下，才能办成事情，才能有所成就。因此在就职典礼之前，他首要的任务是筹组新的内阁班子。用艾森豪威尔的话来说，就是挑选合适的人做合适的工作，并且和他们一起共事。他要的是有能力的、经过考验的工作人员，敢想敢干的人。他完全不需要去助长他的自负，或去炫耀他的决策或领导，他要"培养出"与他一道工作的人。依靠自己的努力而获得成就，懂得如何管理巨大企业的实业家，总是给他以深刻的印象。他要的是有重大成就的人，那些能向他们请教，与他们同挑重担和共享荣誉的人。

在挑选他的内阁和白宫工作人员时，艾森豪威尔首先考虑的是国务卿这一重要岗位。他认为约翰·福斯特·杜勒斯是最合适的人选。杜勒斯出生在一个外交家世家，他的外祖父当过本杰明·哈里森的国务卿，他的舅父罗伯特·兰辛在伍德罗·威尔逊政府内担任过国务卿；1919 年，杜勒斯是美国出席凡尔赛和平大会代表团中的成员；他是沙利文和克伦威尔律师事务所的高级成员，该事务所在国际交易中代表美国许多大公司的利益；他起草过日本和平条约，他是共和党过去十年外交政策的发言人。艾森豪威尔对谢尔曼·亚当斯解释道："杜勒斯一生为担任这一职务而锻炼着。他对外交事务了如指掌，善于处理各种复杂的问题。"

1952 年 4 月，艾森豪威尔在欧洲盟军最高司令部首次见到杜勒斯。他曾与杜勒斯一起制订共和党纲领中的对外政策要点。尽管艾森豪威尔对杜勒斯某些好战言论，尤其是关于"解放共产党卫星国"以及"大规模报复"的思想不完全同意，但

↑艾森豪威尔曾多次访问罗斯福总统的夫人。

是他赞赏杜勒斯支持北大西洋公约组织的态度。此外，艾森豪威尔对于杜勒斯对世界事务的渊博知识，有深刻的印象。

此外，艾森豪威尔确实喜欢杜勒斯。在这一点上，他是非常独特的。差不多每一个人都认为，杜勒斯自高自大得出奇，一本正经和古板得令人受不了。杜勒斯喜欢教训人，喜欢说教，喜欢夸夸其谈。甚至英国的贵族都不能容忍这种人。安东尼·艾登在1952年5月对艾森豪威尔说，他希望艾森豪威尔不要任命杜勒斯为国务卿，"因为我认为，我不能和他一起工作"。丘吉尔认为杜勒斯是一个愚蠢的人，很不愿意见到他。丘吉尔有意说不清楚他的名字，叫他"杜里士"。当丘吉尔知道杜勒斯的弟弟艾伦将成为中央情报局局长时，他哼了一声说："他们告诉我还有一个'杜里士'，这可能吗？"但是，艾森豪威尔确实非常欣赏这个人，当他把自己的决定通知杜勒斯时，杜勒斯非常感谢这位新总统，接着对艾森豪威尔说："由于我对世界各国人民之间错综复杂关系的了解，和您对有关的政治问题的敏感性，我们将成为历史上最成功的班子。"

艾森豪威尔挑选的第二个人是约瑟夫·道奇。他请道奇与预算局一起制订1954年预算，明确向他表示，他要任命道奇为预算局局长。艾森豪威尔在德国认识道奇。道奇负责美国占领区的财政事务。道奇是底特律银行的总裁，精于财道。艾森豪威尔认为，让他把财政预算大关万无一失。

221

接着艾森豪威尔召集赫伯特·布朗内尔、谢尔曼·亚当斯和卢修斯·克莱到晨边山庄会晤。他请布朗内尔和克莱组织一个班子，向他提出其他内阁成员的任命的建议，由亚当斯协助他们工作。布朗内尔和克莱首先会见洛奇，向他提出，他可以在政府中担任任何他愿意担任的职务，但是同时告诉他，艾森豪威尔想要他或者任总统助理，或者任驻联合国大使。洛奇选择了后者。艾森豪威尔把这一职务提高到阁员的级别，仅次于国务卿。艾森豪威尔接着请亚当斯任总统助理，其地位相当于阁员。他曾考虑由布朗内尔担任这个职务，但是，他最后决定要布朗内尔任司法部长。

与此同时，布朗内尔和克莱挑选了内阁中其他职位的人选。他们挑选世界上最大私人企业通用汽车公司总经理查尔斯·威尔逊任国防部长，领导世界上这个最大的雇佣部门和采购部门。在美国企业界以最高薪的总经理闻名的威尔逊，会懂得如何管理这个巨大的五角大楼帝国。他们挑选乔治·汉弗莱任财政部长。汉弗莱是克利夫兰的马克·哈纳公司的董事长。这是一家有广泛业务活动的联合大企业。艾森豪威尔没有会见过他们两人，但是他接受他的顾问们的推荐。他发现威尔逊目光短浅，办事简单，但是他非常喜欢汉弗莱。据艾森豪威尔的传记作者斯蒂芬·安布罗斯说，汉弗莱是内阁中除杜勒斯外，德怀特与之建立起密切的私人关系的唯一的一个人。他们差不多正好是同样害怕赤字财政，都喜欢打猎和钓鱼。在他们初次见面时，艾森豪威尔对着秃头的汉弗莱咧开嘴笑着说："喂，乔治，我看你的头和我的一样!"汉弗莱在接受任命时，仅向新总统提出来一个条件："假如有人对你提到钱的事，你告诉他去见乔治。"艾森豪威尔说："我一定照办，属于你权限的事我绝不干预，更不会乱批条子!"

布朗内尔和克莱挑选俄勒冈州卸任州长道格拉斯·麦凯为内政部长。在进入政界前，麦凯曾是一名有成就的汽车商人。另一位保守派的商人马萨诸塞州的辛克莱·威克斯成了商务部长。艾森豪威尔让共和党全国委员会主席阿瑟·萨默菲尔德担任邮政部长，农庄合作组织的代理人埃兹拉·塔夫脱·本森担任农业部长。

任命劳工部长是最棘手的问题之一。共和党预期会与有组织的劳工之间发生麻烦。经过多次物色、筛选，艾森豪威尔选中了芝加哥劳联的水电工人联合会主席马丁·德尔金。德尔金是内阁中唯一的民主党人，唯一的天主教徒。塔夫脱发现内阁中处理劳工关系的关键职务将由工会人士担任时，大吃一惊。他反对说："这是不可理解的!"

艾森豪威尔挑选阁员的方法相当特殊，但其目的性却十分明确。大多数部长的年龄与总统大致相同。他的第一个内阁被称之为"八个百万富翁和一个自来水工人的政府"。艾森豪威尔的部长们真像精选出来的一样，都是各实业界中实力雄厚的财主。这反映了垄断集团在艾森豪威尔的政府中有决定性的作用。很明显，聘请一个"自来水工人"当部长是为了陪衬。他在享有特权的内阁成员中也没有待多久，便"很快离任了，从而内阁中的反常现象也就消失了"。

艾森豪威尔进入白宫后，千头万绪，但生活很有规律。大约在6时左右，他悄悄地起来，以免惊醒玛咪。吃过早点后，开始读早报。他读报非常快，能很快熟悉报纸上的主要新闻。他通常看华盛顿出版的报纸，如《纽约时报》和《先驱论坛

报》。他还经常阅读新闻杂志。他和杜鲁门不一样，从不给报纸的编辑寄去表示愤怒的信件，但是他会给报社捎去几句表扬某一篇文章或某一栏目的话。要是他不满意某一栏目或报道，他就告诉他的亲密朋友，或者一声不响。他不反对批评他的政策和行动，但对批评他的私人生活却很反感。这也只不过是对他的亲人们发发牢骚而已。

↑艾森豪威尔与孙子和孙女及副总统尼克松和他的两个女儿。

　　艾森豪威尔非常遵守工作时间。他以军人的纪律要求自己。8 点准时来到办公室，一直工作到下午 1 点，中间不休息。他吃午饭时，大部分时间也谈工作。接着埋头一直工作到下午 6 时，有时还晚些。有许多各种各样的问题要他作出决定。他尽量听取各方面的意见，然后作决定。他使自己接触各种观点，这要求他阅读大量材料，认真听取口头汇报和提出许多深刻的问题。在办公室工作一天后，他会喝一杯鸡尾酒轻松一下。他严格限制自己饮酒。他通常的限量是在就餐前喝一杯掺了苏打水的威士忌或白兰地。除了他自己做的饭菜外，对吃些什么，他都没有多大兴趣。

　　使玛咪一直苦恼的是，不管什么东西摆在他的面前，他都是囫囵吞下。当了总统后，开始另外一种吃饭方式，一面看电视晚间新闻，一面吃饭。晚饭后，如果没有讲演或其他约会，他就研究文件、报告、建议，直到深夜 11 点，然后在上床前画一个小时的画。他的床头读物是一些西部故事。在这些小说中，没有什么复杂曲折的情节，结局是一目了然的，因为这些故事都是根据容易回答的是或非的问题来写的。读这类小说，艾森豪威尔用不着动脑筋而进入幻想世界，只会使他得到必要的休息。玛咪说，这些小说对于艾森豪威尔是最好的催眠剂。

　　艾森豪威尔和玛咪的关系是幸福的。除了德怀特担任欧洲远征军总司令时外，他们一直生活在一起。1946 年在迈耶堡，玛咪专门定做了一张很大的双人床。1948

年这张床从华盛顿搬到纽约。现在玛咪又把这张床摆在白宫内。玛咪说，她喜欢在半夜翻身："我想随时拍拍艾克的光头。"这张床是玛咪的指挥基地。她喜欢躺在床上，起码一直躺到中午，有时一整天。她在床上写回信，指挥管理家务，接待来访的人。

事实上，玛咪对丈夫十分忠诚，是他生活上不可缺少的助手。她虽然不参与艾森豪威尔的工作，但是她在公开和私下场合都给他重要帮助。当她的丈夫成为世界性人物时，她克服她原来的羞怯心理，而成为他的事业中举足轻重的人物。她款待他的有钱有势的朋友们和他们的妻子。她还出席或主持许多大型的社会活动。她仔细地答复每封来信。她还记住给艾森豪威尔工作班子的助手、顾问、秘书们，以及他们的孩子，在他们生日和圣诞节时送礼物。在公共场合，她站在艾森豪威尔将军身旁，穿着得体入时，显得快活。总之，她做到了艾森豪威尔要求妻子所要做到的一切。

艾森豪威尔是在美国困难时刻开始执政的。在过去的20年中，美国经历了人类历史上最惨重的流血大战。在西方国家发动的"冷战"厮杀声中，这位著名的将军成了白宫的主人。

→总统，您好。
5岁的戴维·艾森豪威尔与爷爷握手问好。

第二十三章 23 告别白宫

Dwight D. Eisenhower

第23章

告别白宫

1956年，艾森豪威尔再次与尼克松合作竞选连任总统，并获胜。

到了1960年1月20日，艾森豪威尔还有一年的任期。那天早上，他对秘书安·怀特曼谈到今后的打算。他说，他计划搞点写作，不知道怀特曼是否愿意到葛底斯堡去，在那里搞起一个办公室，以便他在那里安心写他在白宫期间的回忆录。

怀特曼在她的日记中写道："我说，我愿意做他要我去做的任何事情。艾森豪威尔说，他曾认为，他心甘情愿地为国家牺牲了八年他的生活，他并不认为我会在他成了平民后还乐意这样做。我说，这是他所曾说过的最愚蠢的话，我对他的忠诚，十倍于对我的国家的献身。他承认可能是如此。"

艾森豪威尔已经把他的文件都交给政府，以便最后可以在艾森豪威尔图书馆内分类处理，以供学者们使用。艾森豪威尔图书馆是用堪萨斯州阿比伦的艾森豪威尔基金会的私人资金建的。然而，怀特曼保存的大批材料，其中包括大部分的私人信

→1956年，艾森豪威尔再次与尼克松合作竞选第二任总统与副总统。

件，电话记录摘要，内阁会议记录等等，将首先送到葛底斯堡去，艾森豪威尔将在那里用这些文件来写他的回忆录。他的儿子约翰计划在 1961 年 1 月 20 日辞去他的职务，同意担任文件保管员和帮助他的父亲写回忆录。

在那个期间，1960 年初，艾森豪威尔主要考虑的是他的退休。然而，几乎所有其他的美国政治家都在考虑即将举行的总统选举。艾森豪威尔冷眼旁观民主党争取提名的斗争。他对肯尼迪经常不断地提到"导弹差距"以及其他夸大其词的谈论，表示愤怒和厌恶。例如，在 4 月 26 日的一次共和党集会上，斯泰尔斯·布里奇斯告诉总统，肯尼迪在前天说，1700 万美国人每天晚上饿着肚子上床。艾森豪威尔嗤之以鼻，然后说："他们一定都在忌食！"

同样，他对共和党提名洛克菲勒作为候选人也不赞成。他很早以前就认定，洛克菲勒没有当总统的智慧和品格。他给洛克菲勒写了一封长信，对他的赤字财政以及要求更多的国防经费表示惋惜。他认为，这位纽约州长在国防开支方面的立场是肯尼迪的应声虫。对民主党利用此事于党派斗争，也使他大为恼火。艾森豪威尔在 1 月 13 日的记者招待会上说："含蓄地指责我是从党派的立场出发来处理整个国防事务，我不认为是善意的。"他拿出他的杀手锏，指出："对于国防问题，我付出了毕生精力，在这方面，我比任何人都知道得更多！"

在与共和党领袖们私下会见时，艾氏对民主党的候选人的鞭挞是毫不留情的。他谈到肯尼迪、赛明顿和其他一些人"使用赌博手段和吓唬人民，来逃避祸害的罪责"。艾氏怀疑："抨击者们究竟需要多大的威慑力量！他们是不是就想制造更多和更大的'大力神'火箭去存放在仓库里？这是极不合情理的。"然而，在削减国防开支方面，艾森豪威尔实际上是在孤军作战。参谋长联席会议不愿意支持他，新的国防部长汤姆·盖茨、原子能委员会主席麦科恩以及共和党领袖们也都不支持他。此外，白宫的新闻记者们没有一个人站在他的一边。记者招待会上向他提出的问题，毫无例外都带有敌意："为什么美国不作更多的事情？我们何时能赶上俄国？总统不怕苏联的第一次打击吗？总统坚持健全的财政不在危及国家的安全吗？"但是，艾氏

←1959 年，西方四国首脑在巴黎举行会晤。从右至左：艾森豪威尔、阿登纳、戴高乐、麦克米伦。此时东西方冷战到了危险时刻。

D
wight D. Eisenhower

坚持认为："美国的国防不仅是强大的，而且是令人生畏的。"

1960 年初，艾森豪威尔拟订了禁止核试验条约，继之以进行某种"实际的裁军"。这是他在总统任期内，最后工作的"主要目标"，以便退休后，在人们心目中留下"美好的印象"。5 月 14 日，艾森豪威尔带着他的计划，前赴巴黎参加首脑会议。但他一抵达法国首都就遇到赫鲁晓夫的挑战。这位苏联部长会议主席在一项书面声明中说，如果艾森豪威尔不公开为美国 U—2 飞机侵犯苏联领空公开道歉，并保证今后不再发生这样的事件，苏联将不参加首脑会议。对此，艾氏十分尴尬。第二天，5 月 16 日，艾森豪威尔与麦克米伦共进早餐。他对英国首相说："在我们使用卫星之前，美国空军将不再进行误入苏境的这类飞行。"麦克米伦说，赫鲁晓夫对 U—2 飞机激动不安。他认为澄清这一点，在与苏联部长会议主席讨论时，可能具有"很大价值"。

艾氏本想在会上首先发言，说明美国的态度和对裁军的立场，但是，会议的东道主戴高乐刚刚宣布开会，赫鲁晓夫就站起来要求发言。赫氏发表长篇激烈演说，批评美国政府和艾森豪威尔的战争政策。他越说越激动，声音也越来越大。戴高乐打断他的话，转身对苏联的翻译说："这间房子的音响效果极好，我们都能听见部长会议主席的话，他没有必要提高他的嗓门。"待译员翻译后，赫鲁晓夫向戴高乐愤愤地瞪了一眼，于是压低声音继续发言。

赫鲁晓夫很快激动得甚至更加厉害。他指指他的头上喊道："有人飞越我的头顶！"戴高乐再次打断他的话说："也有人飞越过我的头顶。"赫鲁晓夫不相信地问道："是您的美国盟友吗？"戴高乐回答："是您。昨天就在您离开莫斯科前，您为了给我们留下深刻印象而发射的那颗卫星，没有得到我的允许，飞越法国上空 18 次。我怎能知道您在卫星上没有照相机，拍摄我们国家的相片？"艾森豪威尔向着为他解围的戴高乐咧着嘴笑笑。这时，赫鲁晓夫双手举过头说："上帝给我作证，我的手是干净的。您难道以为我会做这样的事情？"赫鲁晓夫最后发表一项声明说，艾

→1959 年 9 月 15 日，赫鲁晓夫访问美国。

←艾森豪威尔
全家在总统游
艇上。

森豪威尔不再在苏联受到欢迎，以此结束他的发言。

艾森豪威尔随后发言。他说，赫鲁晓夫没有必要这样走极端，取消他的邀请；他到巴黎来是希望参加严肃的讨论，他希望会议现在进行实质性问题的讨论。赫鲁晓夫和苏联代表团愤然走出会议室。结果会议不欢而散。这是艾氏在白宫期间最后一次参加首脑会议，这是一次处境狼狈而最没有成果的会议。

艾氏从巴黎首脑会议回来之后，又忙于国内的竞选活动。7 月 26 日，他在共和党全国代表大会上发表演说。他不谈尼克松接管椭圆形办公室的资格，而是谈他自己的政府所取得的成就。这次会议之后，艾森豪威尔想说服肯尼迪降低他批评国防政策的调子。他指示中央情报局长艾伦·杜勒斯向肯尼迪和约翰逊两人作简要情况介绍。艾氏要求杜勒斯强调美国国防态势如何坚强。但是，在情况介绍中，杜勒斯只想谈柏林、古巴、伊朗、中东、台湾、北大西洋公约组织和刚果局势的发展。民主党参议员们只对在竞选期间可能出现的情况感兴趣。肯尼迪直截了当地问杜勒斯："我们在导弹竞赛中的地位如何？"杜勒斯说："对这一问题的回答，最有资格的是国防部。"这很难说是一个令人满意的回答。从而使肯尼迪可以放手谈论"导弹差距"，继续对共和党和艾森豪威尔政府进行攻击。

竞选结果，共和党失败，民主党获胜。肯尼迪当选新任总统。艾森豪威尔政府的最后十个星期，是停顿不前的时期，因为艾森豪威尔的职责是看守，他不再采取任何新的主动行动。他在准备搬出白宫了。1960 年圣诞节后的那天，艾森豪威尔写信给他的一帮人和其他几个亲密的朋友，信的内容是相同的。他开头写道："在我

艾森豪威尔

Dwight D. Eisenhower

→1960 年 12 月 6 日，艾森豪威尔邀请当选总统肯尼迪到白宫。

整个一生中，直到我从第二次大战作为一名'重要人物'归国为止，我的同代人都叫我'艾克'。"他继续写道，"现在我要求，作为我的权利，你们从 1961 年 1 月 21 日起，用我的外号称呼我。我不再想被剥夺我的其他朋友们所享有的特权。"

当然，没有哪一位前任总统只会成为一名普通公民。艾森豪威尔已经收到雪片般的邀请，向这个俱乐部或那一个慈善机构，向这个团体或那所大学发表演讲，提出的酬金是 1000 美元或者更多。美国的一些出版商们，考虑到艾森豪威尔继续享有盛名，考虑到他刚刚领导度过的"动乱年代"，考虑到《远征欧陆》一书所获得的巨大成功，都想出版他的白宫回忆录。艾森豪威尔决定交给"双日出版社"，主要是因为他和该社社长格·布莱克的情谊。他没有与出版社签订合同，但是与布莱克达成一项非正式的安排，相信布莱克会公平地，甚至大方地对待他。没有像《远征欧陆》一书那样的一揽子交易，这次艾森豪威尔可以经常地收取版税。

另外，1 月间，根据国会的特别法案，艾森豪威尔重新获得他在 1952 年辞去的五星上将军衔。作为一位前总统，艾森豪威尔每年能得 2.5 万美元退休金，加上 5 万美元办公费，这比他作为五星上将的收入高得多。特别法案使他得到两方面的最大好处——他重新得到军衔，国会规定他应当得到总统的全部退休金和津贴。还有，他保留德赖中士和莫内中士，以及舒尔茨上校作为他的助手，他们的报酬从 5 万美元的办公费中扣除。

1961 年 1 月 17 日晚上 8 时 30 分，艾森豪威尔前往电台和电视台发表他的告别演说。他的主题是冷战。他谈到战争与和平，谈到"警察国家和自由"。他宣称："我们面临着全球范围的无神论性质的、目的冷酷无情和手段阴险的敌对意识形态。"他说它造成的危险是"无穷的"。这意味着很多危机，以及随之而来的许多呼吁，通过花费不断增加的大量金钱来寻找一个"神奇的解决办法"。艾森豪威尔说，一切这类建议都"必须根据……在所付出的代价与希望得到的好处之间保持平衡的必要性……来衡量"。

艾森豪威尔最后表示歉意地说："裁军……仍然是迫切需要的……由于这一需要是这样尖锐和明显，我承认我是以一种肯定的失望感觉，卸下我在这方面的职责。作为一个目睹战争恐怖和连绵不断的哀伤的人——作为一个懂得另一场战争会彻底摧毁数千年来如此缓慢和艰难地建立起来的文明的人——我希望今晚我可以说，持久的和平已经在望。"他结束他的演说时祈求，"各国人民将得以在相互尊重和友爱的约束力量所保证的和平中，一起生活。"

新总统就职的日子来临了。艾森豪威尔不可避免地要离开白宫了。1 月 20 日前几天，亨利·里斯顿来到椭圆形办公室，递交国家目标委员会的一份报告。这是艾森豪威尔在一年前指定要的。如今，这份报告已经过时，任何人对它都不感兴趣，但是必须收下来，拍张照片。在进行这些工作时，艾森豪威尔听到宾夕法尼亚大街对面铁锤的敲打声，在那里正在修建一个总统正式就职的检阅台。艾森豪威尔说："你看，亨利，就像在死牢中看着他们支起绞刑架。"

1 月 20 日早晨，天下起大雪，总统的就职典礼就在这一天举行了。艾森豪威尔在上午的大部分时间里，靠着空空的保险柜，与安·怀特曼回忆往事。仆人们排成一行，艾森豪威尔和玛咪从他们面前走过，向他们一一道别。许多人的脸上挂着泪水。肯尼迪一家，约翰逊一家，和民主党一小批陪同人员来作简短的拜会。中午时分，在大法官厄尔·沃伦的面前，迄当时为止，担任总统的年龄最大的人，让位给当选的最年轻的人。仪式举行过后，当人们全部注意力都集中在肯尼迪夫妇身上时，艾森豪威尔夫妇通过边门悄悄地退。然后，动身赴葛底斯堡，沿着他们非常熟悉的道路回家，回到农场去。

经历了战争的年代，经过在华盛顿担任参谋长联席会议主席，在纽约哥伦比亚大学当校长，在巴黎任盟军最高统帅和担任了八年总统之后，艾森豪威尔想象着他的退休生活。他曾有过各种各样的想法：在得克萨斯购买一个牧场，在威斯康星置一座避暑庄园，游山玩水，与玛咪谈古论今，在小溪边垂钓……他坚持认为，在为国效劳 50 年后，他已心力交瘁，得休息休息。不再参加会议，不再作演讲报告，不再参与国家紧急问题的处理，可以在青山绿水间撰写自己的回忆录。

艾森豪威尔的弗农山就是他在葛底斯堡的农场。他和玛咪都很喜欢那座农场。除了冬季外，该处气候温和宜人，位置也很理想。他们住在乡间，但离华盛顿和纽约都很近，可以不时上那儿去玩，朋友们周末来访也很方便。农场位于古战场的边缘，增强了使人成为美国历史延续的一部分感觉，还使艾森豪威尔得以对葛底斯堡战役当时"如果变更打法的结局"，作无休止的遐想。

农场占地 246 英亩。此外，艾森豪威尔还租了 305 英亩。他买下了部分的土

D wight D. Eisenhower

↑1966年1月，已经退休的艾森豪威尔在葛底斯堡买的农庄里安度晚年。

地，因为他喜欢在他的祖先们在18世纪安家落户的地方居住，因为他很高兴有机会使那里的土地恢复昔日的富饶肥沃。他轮种庄稼和牧草，主要种植玉米、燕麦、大豆和高粱。他利用这些草料在冬季饲养百把头良种安古斯牛，这是他主要的现金收入。他还养马，供孙儿们驰骋，养狗给他们逗乐，还饲养了14头荷尔斯泰因乳牛来喂他的安古斯牛犊。宅第从外表看来是移民时代的式样，但内部设备却完全是现代化的。玻璃走廊是阅读和作画的最佳场所。在整个总统任期内，艾森豪威尔很少白天见到玛咪；在葛底斯堡，艾森豪威尔长时间地陪伴玛咪待在向阳的走廊里俯视绿油油的田野。

经过半年的"心情平静"之后，艾森豪威尔就在他的儿子约翰、双日出版社高级编辑塞缪尔·S·沃恩的帮助下，开始撰写《白宫岁月》的回忆录。尽管有人帮助，写一部总统回忆录要比写《远征欧陆》困难得多。《远征欧陆》写的是取得胜利的、结局美满的故事；但是，白宫回忆录中所写到的问题还没有解决，结局如何还无人能预料，这就给他的工作增加了一定的难度。经过四年的努力，两卷的《白宫岁月》方才完成。

→艾森豪威尔退休后在葛底斯堡买了一个农场，与玛咪一起在此安度晚年。

第一卷于 1963 年 11 月 9 日出版，副标题为《授权改革》；1965 年出版第二卷，副标题为《开展和平运动》。著名政治评论家詹姆士·赖斯顿在《纽约时报》上写了一篇赞扬的评论。双日出版社第一版印了 125000 册，开始销路很好。但在《授权改革》出版两个星期后，肯尼迪

↑退休后，艾森豪威尔又能花更多的时间在他喜欢的油画上了。

总统遇刺身亡，这一事件压倒了公众对艾氏政绩的兴趣，《授权改革》销路下降。《开展和平运动》则从未达到《远征欧陆》的销售额。继《白宫岁月》之后，艾森豪威尔又撰写了自传体的《悠闲的话：对朋友们谈家常》，这部书发行量较大。《纽约时报》评论说："《悠闲的话》叹为观止地把我们这个时代里最持久、最受人欢迎的英雄之一的形象写得有血有肉，栩栩如生。"

随着年岁的增长，艾森豪威尔的身体越来越不济了。在他 70 岁生日那天，最近被提升为陆军参谋长的威斯特摩兰前来探望。艾森豪威尔祝贺威斯特摩兰的擢升，并敦促他要照顾好陆军。当天下午，陆军军乐队在艾森豪威尔的房间外面，为他演奏了一首小夜曲。艾森豪威尔坐着轮椅到窗边，以微笑和挥动一面小小的五星旗表示答谢。很明显，他的身体极度虚弱，每个人见了都热泪盈眶。然而，他很平静，也很愉快。他对儿子约翰说，他放心了，因为议会已经通过了为前总统遗孀提供终

←1968 年，艾森豪威尔最高兴的一件事是他的孙子戴维与尼克松的女儿结为夫妻。

233

生特工服务的法律。"今年 8 月，"他说，"在我可能去见上帝时，我唯一放心不下的就是玛咪。至少这项法律使我在这方面放心了。"

当死亡日益临近时，他越来越想着家里人。1968 年的感恩节，玛咪作了安排，要家里每个人和他一起共进火鸡宴。他的儿媳妇看他的样子感到凶多吉少。"艾克盖着陆军军用单被，形容枯槁。死灰般的脸上，蓝色的眼睛使人吃惊。"

1969 年 3 月 24 日，艾森豪威尔心脏病严重发作。他心脏在衰竭下去。医生开始为他的鼻孔插管输送氧气。他意识到自己的生命行将结束。他嘱咐约翰"要好好照料妈妈"。到了 3 月 28 日，病情进一步恶化，但艾克仍在拼命挣扎，他叫喊着："把百页窗给拉上!"光线刺激他的眼睛。百页窗拉上了，房内几乎是一片黑暗。艾森豪威尔注视着玛咪，紧紧握着她的手，轻轻地说："亲爱的，我们要分手了，上帝召我去了。"说罢他的心脏就停止了跳动。

艾森豪威尔的生命虽然结束了，但是他的名字却与历史上最重大的事件——击溃德国法西斯相联系着。在艰苦的战争年代，艾克作为盟军欧洲远征军总司令，对赢得战争的胜利作出了重要贡献。从此他的名字受到了世界人民的广泛颂扬。战后，1953—1961 年间，作为美国总统，艾森豪威尔的名字，又同"战争边缘政策"和"冷战政策"联系在一起。许多事实说明，艾森豪威尔是美国垄断资产阶级政策的"忠贞不渝"的维护者。对于他的功过是非，美国人民和世界人民心中自有看法。然而，作为第二次世界大战的一员名将，人们始终怀念他!

→1969 年 3 月 28 日，艾森豪威尔因心脏病去世，他的夫人玛咪及子女在追悼会上。